历史遗迹

宁古塔将军驻地旧城遗址

中东铁路建筑群——横道河子机车库

横道河子圣母进堂教堂——日军受降遗址

红色遗址

牡丹江地区第一个党组织——横道河子党支部旧址

海林党团特别小组旧址

"将军洞"遗址

杨子荣烈士陵园

教育基地

中共海林党史纪念馆

杨子荣烈士纪念馆

中东铁路博物馆

东北抗联精神党性教育基地

奋进凯歌

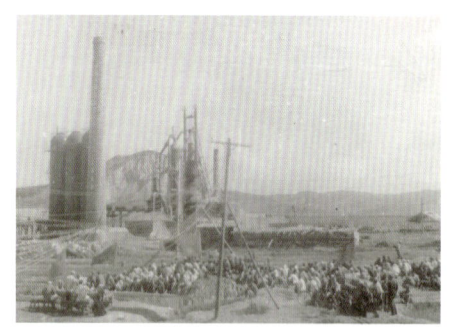

1969年2月,海林县1000多名基干民兵组成建设钢铁厂大军,在帐篷山下、沼泽地里摆开战场,建设海林县最大的工业企业——海林钢铁厂

1970年,海林建设卷烟厂。建厂初期凭借一口大锅、两把菜刀白手起家。凭着勇气和胆识,海烟人开始了艰难困苦、改天换地的艰苦创业(图为海林烟厂第一台包装机生产车间)

海林水泥厂1968年建厂

1970年建设石河电站

新的跨跃

海林县海南木工机械厂

海林撤县设市会场，工业方队入场

华安塑材生产车间

全省农业产业化龙头企业——北味菌业

海林食用菌生产基地

海林猴头菇生产基地

方兴未艾

海林市经济开发区一角

莲花湖旅游度假区——海林

威虎山影视城——海林

中国雪乡——海林

中国优秀旅游城市——海林市互通区广场

和谐社会

海林市每年为贫困户解决廉租住房问题，图为廉租住房发放钥匙仪式

海林市慈善捐助

广场舞

太极拳表演

秧歌

美好未来

海林高级中学

海林市人民医院 　　　　　　　海烟路

海林市休闲广场夜色

海林市革命老区发展史

海林市老区建设促进会 编

黑龙江教育出版社

图书在版编目（CIP）数据

海林市革命老区发展史 / 海林市老区建设促进会编. —— 哈尔滨：黑龙江教育出版社，2021.5
ISBN 978-7-5709-2206-2

Ⅰ. ①海… Ⅱ. ①海… Ⅲ. ①海林—地方史 Ⅳ. ①K293.54

中国版本图书馆CIP数据核字(2021)第078444号

顾　　问	于万岭
丛书主编	杜吉明
副 主 编	白亚光　张利国　李树明　李　勃

海林市革命老区发展史
Hailinshi Geming Laoqu Fazhanshi

海林市老区建设促进会　编

责任编辑	高　璐
封面设计	朱建明
责任校对	杨　彬
出版发行	黑龙江教育出版社
地　　址	哈尔滨市道里区群力第六大道1305号
印　　刷	哈尔滨博奇印刷有限公司
开　　本	787毫米×1092毫米　1/16
印　　张	16.5
字　　数	200千
版　　次	2021年5月第1版
印　　次	2021年5月第1次印刷
书　　号	ISBN 978-7-5709-2206-2　　定　价　48.00元

黑龙江教育出版社网址：http://www.hljep.com.cn
如需订购图书，请与我社发行中心联系。联系电话：0451-82533097　82534665
如有印装质量问题，影响阅读，请与我公司联系调换。联系电话：0451-51789011
如发现盗版图书，请向我社举报。举报电话：0451-82533087

《海林市革命老区发展史》
编纂领导小组

组　　长　齐淑伟　市委常委、组织部长
　　　　　　　　　　老区建设领导小组组长
副组长　南明哲　市老区建设领导小组副组长
　　　　　　　　　　老区建设促进会会长
成　　员　徐勤刚　市委办主任兼市档案局局长
　　　　　　　　　　市国安办主任
　　　　　　李修杰　市政府办主任、党组书记
　　　　　　崔玉宝　市委组织部副部长
　　　　　　赵佩君　市老区建设促进会副会长

《海林市革命老区发展史》
审核委员会

主　任　齐淑伟
副主任　南明哲　崔玉宝
成　员　赵佩君　王　洁

《海林市革命老区发展史》
编辑组

编　辑　王　洁　付忠毅（特邀）　赵佩君　陈宝华
校　对　陈宝华　赵佩君
编　务　陈宝华

总　序

在举国欢庆新中国成立70周年前夕，中国老区建设促进会王健会长请我为《全国革命老区县发展史》丛书作序，作为一名在老区战斗过并得到老区人民生死相助的老兵，回首往事，心潮澎湃，感慨万千，深感义不容辞，欣然应允。

中国革命老区，是以毛泽东为代表的中国共产党人在领导人民推翻帝国主义、封建主义和官僚资本主义三座大山，争取民族独立和人民解放伟大斗争中建立的革命根据地，在这片红色的土地上，诞生了无数可歌可泣的革命英雄儿女，为后人树起了一座不朽的丰碑。她是新中国的摇篮，是党和军队的根。

在艰苦卓绝的战争年代，老区人民把自己的命运与中华民族的命运紧紧地联系在一起，与中国共产党和人民军队的命运紧紧地联系在一起，他们生死相依，患难与共。我曾亲历过战争年代，并得到过老区红哥红嫂的救助，切身感受到发生在身边的一幕幕撼天动地的革命故事，在那极其艰难的条件下，老区人民倾其所有、破家支前，不怕艰难困苦，不怕流血牺牲。"最后一碗米送去做军粮，最后一尺布送去做军装，最后一件老棉袄盖在担架上，最后一个亲骨肉送去上战场"，这是当时伟大的老区人民为建立新中国做出巨大牺牲的真实写照，它将永远镌刻在中国共产党、中国人民解放军、中华人民共和国的历史丰碑上。他们的光辉业绩永载史册，他们的革命精神必将影响一代又一代的革命新人,造就一代又一代的民族脊梁。

在社会主义革命和建设时期,革命老区和老区人民响应党的号召,面对落后的面貌、脆弱的经济、恶劣的生态环境,他们本色不变,精神不丢,自力更生,艰苦奋斗,干一行爱一行。始终坚持"革命理想高于天",自觉做共产主义远大理想的坚定信仰者和忠实实践者,勇于向恶劣的自然环境和贫穷落后宣战,他们在各条战线上为国建功立业,用平凡的双手创造了一个又一个不平凡的奇迹,彰显了老区人的崇高精神和人格力量。

在改革开放的伟大进程中,老区人民解放思想,勇于创新,发奋图强,攻坚克难,老区的经济社会建设取得了辉煌成就。特别是在改变中国的面貌、中华民族的面貌、中国人民的面貌、中国共产党的面貌的伟大实践中发挥了至关重要的作用。老区人民既是改革开放的参与者,也是改革开放的推动者。

艰苦练意志,危难见精神。老区人民在近百年的革命战争、社会主义建设和改革开放的伟大实践中,孕育形成了伟大的老区精神:爱党信党、坚定不移的理想信念;舍生忘死、无私奉献的博大胸怀;不屈不挠、敢于胜利的英雄气概;自强不息、艰苦奋斗的顽强斗志;求真务实、开拓创新的科学态度;鱼水情深、生死相依的光荣传统。这是党和人民宝贵的精神财富、丰厚的政治资源,是凝心聚力、振奋民族精神的重要法宝,也是社会主义核心价值观的重要内容。

中国老区建设促进会怀着强烈的政治责任感和历史使命感,组织全国各地老促会人员克服困难,尽心竭力编纂《全国革命老区县发展史》丛书,记录老区的光辉历史和辉煌成就,传承红色基因,弘扬老区精神,是功在当代,利及千秋的一件大事。手捧这部丛书的部分书稿,读着书中的故事,倍感亲切,深感这部丛书具有资政、育人、存史的社会功能,有着重要的时代和历史价值。它是不忘初心、牢记使命的源头活水,是赞颂共产党、讴歌老区人民的一部精品力作,是弘扬老区精神、传承红色记忆的丰厚载体,是一项继承优秀传统文化、弘扬革命文化、发展社会主义先进文化,坚定"四个自信"的宏大文化工程。它必将成为一种文化品牌,为各界人士了解老区宣传老区支持老区提供一部有价值的研究史料。希望读者朋友们能从中了解并牢记这些为党和民族的利益不断奉献的老区人民,从中得到教益,汲取人生奋斗的精神动力。

新时代赋予新使命,新起点开启新征程。让我们更加紧密地团结在以习近平同志为核心的党中央周围,坚持以习近平新时代中国特色社会主义思想为指导,增强"四个意识",坚定"四个自信",做到"两个维护",弘扬老区精神,铭记苦难辉煌。为实现"两个一百年"奋斗目标,实现中华民族伟大复兴的中国梦做出新的更大的贡献!

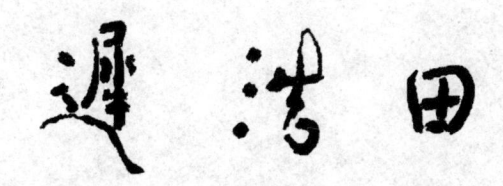

2019 年 4 月 11 日

编写说明

2017年6月,中国老区建设促进会组织全国各地老促会启动编纂《全国革命老区县发展史》丛书,按照"建立中国共产党、成立中华人民共和国、推进改革开放和中国特色社会主义事业"三大里程碑的历史脉络,系统书写革命老区百年历史,深入挖掘革命老区红色文化资源,这对于充实丰富中国革命史籍宝库、在新时代传承红色基因、弘扬革命精神、强固根本,对于激励人们在新的历史条件下夺取中国特色社会主义伟大胜利,实现中华民族伟大复兴的中国梦具有重要意义。

丛书编纂以习近平新时代中国特色社会主义思想为指导,以《中国共产党历史》《中国共产党的九十年》等重要文献为基本依据,以党的领导为核心,以老区人民为主体,以老区发展为主线,体现历史进程特征,突出时代发展特色,坚持辩证唯物主义和历史唯物主义相统一、历史真实性与内容可读性相统一的原则,书写革命老区从站起来、富起来到强起来的光辉革命史、不懈奋斗史、辉煌成就史,把老区人民的伟大贡献、伟大创造、伟大成就、伟大精神充分展示出来,形成一部具有厚重历史特征和鲜明时代特色的精品力作。这是一部培根铸魂、守正创新,既为历史立言,又为时代服务,字里行间流淌着红色血脉、催生着革命激情的传世之作。丛书的编纂出版将成为讴歌党讴歌人民讴歌时代、传播红色文化、为革命老区和老区人民树碑立传的重要载体。丛书按照编年体与纪事本末体相结合、以编年体为主的编写体例确定框架结构；运用时经事纬、点面结合的方式记述史实；坚持人事结合、以事带人的原则处理人与事的关系；采取夹叙夹议、叙论结合以叙为主的方法展开内容。做到史料与史论、历史与现实、政治与学术统一，文献性、学术性、知识性相兼容。

为编纂好《全国革命老区县发展史》丛书，打造红色文化品牌，中国老区建设促进会认真组织积极协调，提出政治立场鲜明、史料真实准确、思想论述深刻、历史维度厚重、时代特色突出、编写体例规范、篇目布局合理、审读把关严格、出版制作精良的编纂出版总要求，力求达到革命史籍精品的精神高度、思想深度、知识广度、语言力度，增强丛书的权威性和社会影响力。各省（区、市）、市（州、盟）、县（市、区、旗）老促会的同志，以强烈的使命感、责任感和紧迫感，勇于担当，积极作为，认真实施，组织由老促会成员、专家学者等参加的十余万人编纂队伍。编纂工作主体责任在县，省、市组织协调、有力指导、审读把关。各方面人员以高度负责的精神和科学严谨的态度，满腔热情地投入工作，为丛书编纂出版做出了重要贡献。丛书编纂工作还得到了党和国家有关部委、地方各级党委政府及有关部门的大力支持和积极参与，社会各界也给予了热情帮助。中共中央政治局原委员、中央军委原副主席、原国务委员兼国防部长迟浩田上将，对老区人民怀有深厚感情，对革命老区建设发展十分关注，欣然为《全国革命老区县发展史》丛书作总序。

丛书由总册和1 599部分册(每个革命老区县编纂1部分册)组成,共1 600册。鉴于丛书所记述的史实内容多、时间跨度长和编纂时间紧,不妥之处,敬请批评指正。

中国老区建设促进会

目 录

序言	001
简介	001
第一章　市域概况	006
第一节　地理概况	006
第二节　历史概况	008
第三节　社会概况	012
第四节　经济概况	024
第五节　文化概况	028
第二章　革命历程	037
第一节　党组织的发展	037
第二节　抗联在海林地区的活动	041
第三节　海林民众抗击日本侵略者	058
第四节　建立巩固的根据地支援全国解放战争	063
第五节　抗美援朝　保家卫国　海林老区再做新贡献	068
第三章　建设探索	073
第一节　基本完成三大改造任务	073
第二节　精简工作和社会主义教育运动	081
第三节　贯彻社会主义建设总路线	088
第四节　发展"五小工业"和社队企业	096

第五节	按照农、轻、重顺序发展地方工业 ……………	099
第六节	工业战线的企业整顿 …………………………	102
第七节	莲花电站移民工程 ……………………………	107

第四章 改革开放 …………………………………… 110

第一节	大胆探索、锐意创新,走出海林改革开放新路径 …	111
第二节	以试点县建设为主旋律,稳步推进城乡综合改革……	113
第三节	撤县设市 改革开放续写新篇章 ………………	115
第四节	扩大对外开放,在发展开放型经济上实现重大突破 …	120

第五章 伟大复兴 …………………………………… 122

第一节	奋力走出海林振兴发展新路子 …………………	122
第二节	坚决打赢脱贫攻坚战 …………………………	125
第三节	践行五大发展理念 决战决胜全面建成小康社会 …	129
第四节	全面开创从严治党新局面 ……………………	137

第六章 资源优势 …………………………………… 140

第一节	文化资源优势 …………………………………	140
第二节	自然资源优势 …………………………………	174
第三节	产业优势 ………………………………………	177

第七章 远景展望 …………………………………… 188

第一节	全面建成小康社会的指导思想 …………………	188
第二节	全面建成小康社会新的目标 ……………………	189
第三节	坚持创新发展,切实提高发展质量和效益 ………	191
第四节	坚持协调发展,构建平衡发展新格局 …………	192
第五节	坚持绿色发展,切实改善生态环境和资源环境 …	194
第六节	坚持开放发展,全面提升对外开放层次和水平 …	197
第七节	坚持共享发展,稳步提升群众的幸福感和获得感……	198

大事记 ……………………………………………………… 201

后记 ………………………………………………………… 243

序　言

《海林市革命老区发展史》是根据中国革命老区建设促进会的要求和部署组织编纂的。编写出一部有价值的革命老区人民在党的领导下，几十年奋斗史和发展史专著，发挥其资政育人的社会功能，是一件功在当代、利在千秋的好事、实事。对于发扬革命老区精神，对于"不忘初心、牢记使命"，与时俱进，在新时代做出新贡献，有着十分重要的意义。

革命老区是中国革命的摇篮，共和国就是从革命老区走出来的。进入习近平中国特色社会主义新时代，站在新的历史起点上，更深刻、更全面地审视革命老区的历史，展望革命老区更加光辉灿烂的未来，革命老区人民更加意气风发，豪情满怀。

海林革命老区是1980年12月31日，经国家民政部核准，确认为三类革命老区县。当时的新安公社、山市公社、新合公社因为属于革命老区的生产大队超过半数，被确定为革命老区公社。其中，上述3个公社中的46个生产大队和其他公社的21个生产大队同时被认定为革命老区生产大队。20世纪80年代前期人民公社和生产大队相继被撤销，基层恢复了乡镇、村建制，后来又都改称老区乡、镇，老区村。1996年6月，中共海林市委组建了海林市革命老区建设促进会，海林市老区建设工作进入了大发展的新时期。

海林是中国共产党在东北建立基层组织比较早的地方，具有较长革命斗争历史和光荣革命传统。1926年10月和1930年3月,横道河子党支部和新安镇党支部在海林大地上相继建立,揭开了在中国共产党领导下的革命斗争历史新篇章。"九一八"事变后,党领导东北民众同日本帝国主义进行了长达14年的艰苦卓绝的抗日战争。海林人民积极参加抗日活动,支援抗联,反对日伪的军事屠杀、经济掠夺和文化奴役,给敌人以沉重打击。在三年解放战争期间,海林人民积极参军参战、支援战勤。如果说解放战争是一部壮丽的画卷,那么,发生在林海雪原的剿匪斗争就是其中动人的篇章。抗美援朝期间,海林人民不仅组织优秀儿女赴朝参军参战,还节衣缩食捐款捐物,支援抗美援朝战争。同时,还担当抚养朝鲜战灾儿童和组织人员参加朝鲜战后重建任务,表现了伟大的国际主义精神。海林人民走过了光辉的岁月,这一时期形成的顽强斗争、不怕牺牲、服从大局的光荣传统,不仅永远铭记在海林革命老区人民的心中,而且成为以后进行革命和建设的精神动力。

在社会主义建设时期,海林革命老区经历了县置撤销和重建。在恢复县置之初,海林几乎是在一穷二白的条件下开始建设和发展的。海林县"九山半水半分田"的自然条件和工业基础先天不足,使海林人民走上了艰苦创业的道路,海林人民大办"五小工业",为后来的发展奠定了基础。党的十一届三中全会,实现了伟大历史转折,海林革命老区从此进入了改革和发展的新阶段。

1984年,海林粮豆薯总产、人均收入、工业生产都取得了突破性进展,各项事业都在改革中焕发蓬勃生机。这一基础的确立,为海林转入大规模经济建设时期创造了条件。1988年12月,海林县全年财政、工商税收在全省率先实现双超亿元,成为黑龙江省九小龙之首。在成绩面前,县委始终保持清醒的头脑,在全县范围内开展了商品经济、生产力标准大讨论,进行了县情调查,使海林人民在新的发展阶段重新认识县情,明确了发展思路。永不满足、不断进取、敢为天下先,成为这一时期海林人民不懈的追求。1991年7月,海林遭受了洪涝灾害。这一年,在严重的自然灾害形势下,海林社会总产值仍然达到13.6亿元,工农业总产值达到11.5亿元,和恢复县置的1962年相比,30年年均递增分别为5.2%和17.7%。这一年财政收入1.2亿元,上缴国家8 270万元,财政上缴居全省各县之首。海林,这个不靠近沿海,建县时间较短,基础差、底子薄的县份,用了30年时间,创造了海林发展的奇迹,书写了老区发展史上的光辉一页。

1992年7月,海林县撤县设市,揭开了历史新篇章,为海林实现新的历史跨越,展示了更加广阔的空间。1994年3月,在设市后召开的第一次党代会上,市委提出了"加快改革开放和经济建设步伐,为实现两率先、当强龙、奔小康目标而努力奋斗"的工作目标。海林的发展也不是一帆风顺、没有坎坷和挑战的。20世纪90年代后期,在全国、全省新一轮次加快发展的进程中,海林经济发展中很多深层次矛盾显露出来,制约着发展的速度。曾经在全省十强县中占有一席之地的海林,经济出现了下滑的趋势,被挤出全省十强县之外。不甘落后的海林人民,坚持以经济建设为中心,集中精力打好招商引资、工业提速增效、农业"三增"、发展非国有经济、优化经济发展环境"五个硬仗"。在市委二届三次全委(扩大)会议上,市委提出"面对新形势,构造新优势,把'二次创业'全面推进新世纪"的决策。抢抓机遇,推进跨越式发展,形成了这一时期海林老区人民奋斗的动力。在这一指导思想的引领下,海林市在招商引资、扩大开放、深化改革、加快发展方面加大了工作力度。从此,海林经济发展又注入了生机和活力。2002年财政收入2.19亿元,从2001年的1.96亿元的低谷中跃出,连续四年保持两位数增长。2005年全市国内生产总值41.4亿元,相当于设市时10.9亿元的4倍;全口径财政收入完成3.6亿元,是设市时1.8亿元的2倍。海林市重新进入全省十强县(市)。海林市进入了一个大发展、快发展、科学发展的崭新阶段。2006年,海林市制定了"十一五"规划,为未来五年进行了科学定位,提出了跨越发展、振兴崛起的发展蓝图。2011年后,海林市提出了建设幸福海林的目标,富民发展目标越来越明确,路径越来越清晰。

从1926年10月海林地区第一个党支部建立,到2016年海林制定并实施第十三个五年规划,革命老区海林市走过了90年的光辉历程。回顾90年波澜壮阔的历程,海林人民更加珍惜革命老区的光荣历史。党和祖国也不会忘记海林老区人民对中国革命和建设做出的贡献:在土地革命时期,中国共产党在横道河子地区领导铁路工人开展罢工斗争,反对日本帝国主义修筑延吉—海林铁路(新五路);在抗日战争中,海林民众武装"八大队"揭竿而起,坚持抗日活动十余年;黑牛背村民众志成城,以简陋的武器,抗击日寇。在解放战争中,仅1947年3月至1949年2月,海林优秀青年就有3 419人参加东北民主联军(后改称东北人民解放军),占当时青壮年总数的45.7%;还有139名烈士,在解放战争中献出了宝贵生命;组织战勤队4次,先后有1 237人支前参战;以县长刘克文为首的78名干部随军南下,支援新解放区工作。在抗美援朝战争期间,海林县有532名青年参加志愿军,有820人参加战勤工作,有166名海林儿女把生命留在了朝鲜土地上。海林人民还为抗美援朝上交公粮6 000万斤,加工军需大米2 500万斤,捐款捐物、安排朝鲜战后灾民10 950人,抚育朝鲜战灾儿童453人,海林县还有1 000多户朝鲜族居民参加朝鲜战后重建工作。社会主义时期,海林革命老区人民表现爱国情怀:1963年海林刚刚恢复县置,承担了精简职工、减少城镇人口工作,其中精简职工308人,减少城镇人口48 289人;20世纪90年代,国家修建莲花水电站,海林承担了30 000多人的移民工程,再次表现了海林革命老区人民舍小家、为国家的赤子情怀。

| 序　言 |

　　我相信,这部《海林市革命老区发展史》的编撰和印刷发行,必将进一步激发海林人民的革命斗志,在以习近平为核心的党中央坚强领导下,迈进新时代的海林革命老区人民为全面建成小康社会,为实现中华民族伟大复兴的中国梦做出新的更大的贡献!

简 介

一、海林革命历史概述

海林有着光荣的革命斗争历史,在长期的革命斗争中形成了革命老区。海林是中国共产党开展革命活动和建立党的组织比较早的地区之一。早在1926年10月,由中共北满地委领导的8名共产党员成立了牡丹江地区第一个党组织——中共横道河子党支部(党支部设在七里地村),向广大民众传播马克思列宁主义和三民主义的革命道理,鼓舞和领导海林地区广大群众开展了反抗帝国主义侵略和封建主义、官僚资本主义压迫的斗争。

海林具有光荣的革命传统,生生不息于林海大地这块沃土的海林人民,曾用鲜血和生命书写过争取自由和平的凝重历史。从1931年"九一八"事变到1945年"八一五"光复,海林人民经历了长达14年的被侵略、被奴役、被欺凌的屈辱历史,却始终吟唱着不屈不挠的抗争壮歌。在茫茫林海,中东铁路沿线,在海浪河两岸村庄,党所领导的抗日武装和民众力量,构筑了一座座抵御外来侵略的堡垒,一次次点燃抗日烽火,英勇抗击日本侵略者,也使海林成为东北抗日民主联军的主要战场和基地。其中:海林、拉古(现牡丹江市西安区海南乡)、长汀、新安、山市、横道河子、柴河、二道河子、三道河子镇都是东北抗联主要活动地区,是党组织领导广大民众开展抗日对敌斗争较早的地区。我党早期革命活动家苏北虹(今海林镇平和村人),抗联著名将领周保中、李延禄、李荆璞、李文彬等人,从事革命活动及组织领导的抗日斗争多发生在海林地区。

在那段艰苦卓绝的斗争岁月中,海林人民用质朴的情怀乃至热血和生命养育了革命武装,为革命胜利做出了巨大的贡献,付出了巨大牺牲。海林人民在长达14年的抗日斗争中,谱写了中华民族抗击外来侵略的不朽诗篇,为最终驱逐日本侵略者和中华民族的独立解放建立了不可磨灭的历史功绩。

二、海林革命老区划定的依据

革命老区是中国革命的摇篮,党和政府始终没有忘记老区人民对中国革命的贡献。1979年国家民政部、财政部在下发的《关于免征革命老根据地社队企业工商所得税问题的通知》中明确提出了划定革命老根据地的标准。标准有两条:(1)划定土地革命战争根据地的标准是:曾经有中共党组织,有革命武装,发动了群众,进行了打土豪,分粮食、牲畜等运动,主要是建立了工农政权,并进行了武装斗争,坚持半年以上;(2)划定抗日战争根据地的标准是:曾经有中共党组织,有革命武装,发动了群众,进行了减租减息运动,主要是建立了抗日民主政权,并进行了武装斗争,坚持一年以上。文件中还规定,划定革命老根据地应以生产大队为最小的计算单位,如果一个公社内,属于革命老根据地的生产大队超过半数,这个公社可算作革命老根据地公社。按照上述规定,由民政部门进行调查登记,经省人民政府审批,划定本省的革命老区,最终上报国家民政部核准。

1980年12月31日,经国家民政部核准,确定海林县为三类革命老区县。全县有老区公社5个,老区生产大队75个。20世纪80年代前期,人民公社、生产大队建制相继撤销,恢复了乡镇、村建制,革命老区都改称革命老区乡镇、革命老区村。

2004年初,黑龙江省老区建设促进会(简称"省老促会")根据20世纪80年代申报、界定革命老区公社、生产大队明显存在不够翔实、不够全面具体的实际情况,要求各有关县(市)在1980年国家民政部核准确认的基础上,对符合条件的革命老区乡镇、革命老区村做好新增申报工作。新增的革命老区乡镇、村由省民政厅、省老促会共同核准界定。2009年9月,海林市以海民联呈字〔2009〕20号文件向省民政厅、省老促会呈报了《关于新增界定革命老区乡镇、革命老区村的请示》,呈请新增老区乡镇4个、老区村50个。

随着改革开放的发展,给海林的革命老区乡镇、村也带来了一些变化。1992年海林撤县设市,2001年合并乡镇、村屯。据2016年,黑龙江省扶贫办(黑龙江省老区办)统计明细表记载:海林市有112个行政村,革命老区村占67%;老区人口72 643人,老区纯农业人口28 896人。

2006年至2008年,海林市精神文明创建工作坚持把打造城市品牌、树立城市形象、提高市民素质作为构建和谐海林的重要内容,大力开展了群众性精神文明创建活动,城市文明排位提升。其中,2008年以推进"文明城、卫生城、平安城、园林城"四城同创为载体,大力推进城乡清洁工程、文明村镇和群众性创建活动,实现了整村推进和重点突破,城乡总体文明水平得到提高,城市文明实现新的跨越。

2009年至2014年,以科学发展观推进创建工作,以解决城市文明形象的突出问题为切入点,围绕新一轮追赶跨越、领跑争先,朝着创建全国文明城市目标前进。

三、海林市革命老区建设促进会的成立

为了介绍老区,宣传老区,引起社会各界对老区的关注和支持,

并对子孙后代进行革命传统教育,推进老区建设和发展,在20世纪80年代初,经过中央和地方一些心系老区的老同志的筹备,以离退休老干部为主体的中国老区建设促进会和地方各老区建设促进会相继成立。在牡丹江市老促会的亲切关怀和悉心指导下,中共海林市委于1996年6月,组建了海林市老区建设促进会(简称"市老促会"),隶属于市委非常设机构。市老促会由三名离退休干部组成。会长:南明哲,原市政协主席退休干部;副会长:杨石,原市政府副市长离休干部;副会长兼办公室主任:赵佩君,原市老龄工作委员会办公室主任(2011年到会任职)。海林市成立了"海林市革命老区建设领导小组",组长由市委副书记或市委常委、组织部长担任;副组长由市政府主管农村农业副市长、市老促会正副会长、市农业局长、市民政局长担任;成员由市财政局、交通局、水务局、住建局、文广新局等28个涉农单位主要领导组成。

市老促会是一个具有特殊性质的社会组织,是各级党委政府开展老区工作的参谋咨询机构,也是党委政府联系革命老区人民的桥梁和纽带。1996年以来,海林市老区建设促进会心系老区人民,认真开展实地调查研究,反映老区人民的愿望和要求,为市委市政府做好老区工作谏言献策当参谋,向上级老促会和国家及省市涉农部门积极争取老区发展资金。海林市老促会以求真务实的工作实效,得到了老区人民的信任和爱戴,海林市老促会被百姓称为"老区人民的娘家人"。

据统计,从1996年开始到2018年,市老促会向上级争取扶持革命老区扶贫开发建设项目资金3 052.5万元。这些资金为老区乡镇、老区村建桥(涵)、修建硬质公路、解决农村自来水、解决农村垃圾集中处理、医院修建及设备更新等提供了援助。同时,为杨子荣烈士陵园整修、海林市高级中学"青少年活动中心"项目建设争取了资金投入。为宣传革命老区做好宣传教育工作,出版了《红色之路》《海林革命老区》《抗战时期海林人口伤亡和财产损失报告》等书刊,组建"海林市老促会艺术团",为革命老区乡镇、村自创编排文艺节目,进行专场巡回慰问演出46场次。并在老区乡镇、村建立了文化活动广场49个,面积达10多万平方米;文化活动室58个,面积达7 000平方米;老区村图书室各类藏书达147 500册。积极扶持老区红色旅游开发,已有9处旅游景点开发为革命爱国主义教育基地。2017年开展精准扶贫活动,在老区村发展了10户农家旅馆、10个农家休闲饭店,建蔬菜大棚37栋,安装太阳能路灯25盏,新建花池3处,建音乐喷泉广场1 000多平方米。2016年,老区村精准扶贫建档立卡贫困人口796人;2017年减少到740人。

2016年以来,海林市老区建设促进会还协调相关部门在科技方面加大对老区的投入,捐赠给老区村图书2 200册,电脑30台;培训人才干部107人,科技人员55人。

市老促会的工作,曾多次被国家、黑龙江省、牡丹江市级老促会评为"老区建设工作标兵单位""老区建设工作先进集体""老区建设工作先进单位"以及获得多个单项的荣誉表彰,尤其是连续多年被市委市政府评为"向上争取资金先进单位"的称号。

由于革命老区农村大多处于边远山区,受自然条件、地理环境等因素影响,交通不便,经济基础薄弱,科技教育落后,经济发展相对滞后。至今,许多老区农村还没有彻底改变落后面貌。支持老区加快发展,老促会的工作责任大、任务重,继续保持不骄不躁的工作作风,咬定青山不放松,定让老区加快发展,让党中央放心。

第一章　市域概况

海林市历史悠久，自旧石器晚期起，就有人类生息繁衍，夏商时代属肃慎，汉晋时期属挹娄，隋唐时期属粟末靺鞨与渤海国，辽金时期属女真部上京会宁府胡里改路，元朝时期属辽阳行省开元路，明朝时期属奴儿干都司，清朝时期属宁古塔将军和宁古塔副都统所辖，1910年改隶宁安府，中华民国暨伪满洲国时期，属宁安县公署。

第一节　地理概况

一、地理位置

海林市地处黑龙江省东南部长白山脉张广才岭东麓，地理坐标东经128°10′—130°00′，北纬44°09′—45°38′。全境东与林口县及牡丹江市接壤，南与宁安市毗邻，西靠尚志市、五常市，北连方正县，西南一隅与吉林敦化市相连。

二、行政区划

1946年8月15日，新海县建立，隶属牡丹江省。1948年9月20日，新海、五林两县合并为海林县，隶属松江省管辖。1956年3月，国务院决定撤销海林县建制，县境归属宁安县、林口县和牡丹江市郊区。1962年10月30日,国务院决定恢复海林县,隶属牡丹江地区。1992年7月28日,经国务院批准,同意撤销海林县设立海林市(县级),由省直辖,以原海林县的行政区域为海林市的行政区域,行政关系由牡丹江市代管。辖海林、长汀、横道河子、山市、柴河、二道、新安、三道8个镇,112个行政村;有1个城区街道办事处,11个社区。全市总面积8 711平方千米,有1个国家级开发区、3个森工局、2个国有农场。

三、自然环境

海林市境南北长,东西狭,地势东高西低,平均海拔400~500米。全市可分为山区、丘陵区和冲积平原区三种地貌特征。境内有大小河流144条,均属牡丹江水系,市域内河流总长度2 930千米。境内气候夏热稍短,冬寒较长,四季比较分明,属中温带大陆性季风气候,年平均气温4.4℃左右,无霜期年平均131天,平均降水量540毫米,年均日照2 356.6小时,常年盛行西北风和西风。境内山川交错,丘陵起伏,河网密布,有利于农、林、牧、渔多种经营全面发展。

四、自然资源

海林自然资源富集,生态环境优良,是全国重点林木加工基地。矿产、水、野生植物、森林、有机食品资源丰富。2018年海林市有矿产36种。2017年全市水资源总量40.56亿立方米,2018年全市用水总量1.015 6亿立方米,开发利用率2.85%(不含水电开发利用量)。野生植物资源中草药草本类30余种,人参、鹿茸、黄芪、刺五加、五味子、林蛙油等中草药药材200多种,被誉为"中国北药之乡";盛产蕨菜、黑木耳、猴头菇、松子等100多种森林食品,年采集量3万多吨。

五、人口、民族

全市总人口42万人。人口出生率5.3‰,死亡率11.5‰,人口自然增长率-6.2‰。全市有汉族、朝鲜族、满族、回族、蒙古族等21个民族,少数民族人口4.1万人,人口最多的少数民族为朝鲜族,有2.6万人。

六、交通、区位

2018年全市有各级公路178条,总里程1 087.633千米,其中国道2条计63.943千米;省道3条计69.903千米;县道1条计54.150千米;乡道32条计422.112千米;村道108条计374.473千米;专业道32条计103.052千米。全市公路等级:一级公路50.253千米,二级公路48.643千米,三级公路220.374千米,四级公路684.404千米和等外公路83.959千米。乡镇通车率100%、村屯通车率100%。海林距省会哈尔滨286千米,距牡丹江12千米,滨绥图佳铁路及201、301国道横贯全境。距国家一类口岸绥芬河、东宁分别为175千米、220千米,与俄罗斯远东地区公路相连,铁路相通,是东出符拉迪沃斯托克,南下图门江,连接俄、日、韩的商贸交通枢纽。①

第二节 历史概况

一、革命传入前的历史

1896年6月3日,清政府与沙俄政府在莫斯科签订了《中俄密

---

① 数据引用:《海林市志(1986—2005)》,第375页。

约》,沙俄获取了中国东北铁路的修路权。中东铁路又称东清铁路、东省铁路。该路西起满洲里,中经哈尔滨,东出绥芬河,与俄后贝尔铁路及南乌苏里铁路首尾相接,是沙俄帝国主义伸向中国的一条"吸血管",也是沙俄帝国主义东出太平洋,对外进行侵略扩张的产物。沙俄把中东铁路划分为四个工区,横道河子为十一区,海林为十二区。1903年7月14日,中东铁路全线竣工,正式通车运营。沙俄帝国主义在修筑铁路的同时,强行砍伐铁路沿线和附近的木材,霸占我国的森林资源,并在中东铁路沿线占据大量土地,驻扎军队,还设立司法机关,建立了一套殖民机构和制度。自1903年至1931年,仅中东铁路累计消耗木材(包括海林境内)达3 400万立方米之多,约消耗资源1亿立方米。

海林人民在遭受沙俄帝国主义的殖民统治同时,还遭受着日本帝国主义的侵略和压迫。1915年,日本殖民主义者入侵牡丹江、宁安、海林地区,短短几年间就开设大小林业公司40多家。日本殖民者利用这些公司捞取木材采伐权,利用中国廉价劳动力"开发"中国森林资源。为了将大量的木材运往日本,日商渗入海林、牡丹江站,雇用中国劳工,掠夺木材运往日本。自1917年起,七八年间就运出木材4 000多车(每车约15.5吨)。1919年2月,日本资本家建立了中东林业公司,直到1923年。在此期间大举兴办制材业,采伐横道河子地区森林。"九一八"事变后,中东铁路被日本接收,原属中东铁路的各林区,随路转让给日本经营。从此,日本帝国主义开始独家在海林这块富饶的土地上进行野蛮的侵略、压迫和掠夺。[①]

自中东铁路修建那天起,铁路工人就深受沙俄帝国主义和封建势力的双重压迫和剥削,政治、经济地位都处于社会最底层,工人命

---

① 《中国共产党海林历史》(第一卷)4—6页。

运极其悲惨。在政治上受统治和镇压。沙俄帝国主义在中东铁路刚刚修建时,就以保护铁路为名,沿线驻扎护路队、铁路警察和军队,同时设置法院和监狱镇压铁路工人的反抗。1903年中东铁路全线通车后设立了警察机构,在海林横道河子设东省特别区警察署,统管一面坡至绥芬河沿线十五个警察分所。1904年,沙俄把宪兵改为铁路警察,名义上是保护车站、机车库、货物处、仓库、工人安全和维护秩序,实际上是对铁路工人进行监视和控制。沙俄还在横道河子设立了监狱,残酷镇压工人。他们到处抢劫财物,奸污妇女,枪杀铁路工人和无辜居民,给中国人民带来了无穷的痛苦和灾难。在经济上层层盘剥和克扣。在修建中东铁路东线时,沙俄侵略者对中国工人进行百般折磨和凌辱,并残酷地剥削他们,把资本主义的"饥饿纪律"和封建主义的"棍棒纪律"结合在一起,迫使工人廉价劳动,每天只给十戈比微薄生活费。工人们在沙俄监工和护路队的皮鞭、刺刀下,从事土、木、石工繁重的体力劳动,每天平均劳动12小时以上。机务段司机、司工,列车段工长,车站制动员有时工作长达16小时,工资分文不加,劳动条件十分恶劣。就这样,沙俄还经常借故不及时支付工资,最长拖延达2个月之久。[1]

二、革命传入后的历史

1917年,俄国爆发了十月社会主义革命,它像一声春雷震惊了整个世界,一切被压迫和被奴役的民族和人民都从中受到鼓舞,看到了希望。在中国,最早得到"十月革命"胜利消息的是中东铁路沿线的各站工人。他们为之欢欣鼓舞,觉悟也迅速提高。此后,铁路工人的斗争从以前的单纯经济斗争开始进入到经济斗争与政治相结合的阶段。从1918年到1920年,由哈尔滨铁路总工厂牵头,

---

[1] 《中国共产党海林历史》(第一卷)7页。

包括海林、横道河子站的中东铁路各站中俄工人参加的全线大罢工就有四次。

在俄国十月革命的影响下，马克思主义开始在中国传播。由于地缘关系，中东铁路横穿海林、山市、横道河子，常有俄国人出入。修筑中东铁路的俄国工人，特别是技术人员，他们给海林传来十月革命胜利的消息。1918年初，俄国布尔什维克党员乌曼斯基到横道河子俄语学校任教，以此做掩护，在铁路工人中宣传马克思主义理论，介绍十月革命经验，使海林地区的铁路工人较早地了解了革命道路。我党早期党员之一，周恩来在天津南开大学的同学马骏的家乡是宁安县，当时海林归属宁安管辖。马骏在1918年回乡时，进行反对封建礼教宣传。1920年秋，马骏离开天津回到宁安，在宁安、海林一带多次深入到广大群众和青年学生中宣传俄国十月革命的经验，宣传他在天津、北京参加五四运动的感人实况。马骏在家乡的时间虽然不长，但他在家乡人民中播下了永不熄灭的火种。

1921年7月，伟大的中国共产党成立后，党的宗旨和思想很快传遍整个中国。1922年冬，中共北方区委劳动组合部主任罗章龙到中东铁路东线宣传马克思主义，他认真考察了工人组织状况和群众觉悟及工人情况，写出了"关于东北工人状况和东北建党建工会的具体意见"的报告。北方区委接受了这一建议，决定派人到东北开展建党工作。五四运动到1925年期间，在中国传播马克思主义的先驱李大钊发表了《我的马克思主义观》等文章，以及《新青年》等革命书刊相继传入海林地区。马克思主义在海林地区的传播，为海林地区地方党组织建立准备了条件。①

---

① 《中国共产党海林历史》（第一卷）12—14页。

第三节　社会概况

一、民族

海林市是个多民族聚居的县份。1982年第3次人口普查统计：海林县总人口423 478人。其中汉族373 865人，蒙古族452人，回族564人，朝鲜族32 409人，满族16 125人，锡伯族14人，鄂温克族6人，达斡尔族6人，壮族13人，彝族5人，其他少数民族6人，外籍华人13人。2000年，第五次全国人口普查统计：全市有28个民族，汉族占总人口的88.61%；27个少数民族占11.38%。另有未识别民族4人，加入中国国籍外国人2人。在少数民族中，朝鲜族、满族居多。1982年朝鲜族人口为32 409人，占全县人口的7.56%。1983年又重新设立了海南、新安两个朝鲜族民族乡。2010年4月，海南乡划归牡丹江市郊区。

海林，是海林各族人民共同的家园。各族人民在这里生息繁衍，写下了各民族团结、战斗、奋进的诗篇。在反抗帝国主义侵略者和国内反动派的艰苦斗争中，在开发海林、建设海林的拼搏中，海林各族人民为革命老区的发展做出了巨大贡献。

二、宗教

海林的宗教活动历史比较久远。早在唐朝时期，佛教已传入渤海国（海林地方属渤海国），并成为渤海国的国教。清康熙三年（1664年）北京大佛寺僧人静经（陈充明）因罪流放宁古塔，建寺传教。海林地方的佛教寺庙有海林白庙子，江头娘娘庙、海林双庙子、海林东大庙。其中双庙子、东大庙在土地改革时，被农民砸碎。道教的一支"全真道"的龙门派,在金朝时期传入宁古塔。海林地方道教庙宇有二道河子老道庙、海林慈善宫、石河山神庙、柴河关帝庙。清初,有回教徒来宁古塔经商,传来了伊斯兰教"东干派"。民国初年,海林地方仅有几户回民,多经商,宗教活动在穆斯林内部进行。1903年东清铁路通车前后,俄国人天主教徒在海林地方的柳树河子传教。1984年有天主教徒38名。1982年,海林有基督教徒60名。1985年发展到397人,分布在海林镇、柴河镇、长汀镇、横道河子镇、山市镇等地。在1903年修筑东清铁路时,东正教也传入海林。在横道河子建"圣母进堂教堂"。规模仅次于哈尔滨尼古拉大教堂,当时有教徒500余人,全是俄罗斯人。1955年俄罗斯人迁走后,活动停止,教堂改为敬老院,后又改为生产队谷仓。萨满教是满族人信奉的一种古老宗教,起于金代,盛于清代。"民国"以后,满族人跳家神日趋衰落,活动逐渐减少,现已不见。

1986年后,落实党的宗教信仰自由政策以来,海林市的各种宗教信仰活动开始复苏,信徒不断增加,开始有了有组织的宗教信仰活动。海林市政府依据《宗教事务条例》认真开展工作,使海林市的宗教活动健康发展。至2018年,海林市共有5种宗教,有53个宗教活动场所,有宗教信徒9598人。

佛教:1986年佛教信徒发展至50人。2000年在海林体育场西侧设立临时"念佛堂"。信徒达到2 000人。2002年"念佛堂"改址在海林帐篷山北侧建起"报恩寺",占地面积约6万平方米,殿宇5座,信徒5 000余人。

道教:1998年,在二道河子镇月亮湾重建老道庙。2000年8月,黑龙江省宗教局批准海林市横道河子镇影视城内的慈航宫为正式道教活动场所。至2018年,道教活动场所2处,信徒560余人。

伊斯兰教:1990年,伊斯兰教徒300人,2018年信徒540人(回族人口总数)。由于海林市没有清真寺,大多数信徒不能进行宗教活动。大型节日信徒有70余人去牡丹江市清真寺活动。

天主教:1992年天主教活动点5处,信徒205人。1994年4月,成立海林市天主教爱国运动委员会,5月份召开第一次天主教爱国运动委员会代表大会,选举了主席、副主席。活动场所增加到7处,教徒230人。2000年7月,召开第二次代表大会,改选了领导机构。至2018年,天主教有活动场所2处,信徒群众13人左右。

基督教:1986年,海林县基督教有活动点12个,信徒560人。1988年5月,成立海林县基督教爱国运动委员会,召开了第一次代表大会,选举了领导机构。同年,基督教活动点增加到23个,信徒增加到1 800人。1997年12月,召开海林市基督教爱国运动委员会第二次代表大会,选举产生了领导机构。活动点增加到34个,信徒达到4 800人。2002年1月,召开海林市基督教第三次爱国运动委员会代表大会,进行了换届选举。全市基督教活动场所59个,信徒4 200人。这一年基督教界为海林市城镇建设捐资115.8万元。扩建了海林镇内子荣街。2018年海林市基督教有正式活动场所48个,教徒3 483人。

三、民风民俗

海林市是一个由多民族、多籍贯的居民组成的社区。受多民族、多地域传统文化的影响,这里的民风、民俗表现形式也丰富多彩。各地域、各民族的民风、民俗经过长时间的相互渗透、相互交融,加之党和政府政策上引领,各种民间典型的树立,形成了海林市既有时代特点,又有海林特色的民风、民俗。

(一)海林的民风

海林市在历史上曾是宁古塔将军驻所,也曾出现过萨布素那样的抗击沙俄侵略的英雄。在解放战争时期,著名侦察英雄杨子荣曾经在千里林海雪原进行过艰苦卓绝的剿匪斗争,在海林留下了可歌可泣的英雄事迹。因此,崇尚英雄就在海林大地上形成了优良的社会风气。学英雄事迹、走英雄道路,在海林人民心中已深深扎根。解放战争时期,海林人民不仅为前线输送数以千计的优秀子弟,而且出动了大批战勤人员。据海林县革命烈士英名录记载,解放战争时期,牺牲的烈士就有139名。抗美援朝期间,有166名海林籍官兵把生命留在了朝鲜的国土上。1964年,在海林县出现了三位少年英雄英勇救火车的事迹。当时,温庆海、贾树文、邹祥廷三位少年发现洪水冲毁了森林铁路桥,他们三人用红领巾做信号阻止火车停下,避免了国家财产的损失和旅客的伤亡。

1987年,海林县委、县政府确定每年9月1日为全市的老年节,2000年建起了老干部活动中心,县直和各乡镇都有老干部活动室,全县12个乡镇都办起了敬老院,为老年人安居晚年创造了条件。在民间,子女为老人过生日,开展"做尊敬公婆的好媳妇"的活动,进一步促进了尊老风气的形成。

海林的尊师重教之风,由来已久。清朝中期,中原一批流放文人到塞外边疆,张缙彦、吴兆骞等流人大办私塾,兴办诗社,使学文之风逐渐兴起。解放初期,海林县的扫盲运动开展得有声有色。20世纪80年代,海林人对学文化的需求更加迫切,提出了"致富先治愚"的口号。工人上补习班,部门包学校,再穷不能穷了孩子,县直90多个单位包学校,为学校改善办学条件提供了物质支持,县内小学改变了"二部制"。在海林最受人尊敬的职业是老师,尊师重教在海林已经成为一道亮丽的风景线。

助人为乐,扶贫济困的社会风气在海林也很突出。1985年,国家提出修复长城破损区段的号召,海林人民捐款10万元;1988年大兴安岭遭受火灾,海林人民捐献大批财物支援灾区,并且接收一些灾民在海林暂住,直到重建家园返回。汶川大地震、邻县宁安发生水灾等自然灾害,海林人民不仅捐款、捐物,还赴宁安抗洪,支援邻县人民重建学校。2000年以后,海林市每年都为残疾人、贫困户捐款,使扶贫济困的风气发扬光大。

(二)海林的民俗

海林人喜欢选择依山傍水的地点建立村落,多数面南建房,木格子大窗户,上下两扇,上扇可以开启,外糊毛头纸,擦苏油以防风雨。这是海林早期住宅建筑的突出特点。"窗户纸糊在外"被称为关东的一大怪。火炕是东北,特别是黑龙江住宅设备的特有产物,而海林住的火炕又独具特色。火炕高一尺五寸左右,绕南西北三面,叫"围炕",西小炕是供奉祖先和祭祀神灵的地方,不能乱坐。南炕住长辈,北炕小辈居住。冬季在两炕中央的地下放一个大炭火盆取暖。房基用毛石砌成,土坯垒墙,房山挂"羊草辫子",外抹泥,用红松做房架,起脊呈人字形。房架分大柁小柁,七道檩子,房顶苫草。上架时要挂红布和一串三个太平钱。清朝中叶以后,上层人物及富裕人家部分营建青砖瓦房,瓦房前出廊后出厦。门窗仍以糊纸为多。随着社会的发展、居住条件逐步进入现代化、砖瓦房的比重日益增加,盖楼房的也屡见不鲜,内部装修也逐步向讲究、舒适、美观、明亮方向发展,尤其是城镇发展更为迅速。在农村现代住宅也不断增加,但草坯结构的旧式房屋仍随处可见,只是"窗户纸糊在外"之怪已基本绝迹。

海林人生孩子习惯在门前挂上标志,以示外人。生男孩挂一小弓箭,生女孩挂红布条。孩子生后要用带子将胳膊肘、腿膝盖反脚脖子三处捆绑起来。在房梁吊以"摇车",将孩子放进去。外地人将这种吊起来摇车,称为"养活孩子吊起来",谓之关东又一大怪。这种摇车目前已不多见。小孩睡觉时用的枕头用豆类装成,以睡成扁头为美。母亲带新生儿第一次到亲属家串门,主人要为其挂一绺白线,称之为"锁线",线上系钱,从头顶挂至脖颈,回家后从脚下摘取,意思是把小孩锁住。孩子生后未满月以前,怀孕妇女禁止到产房去。据说去了就会把产妇的奶水带走。男孩28天、女孩30天为"满月"。

（三）朝鲜族的婚俗

海林各民族、各不同籍贯的人有着不同风俗习惯,这些长时间的民俗有的已经或为人们的共识和约定俗成。其中有些民俗仍归本民族和具有同籍贯的人们所恪守,有些则逐渐缩小。在结婚、生育、丧葬、寿诞、祈福等方面,海林的汉族的民俗和全国各地相差不多,这里仅以当地少数民族人口较多的朝鲜族为例。

选定婚日后,男方要准备礼妆,也叫"纳采",是男方专为女方准备的礼物。女方要准备嫁妆。现在朝鲜族的礼妆与嫁妆与汉族人无大的区别,只是过去男方准备的礼妆还要有象征幸福、长寿、多子的棉籽、米粒、假发、玩具等,女方还要为公婆及男方接亲的人准备一些见面礼,这些是与汉族不同的。

在结婚仪式上,朝鲜族的婚礼有其独特的风俗。婚礼分新郎婚礼和新娘婚礼。在新娘家举行的婚礼为新郎婚礼。程序按奠雁礼、交拜礼、房合礼、席宴礼进行。新郎迎亲时带去一只木制的彩色模雁,放在新娘家客房外的小桌上,把模雁往前轻轻推三次,之后行跪拜礼,即为奠雁礼,象征新郎新娘像雁一样永相爱、守贞节、不分离。奠雁礼后,新郎新娘一内一外相互跪拜,交换酒杯,互相敬酒,即为交拜礼。交拜后,新郎到新娘房内,互问家安,即为房合礼。席宴礼是新郎婚礼的最后程序。女家摆上糕饼、糖果、鸡鱼肉蛋等招待新郎。由傧相和邻里相陪,筵席将结束时给新郎上饭上汤,在饭底下要放三个去皮的鸡蛋,新郎必吃鸡蛋,但不全吃,留一两个在饭碗下,退席后由新娘吃下。新娘离家上轿前,要向父母与长辈叩首告别。

在新郎家举行的婚礼叫新娘婚礼。过去都在院中举行,现多在室内。新娘婚礼的规模要比新郎婚礼隆重。新娘由女傧相陪伴,在席前正襟危坐,桌前摆一只煮熟的、昂首挺胸的整鸡,嘴里还叼一只大红辣椒,以示吉祥。婚礼的晚上,近亲和邻里要为新郎新娘举办晚会,往往歌舞到深夜。

(四)朝鲜族的殡葬风俗

朝鲜族的殡葬礼仪与汉、满民族有些相同之处。人死后也要停放三天、五天或七天,也有停两天、三天的。

入棺守灵期间,每日早晚祭餐一次,由孝子带领近亲叩首号丧致哀。丧礼仪式基本上分"袭"(给死者换新衣)、"殓"(入殓)、"成服"(亲属穿丧服)、吊丧等程序。

人死后先穿衣,然后用白麻布或白棉布捆三处后入棺。出灵时把棺放入丧舆里,由人抬出,现已被牛车、汽车所取代。

一家有丧事,亲朋好友都去吊丧。吊丧者先向遗体三叩首,再与丧主互叩首,并说些安慰话。吊丧者要带丧礼,过去带一两包蜡烛,现在多以酒为礼。

(五)朝鲜族的寿诞风俗

朝鲜族人则以60周岁为重,设筵称为"花甲"筵。花甲筵都在长子家进行,亲戚邻居均来祝贺,并以丰盛酒菜招待。筵席期间,载歌载舞,直到深夜。70周岁称为"进甲",一般不举办特别仪式,只有子女欢聚,并邀请父母的亲友,以酒菜款待。

四、生活方式

生活方式是一个内容相当广泛的概念。它包括人们的衣、食、住、行、劳动工作、休息、娱乐、社会交往、接人待物等物质生活和精神活生的价值观、道德观、审美观,就是在一定的历史时期与社会条件下,各民族、社会群体的生活模式。生活方式是人的社会化了的一项重要内容,决定了个体社会的恢复水平和方向。同时,生活方式又是一个历史范畴,随着社会发展而变化。

(一)农民的生活方式

1945年东北解放,次年进入土地改革。但主食仍然以粗粮为主,穿着打扮开始变化。住房多为独门独院。文化生活方式,当时流行秧歌剧。合作化运动后,少数人穿上毕叽、咔叽等衣料,劳动布开始流行,灯芯绒布颇受欢迎。"大跃进时期",农村普遍有了电灯,电动机具开始广泛使用。少数农户开始有了自行车、收音机。"文革"时期,由于政治运动影响,农业生产徘徊不前,有的生产队靠吃"返销粮"度日。中共十一届三中全会以后,打破了过去"左"的束缚,农民生活发生显著变化。饮食结构由原来单调的粗粮、粗菜转变为细粮、细菜,衣着向化纤、毛料等高档转化,服装样式同城镇职工差别不大。消费品拥有量,如缝纫机、洗衣机、收录机、电视机有很大增加。住房结构也发生很大变化,基本上不盖土坯房了,有三分之一农户住进砖瓦化新房。但部分农民还处于温饱阶段,有些偏远山区还没有摆脱贫困。1986年,海林县农村居民住房面积为10.6平方米,2000年为20.8平方米,2005年为21.4平方米。2006—2018年海林市在全省率先推进新农村建设集群式发展。通村路网实现全覆盖,农村住房砖瓦化率达100%,住房面积为26.5平方米。农村自来水入户率100%,被评为全省新农村建设先进市。海林市的农村向"农村城镇化、农业产业化、农民市民化"目标迈进。农村人居环境持续改善。顺桥村被认定为"中国传统村落",模范村被评为全国"一村一品"村,江头村被评为全省"菜园革命"示范村,钓鱼台村、密南村被评为全省农村生活垃圾治理示范村。

(二)职工的生活方式

合作化时期,党对工商业实行社会主义改造,都成为公私合营企业。又开办了国营酒厂,工人逐渐增多。1956年改为工资制,职工生活水平开始上升。1957年以后,细粮有所增加。衣着方面,干部以中山装为主,工人有规范的工作服。文化生活主要是电影院按计划放映电影。县广播站每天按时播音,各单位有时组织舞会。这一时期的服装布料多是咔叽、毕叽、劳动布、灯芯绒等。粮食以粗粮为主,凭证供应。三年困难期间,代食被普遍食用,大部分职工要靠搜集草籽、野菜来补充口粮不足,到1962年才有好转,职工住宅均为公房,砖瓦化增多。多数人家用煤做饭取暖,收入较多的家庭有四大件(收音机、缝纫机、自行车、手表)。

1970年以后,"的确凉"、涤纶等化纤产品才为人们所重视。文化生活多由各单位组织的宣传队唱样板戏、学习小靳庄。职工家庭搞"三敬三祝"、跳"忠字舞"。

中共十一届三中全会以后,经过几次调资,加上各种奖金、津贴及其他补助,职工收入大幅度增加。在主食细粮的基础上,向高档副食品发展。市场繁荣,四季鲜菜可随时买到。服装方面,西服普及,港台款式流行,衣料多为高级合成纤维毛料。外地人来海林说:"海林人穿着一点不土,大城市有的服装样式,在海林也能看到。"住房向商品化发展,私房增多,样式新颖,部分住宅有卫生间。多数职工家有洗衣机、录音机、彩电、冰箱,青少年多数到影剧院看歌舞演出,港台及国内通俗歌曲流行,又出现了迪斯科、太空舞等。1986年海林城镇居民人均住房面积6.23平方米,2000年达到9.02平方米,2005年达到22.5平方米,到了2018年达到27.8平方米。大多数城市居民住上了集中供热楼,城镇居民,住进了设备齐全、小区环境优美的高层电梯楼。

五、精神文明

海林县的精神文明的创建活动是从"五讲四美三热爱"开始的。1981年2月15日,全国学联、全国伦理学学会、全国总工会、共青团中央、全国妇联、中国文联、中国语言学学会、中央爱卫会等九个单位,联合发出"关于开展文明礼貌活动的倡议",在全国人民,特别是青少年中开展文明礼貌月活动,大兴"五讲四美"之风。以后,这项活动又和"三热爱"活动相结合,具体内容:"五讲",即讲文明、讲礼貌、讲卫生、讲秩序、讲道德;"四美",即心灵美、语言美、行为美、环境美;"三热爱",即热爱共产党、热爱祖国、热爱社会主义。于是,"五讲四美三热爱"活动在全国迅速开展起来。1983年3月11日,中央成立了"五讲四美三热爱"委员会。之后,各省市自治区也成立了"五讲四美三热爱"委员会。从此,这一活动在海林县开展起来了。中国共产党十二届六中全会1986年9月28日在北京举行,会议通过了《中共中央关于社会主义精神文明建设指导方针的决议》,决议根据马克思主义基本原理同中国实际相结合的原则,阐明了精神文明建设的战略地位、根本任务和基本指导方针,是新时期加强我国社会主义精神文明建设的纲领性文件。从此,"五讲四美"这一活动纳入到中央的精神文明建设的层次。

1986年,海林县委、县政府把文明城镇建设工作提到重要的议事日程,从人民群众反映十分强烈的走路难、吃水难、上学难、住房难、上厕所难的"五难"问题入手,进行综合治理。当年新修主次干道8条,巷道150条,新铺下水管道3 500米,植树7 750株,填污水坑6处。

1987年,海林县文明城镇建设主要围绕整治脏乱差开展的,落实"门前三包"536户,占应落实的94%。

1989年,全县在文明城市建设方面,为解决群众走路难问题,铺装水泥路面38 326平方米,铺装5条巷道水泥路面375米;投资32万元,新建下水管道2 760米。同年海林县被国家建设部授予城镇规划先进县。

1990年,全县城乡建设总投资1.2亿元,其中县城建设投入622万元,修建了14 000平方米的火车站站前广场,修建了建筑面积2 000平方米汽车客运站。

1996年,海林市的城市建设以张家港为榜样,大手笔,大运作,加大了城市建设力度。高标准完成了"10路1桥"的新建、改造、罩面,总投资达2 050万元。

2001—2002年,海林市在创建省级文明城市中,启动了林海休闲广场二期工程、游泳馆、图书馆、高级中学科技楼、殡仪服务中心、通信大楼等重点工程,还完成了"三路"(林海路、斗银路、奋斗路)"三街"(新华街、子荣街、和平街)"五桥"(海浪河大桥、跨线立交桥、英雄桥、子荣桥、斗银桥)和南北入城口标志性建筑的建设。

2003—2005年,海林市全力打造"城在林中、路在绿中、楼在园中、人在景中"的北方生态明珠城、牡丹江市卫星城,累计运营3.2亿元用于城市建设。实施路桥工程,打通了子荣街东段,拓宽了新华街、斗银路等8条主干道和桥梁。新修了14条次干道,整修110条巷道。实施民心工程,建设了林海广场、银河公园、中韩友谊公园等6个高品位的休闲娱乐项目,先后建设了高级中学艺体馆、林业局一中教学楼、杨子荣烈士纪念馆、广电大厦、一小、二小等28个公益项目。实施亮化工程,按照"一街一品一特色"的要求,在"两路两街"安装路灯和各类灯饰2 104盏,实现了全市主要街路全部亮化。实施绿化工程,"大树进城、小树上山",使城区绿化覆盖面积达到32.89%,建成1万平方米以上规模小区9个,达到规范化标准的小区12个,园林标准小区4个。此外,又实施蓝天碧水工程,环境状况不断改善,勾勒出一幅"楼在园中建,人在画中行"的城市画卷。开展生态明珠城竞赛活动,创建"花园式住宅小区"10个,"花园式单位"10个,城市的功能、标准、环境进一步提升,城市品位进一步提高,保持了省级文明城市建设先进市荣誉称号。

2006—2008年,海林市的精神文明创建工作坚持把打造城市品牌树立城市形象,提高市民素质作为构建和谐海林的重要内容,以创建省级园林城市、建设生态明珠城为目标,推进了全市生态环境建设,推进城市绿化工程。城区栽种各种树木8 473株,新旧垃圾场防渗截污工程全竣工。强力推进蓝天工程三年计划,大力实施了"十村示范、百村整治、千户落点"工程,举办了第二届社区邻居节,推进了和谐社区建设。投入826万元,新购置机械化清扫车、高压清洗车等环卫设备。农村自来水普及率达到86%,实现了村村通有硬质路,98%的行政村实现了主街硬化,34个村村内道路全硬化。

2009—2012年,全市精神文明建设贯彻落实党的十七届三中、四中全会精神,以科学发展观推进创建工作,以推进"四城同创"和创省级"三优"文明城为载体,扎实推进城乡洁净工程,文明村镇和群众性创建活动。新建改建站前广场,人民公园等一批公益设施和精品住宅小区。实施冬季绿化,万棵大树进城,完成53家单位,38个居民小区,6个公园广场,20处街头绿地,11条街路的绿化,新增绿地面积27万平方米,城市绿化率达到31.5%。新建了丽海城市花园、金恒嘉园、锦绣嘉园、鑫林家园等一批房地产项目,累计抓建棚户区60万平方米,是过去20年的总和,新开发商品房120万平方米。整治城市"顽疾",较好地解决了环境卫生、市容市貌、私搭乱建、占道经营、噪音扰民等问题。2011年文明城镇建设跨入全省先进行列。

2013—2017年,全市精神文明建设以党的十八大为指针,按照海林市第五次党代会提出的"加速跨越争先、建设幸福海林",争创全国文明城市的奋斗目标,实施"十大工程",推进"五城同创",建设大美之夏海林,努力把海林建设成为东北地区最幸福的城市。2012年建交通环岛5处,喷泉水景7处,安装电子大屏幕6块,新建、改建19条街路,完成34条巷道硬质化。2015年建成14处公园广场、7处街旁绿地,实现步行5分钟或500米就有一个公园广场。

中国雪乡高等级旅游公路剪裁通车,哈牡高铁境内2个站点和哈牡客专威虎山隧道启动建设。2017年建设美丽乡村示范点16个。

2018年,实施文明村建设升级工程,以创建国家园林城和全省"三优"文明城、全国文明城为牵动,推进新农村建设,落实乡村振兴战略,提升文明村建设水平。海林镇、长汀镇、柴河镇入选全省百强乡镇。横道河子镇成功申报省级特色小镇,海林镇综合实力位居全省百强乡镇第二名。李玉兰等8户家庭荣获省级"十星级"文明户荣誉称号。

第四节　经济概况

中华人民共和国成立后,海林县的经济进入了新的历史时期。1949至1988年海林经济大体上经历了七个发展阶段。

一、恢复阶段

1950—1952年的3年,是国民经济的恢复阶段。在此期间,党和政府组织广大农民成立了互助组,使劳动生产率有了提高。粮食产量有较大幅度增长,3年内,每年平均递增19.0%,亩产(不含豆薯)由1949年的47公斤提高到77公斤,增长63.8%。在此期间,工业有了长足的发展,一批国营工业企业建立起来,私营工业也不断发展。到1952年,工业总产值比1949年增长了176.2%,每年平均递增40.3%。这阶段的主要特点是:经济发展的速度快,社会总产值年均递增29.4%,国民收入年均递增28.2%,工农业总产值年均递增29.7%。国民经济开始恢复,基本上步入了正常发展的轨道。

二、所有制改造阶段

1953—1957年,国民经济所有制构成发生了重大变化。一是农业由单干或互助组开始组建初级农业生产合作社,并向高级农业生产合作社过渡,土地由个人所有转向集体所有,生产方式由"各自为战"转向集体经营;二是工商企业进行了社会主义改造,私人企业基本消亡,取而代之的是集体企业或国营企业。在这一阶段里,尽管所有制结构变化大,但从总体上看,经济发展是比较平稳的。社会总产值年均递增4.8%,国民收入年均递增4.0%,工农业总产值年均递增3.4%,经济实力较恢复阶段有了明显增强。

三、波动阶段

1958—1961年,海林县的国民经济出现了忽高忽低的大波动。例如粮食产量,1958年比1957年突然增长了50%以上,而到1960年又突然比1958年下降了近50%。工业生产也出现了类似情况。造成这种情况的主要原因,一是受"大跃进""浮夸风"的影响,脱离经济发展的客观规律,片面追求高指标、高速度;二是受自然灾害的影响,粮食减产,不仅人民群众的生活水平下降,而且工业生产缺乏原料,一部分企业不得不"下马",这种大起大落式的经济波动,使海林经济的发展受到挫折,陷入了困境。

四、调整阶段

1962—1965年,是恢复县制的初期,由于在此之前连续三年的自然灾害以及"大跃进"带来的不良后果,国民经济面临着一系列问题,处于经济调整阶段。在此期间,认真贯彻了"调整、巩固、充实、提高"的方针,人民公社确立了"三级核算,队为基础"的管理体制,工业结构初步进行了调整,发展了一批农机企业和食品行业。

1965年工农业总产值比1961年增长17.3%,平均每年递增4.1%。其中,工业总产值增长18.7%,平均每年递增4.4%;农业总产值增长13.9%,平均每年递增3.3%。在此期间,社会总产值增长33.0%,平均每年递增7.4%。国民收入增长了20.1%,平均每年递增4.7%。这个阶段经济发展的主要特点是:国民经济基本走上了有计划、按比例发展的轨道。

五、"文化大革命"时期

1966—1976年,"文化大革命"十年的动乱,使刚刚恢复了的经济秩序遭到破坏。在农村,大搞"割资本主义尾巴",片面强调"以粮为纲",粮食生产一花独放,林、牧、副、渔四业偏废。工业生产则突出战备,提高指标,使经济发展出现畸形状态。10年间,工农业总产值平均每年递增6.4%,其中工业总产值平均每年递增7.3%,农业总产值平均每年递增3.7%,国民收入平均每年递增6.4%。这一时期的农业生产虽然受"左"的思想冲击,但由于国家的投入和广泛发动群众建成了5个万亩以上的灌区,并在一些公社推广了机械化。10年间,使灌区面积由11.4%上升到15.9%,机耕面积由10.6%上升到34.4%。1970年前后的"五小工业"(指小钢铁、小水泥、小化肥、小农机、小纺织)大上马,尽管是一哄而起、先天不足,但毕竟打破了"两稀一干"(在这之前,海林县属国营工业仅有白酒厂、果酒厂和砖厂三个厂)的局面,为后来的工业发展奠定了一定基础。

六、过渡阶段

1977年、1978年两年,是由十年动乱向十年改革的过渡阶段。人们从十年动乱中解脱出来,发展经济的积极性很高。但是由于指导思想还没有从"左"的桎梏中解放出来,经济工作中急功近利的倾向很严重,致使经济发展不够协调。在 1977 年经济有所突破后,1978 年的增长速度有所下降。社会总产值、国民收入和工农业总产值 1977 年比 1976 年分别增长 9.8%、5.4% 和 13.7%,1978 年则比 1977 年分别增长 6.7%、5.4% 和 3.5%。

七、改革阶段

改革阶段(1978—1988 年),由于认真贯彻落实中共十一届三中全会的路线、方针和政策,实行拨乱反正,全面推行改革,给海林县的经济注入了活力,国民经济走上了振兴之路,开创了前所未有的新局面。这期间,国民经济的主要特点是速度快、效益好和有较强的活力。1988 年,全县工农业总产值实现 59 410 万元,比 1978 年增长 153.5%,平均每年递增 9.8%,经济发展的速度与经济效益实现了同步增长。工商税收由 1979 年的 2 161 万元增加到 1988 年的 10 242 万元,平均每年递增 18.9%。财政金额收入由 1978 年的 1 774 万元增加到 1988 年的 10 001 万元,平均每年递增 18.9%。海林成为黑龙江省第一个工商税收、财政收入双超亿元的县份。在此期间,农业打破了单一粮食生产的局面,经济作物种植面积(县属)已由 1978 年的 3.7% 上升到 1988 年的 9.7%。在县属农业总产值中,林、牧、副、渔的产值比重由 1978 年的 25.6% 上升到 1988 年的 34.4%。国营工业企业的实力增加,独立核算国营工业企业固定资产由 1978 年的 26 943 万元上升到 1988 年的 55 438 万元。产品结构得到调整,创省以上名优产品 16 种。工业的改造使食品工业进一步发展,成为全国百个食品工业试点县之一。其他行业如建材、冶金、轻纺、木材加工、机械加工等行业也都取得了协调的发展,从而促使工业发展速度加快,经济效益提高。1978 年至 1988 年,县属国营工业产值平均每年递增 15.2%,利税平均每年递增 21.6%。在国营工业大发展的同时,集体企业也有了较大发展,全县工业总产值在工农业总产值中所占的比重到1988年已达79.9%。由此，海林县已由一个农业县成为一个新兴的工业县，并向现代化的工业县迈进。在此期间，流通领域进一步搞活，城乡市场十分活跃，形成了以国营企业为主体、多种经济成分共同发展的局面。社会商品零售额由1978年的8 702万元上升到1988年的28 726万元，平均每年递增12.7%。伴随经济的发展，人民的生活水平不断提高。1988年，人均国民收入达1 221元，比1978年增长225.6%，职工人均工资达1 360元，比1978年增长85.8%；农村人均收入达795元，比1978年增加5.9倍。农民存款和城镇储蓄分别是1978年的33倍和12.6倍。①

第五节　文化概况

1949年中华人民共和国成立后，海林县各种文化机构相继建立，开展群众文化活动。1985年，县、乡（镇）、村"三级文化网"已经形成。图书馆图书年流通量8万册，县电影公司年放电影8 200余场。广播电视事业发展迅速，已形成县乡村三级广播网，县有出土文物60余种1 600多件，清代宁古塔将军旧城遗址为省级文物保护单位。

1986—2018年，海林县（市）政府不断加大对文化、体育、卫生事业基础设施建设的投入，全市的文化、体育、卫生、科技事业有了突飞猛进的发展。文艺创作活动日益活跃，形成了一支强劲的创作队伍，生产出一大批质量较高的文学艺术作品，并获得省、国家奖励。档案局（馆）建设实现了跨越式新发展，更新了办公设备，扩大

---

① 本文数字引用《百县市经济社会调查——海林卷》47—51页。

了馆室面积,新上了密集架,档案工作获得了全国"档案工作先进集体"称号。党史研究、市志编纂工作实现了新突破。卫生医疗机构通过新建和扩建,增加了先进的医疗设备,使全市的医疗条件得到很大改善,医疗水平不断提高,较好地满足了广大市民日益增长的医疗保健需要。科学技术事业得到快速发展。政府科技主管部门从科技兴县入手,培训提高科技队伍,推广普及科学知识,组织力量进行科技攻关,不断加大科技与经济结合的力度,促进了科技成果向现实生产力的转化。

一、文化

海林具有深厚的文化底蕴,积淀形成了金元文化、宁古塔流人文化、满族朝鲜族民俗文化、闯关东文化、百年对俄交流文化和红色历史文化。早在旧石器时代晚期,海浪河流域就有人类生息,是满族先祖肃慎及其后裔繁衍生息的地方,是满族的发祥地、宁古塔将军的治所、清代官员、文人的流放地。宁古塔流人文化开辟了海林文化的新纪元,宁古塔的流人张缙彦、吴兆骞等七人在宁古塔建立了黑龙江地域第一个诗社"七子之会",形成海林的重要文脉。

1949年中华人民共和国成立后,海林县各种文化机构相继建立,开展群众文化活动。1985年,县、乡(镇)、村"三级文化网"已经形成。有文化馆、博物馆、电影放映发行公司、广播站、图书馆、新华书店、文工团等县级文化事业机构。有乡镇文化站12个,村文化室138个。县新华书店年销售出版物总额112万元。图书馆图书年流通量8万册。县电影公司年放映电影8 200余场。广播电视事业发展迅速,已形成县乡村三级广播网。县有出土文物60余种1 600多件,清代宁古塔将军旧城遗址为省级文物保护单位。

海林市"端午诗会"成为当代特有的文学现象,楹联文化创建为黑龙江省楹联市、中国民间文化艺术之乡。一部书《林海雪原》,

一出戏《智取威虎山》,使海林享誉全国,铸就了海林红色文化底蕴。"杨子荣烈士纪念馆"和"解放军剿匪纪念地"、牡丹江地区第一个中国共产党党支部所在地——"横道河子党支部"等红色革命遗址架起了全国一条红色文化旅游线。近年来,先后创刊的《林海文学》《林海雪原诗联书画》《宁古塔非遗集锦》,编辑出版的《中篇小说集》《诗歌集》《林海史话》等林海雪原文学丛书,彰显了海林地域文化的成就。

2018年,海林市完成首批黑龙江省级公共文化服务体系示范区建设任务并通过验收。全市基层公共文化设施覆盖率达到100%。电影公司、影剧院、文工团文化体制改革成效显著。有公共图书馆1个、文化馆2个、文物管理所1个、铁路博物馆1个、纪念馆2个、广播电视台1座和发射台1座。全市各类文物遗存392处,其中全国重点文物保护单位2处,省级文物保护单位3处,牡丹江市级文物保护单位4处,海林市县级文物保护单位8处。县级非物质文化遗产保护名录项目10类111项,其中牡丹江市级名录64项,省级项目16项。全市各类文化经营单位72家。海林市广播电台播发管理广播电视2套节目。

二、教育

新中国成立后,海林县教育事业有很大发展。完小由日伪时期的4所发展到25所,初小由17所发展到154所,并有中学1所。全县在校生13 087人。1952年成立了冬学委员会,组织全县城乡男女老少开展扫除文盲工作。后把冬学委员会改称扫盲工作委员会,下设扫盲办公室,训练教师197人,全县参加学习的有17 838人。

1952年在海林、五林两地分别办了两个初中班,招收学生120名。1953年将五林、海林两处中学班合并,成立了海林县初级中学,有8个班480名学生。1955年全县有幼儿园7所,31个班,入园儿童109人;小学发展到184所,在校生达19 743人;中学2所,在校生1 646人。农民业余班达到初小毕业程度的有24 870人;还办了干部高小班和初中班、职工高小班等。

1962年贯彻党的调整方针,执行《小学工作条例》及《中学工作条例》,合理调整了学校布局,加强了学校的思想政治工作,广泛开展了学雷锋活动。当年,全县小学202所,在校生23 817名;中学8所,在校生1 728人。

1966年初,全县小学发展到278所,在校生44 100名;中学发展到10所,在校生8 114人。"文化大革命"期间(1966—1976年)学校停课"闹革命",大部分教师被揪斗、下放,学校设施遭到破坏。1973年学校复课初步走上正轨后,又反"复辟回潮",实行"开卷考试",教学质量下降,正常的教学秩序受到破坏。

1978年国家教育部公布了《全日制中小学工作条例》,各中小学恢复了正常的教学秩序,恢复了升学考试制度。当年全县有2 149名教师参加了省、市、县组织的函授学习,开展了各种类型的教研活动,有力地提高了教学质量。在县委的领导下,改正了错划右派及牵连家属案件73件,"文化大革命"中的冤假错案184件。

1982年全县中小学加强了德、智、体教育,在对学生进行理想教育的同时,开展了对教学法的研究,改进了教学方法。全县累计161所小学达到了普及初等教育标准,教学质量有了显著提高。中共海林县委做出了《关于全党动员、全民动手、开创我县教育工作新局面问题的若干决定》。1985年全县有小学296所,教学点66个,幼儿园38所,普通中学21所(其中独立高中1所,完全中学5所),农业高中1所,教师进修学校1所。各级各类学校在校生48 002人,在园幼儿3 334人、教师3 141人(其中专任教师2 665人)。

1986—2005年,海林县(市)教育实现了"三级办学、三级管理"、教育资源整合等多项改革,政府注重对教育的投入,教育基础设施和教学条件得到改善;教师队伍和师资水平不断强化和提高;素质教育全面提升,德育工作不断加强,学生德智体美劳得到全面发展。各类教育成绩显著,形成了从学前、小学、中学到普通教育、成人教育、职工技术教育、特殊教育等多层次的教育体系。办学形式多样灵活,形成了以政府办学为主,企事业、村集体、社会团体和公民办学"五轮驱动"合力办教育的格局。完善了校长竞选制、教师竞聘制等一系列改革措施,精心实施西部助学计划,保证了贫困学生入学和特困学生完成学业。

至2018年,海林市共有学校67所,其中,高级中学1所,职教中心1所,完全中学2所,初中7所,九年一贯制学校1所,特殊教育学校1所,民办学校1所,小学14所,教学点39个。在校学生17 591人,其中,高中3 752人,初中4 457人,小学8 540人,职教中心842人;市直学生13 052人,乡镇学生4 539人。全市共有幼儿园44所,其中,公办园13所,民办园31所,另有镇小学附属学前班23所。在园幼儿3 622人,其中,公办园1 722人,民办园1 900人。全市共有教职工2 230人,其中,市直1 293人,乡镇937人。已建成标准化学校24所。

三、科技

中华人民共和国成立后,科学技术(以下简称科技)逐步发展,科技机构及各种学会、协会相继成立。1985年,全县有县级科研机构2个,学会14个,协会2个,乡级科普协会12个。有各类技术职称人员774人,有29个科研项目获市级以上科技奖。轻质建筑材料陶粒达到国际先进水平。县科委、科协在宣传普及科学知识,引进推广新科技成果,开展科技咨询和科技情报方面进行了有效的工作。党的十一届三中全会以后,县委、县政府认真贯彻执行了党在科技方面的方针、政策,调动了广大科技人员的积极性,推动了经济建设。

1988年至2005年,全县(市)先后有14项科技成果获得牡丹江市级以上奖励。其中国家级3项、省级5项、牡丹江市级6项。科学研究空前活跃,科技队伍不断扩大。到2005年底,全市有各类专业技术人员5 650人,其中高级职称245人;中级职称2 373人;初级职称3 032人。全市建有农民研究会、协会349个,有会员2 374人。其间,1996年海林市曾被国家科委授予"全国科技先进市"荣誉称号。

2003年4月海林市批准为国家可持续发展实验区;2002年制定的实验区建设总体规划中的4大类30项指标和64个示范项目;2010年1月,我市参加了国家科技部组织的国家16个部委的专家参加的国家可持续发展实验区检查与验收评审会,通过汇报与答辩,海林可持续发展实验区工作成果得到了各部委专家的认可,顺利通过验收。国家科技部于3月16日下发国科发社〔2010〕110号文件,批准海林市国家可持续发展实验区通过验收。

2003年6月至2005年6月,海林市承担了中欧环境管理合作计划地方与城市发展项目——《海林市生态旅游资源开发与管理示范项目》。确定项目目标任务为:编制《海林市生态旅游规划纲要》和《中国县域生态旅游规划指南》。依托中科院地理所、哈尔滨工业大学及海林市相关政府管理部门、规划设计咨询等单位开展了项目研究和示范工作。

SCP项目是一个全球技术合作计划,为提高城市实施环境规划与管理能力以及管理自然资源和控制环境危害的能力。2005年3月20日,海林市正式列入联合国人居署全球"可持续城市计划"第二轮中国可持续城市推广项目(SCPII)试点城市。

根据SCP项目进展的要求,撰写《环境纲要》,编制了《海林市环境纲要》。召开城市咨询大会,成立运行工作组,制定《环境战略与行动计划》和《环境规划与管理的机制化》。目前,我市的SCP项目已经接近尾声,已完成项目总结,只待联合国人居署和21世纪议程管理中心来海林检查验收。

2010年至2016年,每两年进行一次科技先进市的复核工作。

2017年至2018年,按照全省科技"三年行动计划",海林市佰利同益科技有限公司等新成立科技型企业32户被录入科技型小微企业平台;海林市银锚机械有限公司等14户企业纳入了一定规模科技型企业;黑龙江亿丰商品交易有限公司等2户企业被评为省级孵化器;海林市悦来颐食用菌合作社等2户企业纳入牡丹江市级众创空间;北珍食品有限公司等2户企业纳入牡丹江市级孵化器;天合石油集团汇丰石油装备股份有限公司被省评为高新技术产业企业。

四、卫生

1949年新中国成立后,随着防疫机构的建立和防疫措施的加强,消灭了天花。1952年鼠疫、霍乱基本消灭,其他传染病发病率大为下降。克山病、地方性甲状腺肿病也得到较好治疗和控制。从1950年建立县卫生院到1985年,已有县人民医院、中医院、肛肠医院、卫生防疫站、妇幼保健站、结核病防治所、药品检验所、卫生职工学校等医疗卫生机构,相继建立。还有中心卫生院4处,乡镇卫生院8处。另有驻县企业综合性医院9处,医务人员由新中国成立初期的91人发展到2 589人。县政府除设卫生领导机构外,还有爱国卫生运动委员会办公室、地方病防治领导小组办公室、计划生育委员会办公室、公费医疗管理委员会办公室、合作医疗办公室等行政机构。县、乡(镇)、村形成了三级医疗卫生保健网,医疗设备日臻完善和现代化。医疗水平不断提高,群众性爱国卫生运动和两个文明建设的加强,大大改变了城乡卫生面貌。

1986年至2016年,卫生医疗机构通过新建和扩建,增加了先进的医疗设备,使全市的医疗条件得到很大改善,医疗水平不断提高,较好地满足了广大市民日益增长的医疗保健需要。全市卫生事业成果显著,各项工作步入牡丹江市先进行列。其中中医和牙防工作分别获得全省、国家级先进市称号。

至2018年,全市共有公立医疗卫生机构19个,其中市级9个(市人民医院、中医院、妇幼保健计划生育服务中心、疾控中心、卫生监督所、结核病防治所、成人卫生中专、牙病防治所、皮肤病防治所);镇卫生院(妇幼保健计划生育服务站)8个;社区卫生服务中心2个(开发区、海浪);民营医院1所(肛肠医院),个体营利性诊所35个,村级卫生所(室)145个,企业卫生所3个。市人民医院、中医院、妇幼保健院均达到二级甲等标准。全市编制床位961张,编制人数1 133名,正高级62人、副高级172人、中级338人。实有床位829张,卫生技术人员1 027人,平均每千人拥有床位1.2张,拥有卫生技术人员2.8人。

五、体育

新中国成立以后,逐步建立了体育事业的组织管理机构,群众性的体育活动随着生产的发展而逐步开展起来。1962年恢复海林县建制以后,每年都举行一次全县少数民族运动会。1979年开始,县、乡镇每年举行一次运动大会。1980年以后,参加体育锻炼的人数越来越多,体育项目也不断增加,有广播操、田径、球类、武术、滑冰、棋类等,从城镇到乡村,广泛开展体育活动。足球项目曾经7次参加全国比赛,1982年获全国中学生"三好杯"足球赛第六名。县内中、小学校和县业余体校,不断向专业队伍输送运动员,其中有的运动员多次参加国际比赛。

体育部门不断完善了场馆建设,群众性的体育事业蓬勃发展,开展了学生体育、职工体育、农民体育、老年人体育、朝鲜族体育、社区体育等群众性的体育活动,海林市体育工作被国家体委命名为"全国体育先进市"。

自2010年体教结合开展以来共向上级专业队、体工队、体校输送了26名运动员。其中徐春悦入选省自行车队、何佳入选省拳击队、朱艳玲入选省体校短跑队、厉忠雯入选省体校拳击队。另有3人入选牡丹江体工队、19人入选牡丹江体校。

2017年6月,海林市被国家教育部命名为"全国青少年校园足球试点县"。5所学校为"全国青少年校园足球特色学校"。2012年国家体育总局命名10所"全国青少年校园足球学校"布局学校。先后获得国家级联赛冠军1次,亚军2次、第三名5次;获得省级比赛冠军6次,第三名1次;获得牡丹江市级比赛冠军18次,亚军3次。

有单项体育协会22个、俱乐部5个,涌现出一大批优秀的运动员,在国家、省市级比赛中共获奖牌177枚,其中金牌60枚。各级各类社会体育指导员400名、裁判员60名,其中一级裁判员31名。

体育场地总数:371个。体育场地面积:698 964.00平方米,建筑面积54 271.63平方米,用地面积889 641.50平方米。全市人口42万,人均体育场地面积:1.66平方米。其中:市内广场10处,市中心体育场1处,综合体育馆1座,学校体育馆1座。

第二章　革命历程

海林作为革命老区,党组织在斗争中不断发展。抗日战争期间,海林是东北抗联部队的重要游击战场。海林民众武装在民族危亡的关头,与日本侵略者进行了英勇斗争,表现了不屈不挠的民族精神。解放战争时期,东北民主联军在林海雪原展开剿匪斗争,并取得胜利,使海林民主政权得以巩固,人民得到解放。老区人民心向共产党,为全国抗日战争和解放战争的胜利做出了贡献。

第一节　党组织的发展

横道河子党支部1926年10月建立后,在1933年、1936年、1937年3次遭到敌人的破坏,党员不得不以个体形式开展斗争。1931年4月,中共宁安县委在县内建立了6个区委。其中新安镇区委辖3个党支部。1931年,"九一八"事变后,中共中央和中共满洲省委都要求各级党组织积极领导群众,用各种形式开展反日斗争。海林地区的党组织和党员积极行动,同日本侵略者进行了艰苦卓绝的斗争。

一、横道河子党支部建立

1926年2月,中共北满地方委员会成立。北满地委按照中央提出的"组织工人阶级,领导工人运动,在工人群众中宣传马列主义"的中心任务,以哈尔滨为中心,向长春、吉林和中东铁路派党员干部,领导工人运动,开展建党活动。1926年10月,中共北满地执委书记吴丽石派人到中东铁路东线海林、横道河子等地开展工作,在横道河子秘密发展了8名产业工人加入中国共产党,成立了横道河子支部委员会(地址在海林横道河子镇七里地村)。这是海林乃至牡丹江地区最早的党组织。[①] 党支部成立后,团结铁路工人和当地群众,积极开展革命宣传活动。他们散发传单,介绍上海工人武装起义成功和北伐军占领南京的胜利消息,揭露英、美帝国主义炮击南京、残害中国人民的罪行。横道河子党支部在白色恐怖下进行秘密斗争,党组织多次遭敌人破坏。1937年6月7日,党支部书记王锡云被敌人杀害。

二、新安镇党支部建立

1929年8月,中共哈尔滨市委派李克华(朝鲜族)到宁安(包括海林)开展建党工作。在宁安花脸沟建立了中共宁安县特别支部委员会,特支书记韩根(朝鲜族)。1930年3月,宁安特别支部在海林新安镇秘密发展了23名党员(多数是朝鲜族),成立了中共新安镇支部委员会,书记李元荣(朝鲜族)。中共新安党支部成立后,积极发动和领导当地的革命斗争。1930年4月海林地区的一个反动民族团体勾结日本领事馆,破坏群众的革命活动,杀害革命志士。为揭发其滔天罪行,东满省委派中共党员金光珍、朱德海(新中国

[①] 《中国共产党海林历史》(第一卷)第17页。

成立后任中共中央委员,中共延边自治州州委书记)等同志去新安镇,领导发动了规模较大的群众性示威游行,朱德海站在队伍的最前列,带领群众高呼口号。当游行队伍抵达新安镇新民府前时,朱德海被当地保安团强行抓走,押解到镇小学看管了一夜。第二天,人民群众举行了更大规模的集会和游行。在群众的强大压力下,保安团被迫释放了朱德海,取得了斗争的胜利。

中共宁安特支成立后,中共哈尔滨市委发现在发展组织工作中有宗派活动,于 1930 年 6 月派吕文斌、黄旗范来到宁安,解散了宁安特支,成立了"中共宁安临时委员会",临时县委成员由 5 人组成,书记金革头(朝鲜族)。9 月,北满特别行动委员会将中共宁安临时县委书记金革头调到北平工作,建立了"中共宁安县委员会",书记金庆诚(朝鲜族),新安党支部隶属中共宁安县委,全县共有党员 120 名。到 1931 年 4 月,中共宁安县委在县内建立了 6 个区委(南湖头、东京城、城关、牡丹江、新安、马场)。新安区委书记不详,辖 3 个党支部,全县党员发展到 220 多名,共青团员 150 多名,成为北满地区五大党支部之一。

三、党团特别小组建立

苏北虹,黑龙江省宁安县海林颜家屯(现海林市海林镇平和村)人,是海林地区早期共产党员之一。1933 年夏天,苏北虹任共青团绥宁中心县委宣传部长,根据吉东局的指示,宁安县委研究决定,派苏北虹、张拐子(绰号)和一名叫小王的团员组成党团特别小组,到海林、牡丹江一带开展抗日救国活动。由于苏北虹等 3 人的忘我工作,党团特别小组在海林街内和小学教员中发展了几名团员,组建了读书会和抗日救国会,进一步打开了抗日斗争的局面。

1934 年春,根据抗日斗争的形势发展需要,苏北虹率党团小组成员又到二道河子沟里(今海林市二道镇沟里)伐木工人中开展抗日宣传工作,很快发展了一名团员。苏北虹就以他们3人组成的党团特别小组为核心,在牡丹江、海林、拉古、山市、二道河子一带继续开展抗日斗争,一直坚持到1935年底。

四、海林党组织的发展

抗日战争后,隐藏下来的党员立即组织在一起,恢复建立了党支部。1945年10月16日,海林党组织负责人金钟太、杨基钟等人与中共牡丹江地委书记金光侠取得联系,并经中共牡丹江地区委员会批准,在新安、海南、海林平和等村地建立了党支部。① 这是抗战胜利后海林县最早建立的一批党组织。

1946年5月,上级党组织派刘克文、李欣(女)来海林地区开展工作,筹建新海县。8月15日,建立了中共新海县委员会。书记暂空,由副县长李欣主持县委工作。县委机关设在海林镇正阳街(原海林镇政府址)。下辖海林、山市、新安、文明、海浪等五个区。县委成立后,认真贯彻党中央《五四指示》,组建土改工作团,深入到各区开展"土改"运动,筹建区委。同时,积极发展党员,扩大党组织,仅3个月时间就秘密发展党员72名。

1948年9月20日,中共新海县与五林县委合并为中共海林县委,隶属中共松江省委领导。同年11月,海林县委根据东北局《关于积极发展党员与建党的指示》开始公开建党。到1949年9月底,全县有党员1 468名,共建立基层党支部157个。②

---

① 《中共牡丹江地方史》,黑龙江朝鲜民族出版社2001年版,第283页。
② 《海林党史资料第四辑》,黑龙江朝鲜民族出版社出版,海林县党员基本情况与分行业统计表(1947年2月—1949年9月),第164页。

第二节 抗联在海林地区的活动

20世纪三四十年代,在东北抗日战场上,中国共产党领导的东北抗日联军在极端恶劣的条件下,同日本侵略者展开了长达14年的英勇斗争,直到取得最后的胜利。在这场战争中,东北抗日联军创造出永恒不朽的光辉业绩,谱写了一曲气壮山河的英雄篇章,给老区海林人民以巨大的精神鼓舞。

一、周保中在海林地区的抗日斗争

"九一八"事变后,中共满洲省委的一系列抗日号召,对于东北抗日义勇军的兴起起到了积极的推动作用,部分抗日义勇军在组建过程及武装反日斗争中得到了中国共产党的领导或协助。当义勇军刚刚兴起之际,中国共产党对其斗争给予充分的肯定,认识到义勇军武装反日斗争的领导责任,强调对义勇军加强领导,中共满洲省委和各地党组织先后派遣200余名党团员到各部义勇军中去工作。

中共满洲省委对宁安县包括海林地区的抗日武装很重视。1932年4月,特派中共满洲省委军委书记周保中[①]到宁安县组织和领导吉东地区的抗日斗争。周保中到宁安以后,一方面指导地方党组织积极建立反日游击队和抗日救国会,另一方面考虑如何加入自卫军和救国军,争取领导他们积极进行抗日斗争。为全面了解和掌握宁安县及海林地区周边情况,便于开展抗日工作,4月下旬,周保

[①] 周保中:原名奚李元,云南省大理县湾桥村人,白族,1927年加入中国共产党。1928年赴莫斯科学习军事,"九一八"事变后回国任中共满洲省委委员,军委书记。

中化装成普通百姓,在海林早期共产党员苏北虹的陪同下,对海林地区进行了秘密视察。他不顾疲劳,不避风险,亲身深入农村实地查看走访一些老人,访贫问苦,调查了解海林一带的地理、人口分布和敌人据点设置等情况。视察后,周保中认为:"海林无大发展,牡丹江与苏联接壤,日本侵略者进攻必定在此设军事、政治、交通基地,我们必须侧重在牡丹江一带开展工作,我们军队的根据地要离铁路、公路远些。牡丹江下游森林茂密,交通不便,地势险要,是我们军队抗日的后方,我们要建立起自己的队伍,对当前情况必须做到心中有数,这样才能狠狠打击敌人,取得抗日斗争的胜利。东北军的王德林、刘万奎、丁超、李杜等队伍矛盾重重,争权夺利,纪律不严,脱离群众,抗日不能持久。"除此,他又给苏北虹讲了一些做好地下工作的方法。引导他要善于团结同志,发动工农大众,团结一切可以团结的力量参加抗日斗争,指示苏北虹要教育和帮助为他做交通员的张拐子入党。周保中的一席话,为后来苏北虹回到海林开展抗日斗争,建立党团特别小组奠定了基础。

回到宁安后,周保中拿出10元钱,让苏北虹的祖父在龙王庙前开一个"苏家老店"作为抗日的秘密联络点,周保中以管账先生的身份担任联络点的负责人。5月1日,中共宁安中心县委以纪念"五一"国际劳动节的名义,在城北市场召开抗日救国大会,周保中讲了话。他愤怒声讨了蒋介石实行不抵抗政策,命令东北军撤往关内,坐视日本侵略者屠杀东北人民的罪行;宣传了中国共产党对日抗战的主张;号召大家积极行动起来,加入反日义勇军,与日本侵略者决一死战;号召工农兵商各界同胞加入反日会、抗日救国会、反帝大同盟,有钱出钱,有力出力,全力支持抗战。5月9日,周保中在宁安县花脸沟向群众进行宣传时,有意被自卫军当地驻军刘万奎发现,他南方口音很重,自卫军士兵怀疑他是朝鲜人,日本人派来的探子,于是把他绑了起来,要杀掉他。经周保中解释并要求见他们的上层领导人,然后被逐级转送到自卫军左路军总指挥部。当时一部分自卫军将领正在这里开会,听说押来的日本探子要见他们时,就停止会议审问周保中。当周保中说明自己不是日本探子和自己的来历后,自卫军领导人又问他对东北局势有何见解?周保中从世界形势讲到东北战局,特别是对自卫军应采取的救国方策提出了自己的具体看法时,使自卫军将领们确信周保中不是日本探子,而是一位有胆有识的爱国志士,欣然留他在左路军指挥部做宣传指导工作。他赴任后,很快扭转了政治宣传方向,将反共和对日妥协的宣传变为团结一切力量,彻底抗日救国的宣传。因此,也引起了自卫军某些亲日领导者的不满,为了排斥周保中,于7月份解散了宣传部。周保中怀着悲愤的心情离开了自卫军。同年8月,吉林抗日救国军总司令王德林聘请周保中为救国军总参议,不久又被委任为前方指挥部参谋长。周保中到救国军前方总指挥部后,建立了党的秘密组织,在士兵中发展了一批党团员,成为部队的骨干。

1933年6月,周保中以救国军总参谋长名义成立了救国军辽吉边区留守处,周保中任留守处主任,联合各部千余人,其中基本部队约300人。

1933年冬,周保中率救国军基本部队300余人和一部分山村队向宁安转移,于同年12月到达宁安县境。之后,根据中共满洲省委吉东局1934年1月会议的决定,"在保持原有救国军形式下,与王德林、孔宪荣、吴义成脱离关系"[①],着手建立中国共产党直接领导下的以宁安为中心的绥宁地区反日同盟军。1934年2月1日,中共满洲省委批示东北党组织,要以周保中率领的部队为中心,联合其他抗日部队组织联合指挥部。这时,周保中即以救国军参谋长名义号召各部队共同抗日。此时,由中共宁安县委领导的工农义务

---

① 《东北反日联合军第五军的报告》,1935年4月30日。

队正在平日坡一带活动,这是宁安境内一支力量较强有声望的抗日队伍。同月,周保中率边区军一、三连100余人到达平日坡密营与李荆璞的工农义务队会合,进行反日同盟军的重建工作。2月16日,由周保中出面,在宁安县东南乡召开各抗日部队代表会议,会议决定了一致抗日纲领。以边区军一、三连和宁安工农义务队为基础,吸收各抗日队伍参加,组成了"宁安东南乡救国军第一游击区同盟军办事处"。办事处主任周保中,兵力合计500人。同时决定,联合宁安境内所有抗日队伍,扩大统一战线,将抗日武装划分五大游击区全面开展游击战争。3月1日,将"反日同盟军办事处"改为"绥宁反日同盟军联合办事处",周保中担任主任兼任军事委员会主席。

绥宁反日同盟军组成之后,在周保中的统一领导指挥下,在宁安、海林地区各地缴收地主武装,与日伪军的"讨伐队"进行了针锋相对的斗争。在他指挥下的李荆璞率领工农义务队到海林山区开辟新的游击区,进行休整、补给和扩军工作,并在中东铁路沿线的山市、横道河子车站以及新安镇、长汀沟里等地开展了游击战争,沉重打击了进山"讨伐"的日伪军。在周保中的统一指挥和号召下,海林地区的群众自发抗日武装"八大队",也频频出击,并与同盟军协同作战,取得了多次胜利。

1935年1月,绥宁反日同盟军改编为东北反日联合第五军,周保中任军长。当时,五军主要活动于宁安、海林境内,在1至5月期间,先后遇敌人展开了数十次战斗,给敌人以沉重打击。为了摆脱敌人的"围剿"和"讨伐",五军主力向海林地区二道河子沟里进发,并派出小股部队向柴河沟里西偏脸子方向运动,迷惑敌人。日伪军则向柴河沟里西偏脸子方向追击。我军则在中途地势险要的宁安县(今海林)二道河子石门子设伏伪靖安军及日军200余人,击毙击伤日军上士田中以下日伪军7人,俘虏5人,缴步枪5支、轻机枪

2挺、子弹2 000余发。①

1936年初,根据中共中央《八一宣言》提出的建立抗日联军的号召,东北反日联合军改为东北抗日联军第五军,周保中仍任军长。同年1月20日,周保中根据吉东特委的提议,召开党委特别会议,决定五军主力向中东铁路道北转移。为策应、掩护一、二师主力部队向道北转移,五军军部警卫营、第一、二教导队和道南留守部队五军三、七团及二军二师部队,在周保中、柴世荣统一指挥下,以宁安为中心,在宁安包括海林地区以及东宁等地积极开展游击活动。3月4日,在伪军某部1连长带领12人携枪投诚后,第二、五军联合部队在宁安(今海林市)三道河子将伪警备二十七团第三连全部缴械,得三八式步枪65支、轻机枪2挺、手枪3支、子弹1.1万余发、服装173套,该连连长有反日救国热忱,自愿同9名士兵参加了抗联部队,其他人经教育释放。1师主力在向道北海林、林口转移时,于5月20日,在三道河子颠覆袭击敌火车一列,击毙日军少佐、上尉等6人。② 6月份,在柴河沟里的三道河子缴收伪军1个连的械,获枪百余支,轻机枪2挺,子弹万余发。

1938年初,日本侵略者对集中在三江地区的吉东、北满抗日部队实行大规模重点"讨伐"。为粉碎日本侵略者"讨伐"的阴谋,周保中制定了远征计划。远征部队出发后,周保中率二路军总部和留守部队除坚持宝清诸县的游击战争外,还深入到牡丹江中、下游和海林地区及中东铁路两侧,破坏敌人铁路交通线和"集团部落",同日本侵略者展开了艰苦卓绝的斗争。12月中旬,周保中率队穿过海林地区的崇山峻岭,来到了牡丹江东岸,并与五、九军军部取得了联系,筹划研究突围战斗。此时,由于叛徒告密,五军在柴河沟里响

---

① 《中共黑龙江党史大事记》黑龙江人民出版社,1988年9月第一版,第126页。
② 刘文新著《东北抗日联军第五军》,黑龙江人民出版社1985年第一版,第77页。

水河子、夹皮沟一带的密营和后方基地均遭到破坏,于是五军决定分路突围。

1939年1月31日,周保中率第二路军总指挥部警卫部队与九军救世军会合。在极度饥饿疲劳中,冒着零下40多摄氏度的严寒,踏着深达1米的积雪,经过两天两夜行军,穿越三道敌军封锁线,进入柴河沟里的夹皮沟,又经三道河子转向林口四道河子上掌,向敌军防守比较松懈的老爷岭西侧的方正、延寿县挺进。部队几经巧妙周旋和残酷战斗,克服了千难万险,终于越过层层封锁线,冲出敌军的包围圈。5月7日,部队到达宝清县2路军总部留守处密营,胜利完成名扬四方的"小长征"。

1941年1月,一部分抗联将士临时在苏联远东的双城子和伯力附近组成了南野营和北野营,在进行紧张军事训练的同时,还加强了文化学习。周保中担任这两个野营的中共党组织的主要领导人。1942年8月1日,东北抗联统编为野营教导旅(红军88独立步兵旅),周保中任旅长。

1945年8月8日,苏联对日宣战。周保中率领抗日联军教导旅,配合苏军参加了解放东北战役。解放战争时期,周保中曾任东北人民自治军副司令、云南省人民政府副主席、西南行政委员会政治委员会主任、西南军政委员会政治委员会主任兼民政部长等军政重要职务。

1954年后,他先后当选为第一届和第二届全国人民代表大会代表,并被任命为国防委员会委员;1956年,在党的八大当选为候补中央委员;1959年当选为全国政协常务委员。1964年2月22日于北京病逝,终年62岁。

二、李光林来海林指导党团工作

李光林,朝鲜族,吉林延边人,1910年出生于一个贫苦的农民家庭。1929年初,加入中国共产主义青年团。同年,加入中国共产党。

1933年被任命为吉东局团委常委,1934年担任吉东局团委书记兼吉东局巡视员。这一时期主要活动在穆棱、勃利、密山、宁安、海林一带。同年底,中共吉东特委、宁安县委和绥宁反日同盟军党委决定将绥宁反日同盟军改编为东北反日联合军第五军。1935年春,在汪清组建了反日联合军第五军第二师,他担任师政治部主任。李光林在宁安、海林一带开展抗日斗争时,曾三次来海林,亲自走街串巷,深入村屯发动和武装青年群众,参加抗日救国。

1933年初,日军向吉东地区大举进攻的同时,加紧了对海林地区的殖民统治。李光林遵循吉东局和宁安县委重点开辟牡丹江、海林一带地下抗日斗争的指示,带着抗日救国军司令李延禄的护照,首次来海林地区开展抗日工作。李光林来到海林街,找到苏北虹后,听取党团小组汇报后,同他们一起,走家串户,进行抗日宣传。1933年夏天,李光林第二次来海林巡视工作,在一个小客栈(苏北虹家)召开了海林党团特别小组会议,传达了党对东北抗日方针、政策和吉东局提出的向牡丹江开展工作的指示。1934年底,宁安、海林一带的抗日斗争形势发生了变化,抗日斗争进入了更加艰苦的阶段。李光林又风尘仆仆来到海林,找到了苏北虹,这是他第三次来海林,并对苏北虹说:"我已奉命到抗日部队里去工作了,你们海林地下党团特别小组的关系我已交给牡丹江大同医院了。今后,你们要和吉东局书记孙广英、杨光庭院长经常联系,直接受他们单线领导,千万不要和上级党组织失去联系,一定要把抗日救国斗争进行到底!"1935年12月,日本侵略者加紧了"讨伐",妄图剿灭抗日武装力量。12月24日,李光林带领20多名战士到宁安江南山东屯,在征收给养和服装时,由于当地汉奸向敌人告密,敌人派伪军一个团,将李光林他们重重包围在尤家窝棚后面一间空房里。这是一栋孤立的房子，四周是一片开阔地，无险可守，无路可退。李光林清楚地意识到，已经到了为祖国献身的关头了。他临危不惧，从容镇定，率领战士进行了英勇的抵抗。但终因敌众我寡，激战两个小时后，我军弹尽，牺牲近半，李光林等13名同志不幸被俘。被俘后，李光林坚贞不屈，大义凛然，怒斥伪军甘当日军鹰犬，为虎作伥，残害同胞的罪行。最后壮烈牺牲，年仅25岁。

三、李荆璞转战林海雪原

李荆璞，黑龙江省宁安县沙兰镇人。1932年初参加革命，1935年5月加入中国共产党。历任东北工农义务队队长、东北抗日联军师长。李荆璞领导的抗日武装，随着队伍的不断发展壮大，作战范围扩展至海林境内。他多次深入海林境内指挥战斗，他所领导的抗日队伍，成为林海雪原的一支奇兵，翻江倒海的一条蛟龙。令日伪军闻风丧胆，为海林父老久久传颂。

1931年，"九一八"事变后，东北沦陷。抗日斗争风起云涌，各路抗日组织揭竿而起。不甘当亡国奴的李荆璞联络了几个穷哥们，于1931年冬夺了地主老财的枪支弹药，组织起100多人的农民抗日队伍。不久，这支农民武装被王德林的救国军收编，李荆璞在救国军参谋长兼补充团团长李延禄部下任5连连长，是真正抗日救国的先锋部队之一。1932年9月，李荆璞在共产党员于洪仁的帮助策划下，拉出队伍单独抗日。队伍命名为"平南洋总队"，后改为"东北工农反日义务总队"。

1933年夏，日军为切断通往西北张广才岭森林的通路，扼杀海林地区的抗日活动，在老爷庙安了据点控制这一带。是年，天旱不下雨，远近老百姓卜定吉日在老爷庙集会还愿。李荆璞决定利用这一良机消灭日伪军。部队化装成烧香求佛的老百姓，随着求雨的人群混入庙内。一声令下，突然向日军冲杀过去，一小队日伪军措手不及，全部被歼。

老爷庙据点被拔掉后，日伪军恼羞成怒，为了进行报复，又在海林街集结兵力，伺机反扑，以保卫牡丹江至哈尔滨等铁路干线的运输畅通。

李荆璞命令部队分两路向海林街运动，摆出进攻海林车站的势态。日军得知情报后，立即撒开大网，布下"口袋阵"妄图引诱我军上当。我军行至"网口"，马上转向旗杆顶子方向撤退，并故意显示出惊慌失措的样子。日军不知是计，紧紧跟踪追击。我军直奔旗杆顶子顶峰，派一部分部队秘密隐蔽在地势险要、丛林茂密的山沟里。日军追到半山腰，李荆璞命令部队居高临下回身反击。埋伏在山沟的部队堵住了日军的退路。日军发现上当，但增援部队又未赶到，留在半山腰的日军，被我军前后夹击，几乎全部被歼。

1933年6月，李荆璞、于洪仁得到"吉东特委"的紧急指示，要他们带部队西征，限期赶到珠河县（今尚志市）的亚布力，解除伪警备团武装，以保证我党赵尚志、李福林等同志的安全。李荆璞率队穿越海林和珠河地区的崇山峻岭向着指定地点进发。驻守宁安的日伪军得知李荆璞率军西征的情报，就急忙调集日伪军尾随追击堵截。李荆璞把部队带到长汀沟里的"城墙砬子"（海林市长汀镇辖区）下埋伏起来。日伪军追到大石砬子下，李荆璞下令突然袭击，抗日战士以一当十，一举歼灭了这股跟踪的日伪军，缴获了一些枪支弹药和给养，补充了自己的部队。李荆璞打垮敌人的追踪后，穿过深山老林，与珠河中心县委地下党取得联系，里应外合，突然袭击，解除伪警备团武装，使赵尚志、李福林等7人脱离险境。

当时，海林一带森林茂密，地形复杂，相对日军的统治力量比较薄弱。李荆璞为了转移日军的视线，使我军能够取得时间休整补充，便设下了诱敌之计，派精悍的小分队深入到西北山（即张广才岭）各屯，给大部队筹集给养，安排住房，造成主力部队要去海林地区休整的假象。日军得到上述情报后,从珠河县(今尚志市)的高岭子、海林地区的横道河子、山市、新安镇和宁安县的沙兰镇等地,布成月牙形"罗圈阵",向西北山的三块石、和盛屯一带进犯,妄图将李荆璞的主力困死于深山老林之中。李荆璞率领小分队声东击西,神出鬼没,牵着敌人的鼻子绕圈,最后把日伪军引到主力部队设伏的天桥岭一带,一举歼灭日伪军大部。

日伪军"追剿"惨败,继而调兵遣将进行"冬季大讨伐"。为了粉碎日伪军的"讨伐",李荆璞悄悄率部进入了海林境内的长汀、柴河沟里的林区。李荆璞把部队组成四个分队,深入周围几座木棚和林班号,歼灭了少数"讨伐队",建立起新的抗日根据地,不少林业工人参加了抗联,壮大了抗日队伍。

日伪军为了封锁我抗日根据地,提出了"专打平南洋游击队,不打山林队"的口号,妄图分化瓦解我抗日同盟军队伍。李荆璞根据周保中同志的指示,决定召开抗日部队首脑会议,共商抗日大计。会上,李荆璞讲了敌我斗争的形势,党的抗日民族统一战线政策及抗日前途等问题,并建议当前宁安地区的各抗日部队组成一个统一指挥系统等,最后订立了抗日救国条约。这次会议坚定了各抗日首领的胜利信念,加强了各友军之间的密切协作。会后,李荆璞在海林境内的铁路沿线展开了军事行动。他利用被我军俘虏过的伪军副营长沈玉新,派侦察员化装成旅部参谋,进入横道河子伪军靖安军的营部驻地,又利用敌人内部矛盾,里应外合,缴了这个营的械。经审讯,得知日军要去高岭子站布置新的进攻,企图把李荆璞部队消灭或赶出张广才岭情报后,他立即带一个分队乘火车去高岭子车站,并命令郑文江用横道河子伪军营部电话通知驻守该站的伪团长,说:"皇军要视察。"让他做好准备。李荆璞化装成日军旅团长,在"日军"前呼后拥下,在高岭子车站下了车。伪团长率伪军在站台上恭候,李荆璞部队的此次行动,一枪未放就活捉了伪团长,并缴了车站伪军的全部武器弹药。

李荆璞部巧妙地攻破了横道河子、高岭子这两个战略要塞,是对日军"围剿"张广才岭抗日根据地的致命打击。

1935年1月,绥宁反日同盟军改编为东北反日联合军第五军,李荆璞任一师师长。1936年2月,又将东北反日联合军第五军,改为东北抗日联军第五军,李荆璞仍担任一师师长。李荆璞率领的1师部队主要活动在以林口刁翎为中心的牡丹江中下游地区和海林所属的柴河、二道河和三道河地区。

抗日战争胜利后,李荆璞受党中央委派,只带几名同志回到牡丹江市,建立了人民政府,组织了人民武装,并与刘贤权、田松等同志一起领导了牡丹江、宁安、海林等地的剿匪斗争。历任牡丹江省军区司令员、我党领导下的牡丹江市政府第一任市长。新中国成立后,1952年任热河军区司令员,1955年被授予少将军衔,并授予二级八一勋章,二级独立自由勋章,二级解放勋章。1962年任国防部第七研究院副院长。2000年11月3日,在北京逝世,享年93岁。

四、陈瀚章夜袭日军北山飞机场

1939年秋,驻守在牡丹江、海林的日军和伪省公署,在海林北山修建飞机场,到处抓劳工,摊派款项和物资,当地百姓受尽残害,叫苦连天,无处求救。此时,抗日英雄陈瀚章[①]率部队去南满路经此地,在海林镇斗银村、蛤蟆塘村、石灰窑、北沟一带宿营,并向这里的群众宣传抗日救国的道理,受到了当地群众的热烈欢迎,群众主动为部队补充粮食和物品。陈瀚章听到日伪军在这里修建飞机场,横征暴敛,欺压百姓,非常愤慨,当即派人侦察敌情,准备给日伪军

---

① 陈瀚章(1913—1940),吉林省敦化县人。曾任东北反日联合军五军二师参谋长、师党委书记;抗联二军二师参谋长、代理师长;抗联五军党委委员;抗联第一路军第三方面军指挥。1940年壮烈牺牲。被誉为"镜泊英雄"。

当头一击。

一天傍晚,在当地群众的配合掩护下,陈翰章率领部队袭击了飞机场工地,打死打伤日伪军数人,遣散劳工 200 多人,烧毁哨所、工棚几十座。绑架正在那里实习的两名日本大学生,勒令日伪军在五日内交赎金(伪满洲国币)1 万元,否则就地处决,将尸体抛弃荒野。当时,日伪军不敢反扑,被迫答应条件。通过伪村长关喜贵等汉奸交出赎金后,才把被绑架的两名日本大学生释放。几天后,日伪军从牡丹江、横道河子和海林调集部队妄想围攻抗联部队,此时陈翰章率部早已转移,敌人的阴谋没有得逞。

五、重大战役:李延禄在海林抗击日军

1932 年,李延禄①在抗日救国军中任参谋长,并兼任补充团团长,曾联合亚布力李延青率领铁路工人游击队、牡丹江刁河刘万奎、项元英率领的原东北军 21 旅的部分抗日部队,以及绥芬河张振邦率领的原东北军 21 旅 600 团,在海林一带沉重打击了日军。

"九一八"事变后不久,日军主力忙于进攻辽宁、吉林及黑龙江的留守东北军,日军上田(中佐)支队 600 余人,从吉林敦化北上,增援占领宁安的天野部队。1932 年 3 月 19 日,李延禄率领补充团 700 名勇士,在镜泊湖南湖头西墙缝,与日军上田支队一战大捷。接着李延禄又派出共产党员崔永贤营长和参谋长李延平率领补充团后备队 500 名将士,在松乙沟设伏,利用春天草干风大的特点,火烧上田支队,取得二战胜利。

上田支队受到重创后,率领剩下的 400 人马逃窜到东京城,妄图从宁安城北奔向海林车站,然后乘火车退归哈尔滨。得此情报,

---

① 李延禄(1895—1985)汉族,祖籍山东。1929 年参加革命,1931 年加入中国共产党。东北抗日联军的创始人之一,抗联四军军长。1936 年受中共派遣到苏联学习,回国后从事党的抗日统战工作。

李延禄决定率部再次择地设伏。为全歼日军,李延禄给举旗抗日的东北21旅600团团长张振邦打电话,请求派兵协助。张振邦爽快答应,并派一个营的兵力由李延禄指挥。3月21日,李延禄离开宁安县城,直奔海林站,经过"关家小铺"(今宁安市范家乡联合村)时,查看了地形地物,决定在这里伏击日军残部。同时,考虑到宁安县伪警备旅亲日人员与联合军的接触,伏击地可能暴露,李延禄派人去五虎林(今林口五林镇)调抗日部队前来增援。3月22日晚,张振邦派部下钱营长率领的八、九连和补充连500人进入伏击阵地。八连连长张宪廷率队埋伏在韩家店前的窝狼圈,九连和补充连分别埋伏在梁家沟和葡萄沟两翼做策应,按照战斗部署进入伏击阵地。由于奸细告密,日军有了准备,于23日凌晨,400多名日军,10多辆马拉炮车,20多辆汽车,伪装成"红袖头"(伪靖安军),突然从三面包围了八连的伏击阵地。

抗日联合军在韩家店伏击地等候到早晨6时多,发现沟口外公路来了20多辆卡车,又接到东山头的哨兵报告,说曹家沟后岭发现有穿灰色军大衣的队伍猫腰潜行,张宪廷断定敌人是绕过补充连,准备向我方阵地偷袭。随后又接到西山刘排长的报告,说葡萄沟也发现了有穿灰色军大衣的百人队伍。这时八连已被敌人三面包围,张连长临危不惧,当机立断,将伏击战改为阵地战,战斗打得非常激烈。日军占据了有利地形,连长张振邦指挥部队打退日军三次冲锋。刘排长、李事务长不幸中弹牺牲,西山失守。张连长身负重伤,但毅然组织仅剩的28名战士上刺刀准备同日军展开白刃战。在这紧要时刻,抗日救国增援部队赶到,在日军占领的西山顶响起了冲锋号。日军见势不妙,仓皇逃进海林站,遗弃109具尸体。临逃时四处纵火,焚烧了关家小铺、韩家店一带的民房。这次战斗中联合部队以连长张宪廷为首的107名官兵英勇牺牲。

连遭重创的日军残部300人逃到海林站,更加心惊胆战。这时,李延禄从帐篷山指挥部赶到拉古车站,并给山市站挂了电话,叮嘱刘万奎、么印清、徐祥贵3人作好迎击准备。为防意外,李延禄又打电话给亚布力李延青,让他做好全歼日军的准备,务必将日军在西逃哈尔滨的路上歼灭。

　　日军残部逃到海林站后停留一天,并在驻地门口筑起沙袋,作为掩护工事,做出暂不离开的姿态。埋伏在山市南山上的联合军克虏伯炮营营长么印清,因为等了一夜感到很疲倦,又未见日军动静,25日傍晚,离开了阵地到街里找大烟抽去了。驻守在岭上的徐祥贵步兵营,也以为日军既然在海林站构筑了防御工事,一定会在海林站逗留几天,所以很麻痹。入夜,士兵们感觉天很冷,就在阵地上燃起篝火取暖。恰在这时,日军残部乘坐的火车到达了山市站。日军发现了岭上阵地的篝火,立即开炮轰击。以徐祥贵营长为首的11名官兵阵亡,阵地上因失去指挥而乱了起来,克虏伯炮营也因么印清营长不在而无法组织攻击。日军残部因此得以乘火车突破抗日武装设在山市的伏击阵地。日军残部虽然逃过山市站,却逃不过灭亡的命运。事先已接到李延禄电话的中共党员李延青,率领其组织的80多人铁路工人抗日游击队,连夜从亚布力赶到高岭子,做好伏击准备。得到日军残部乘坐的火车26日从山市开出的情报,就把铁轨上的道钉拔掉,使铁轨错了节。27日,日军残部在抵达高岭子时火车出轨,铁路两旁的游击队立即集中火力和手榴弹猛烈袭击敌人。经过激战,歼灭日军200余人,仅剩下几十名日军,徒步逃回了哈尔滨。

六、重大事件:李文彬率伪森警起义参加抗日队伍

　　1937年"七七"事变,全国抗战爆发,东北抗日武装斗争有了很大发展,我党在伪军、伪警中做了大量工作,使一些伪警、伪军脱离了日军,走上了抗日道路。1937年7月12日,李文彬率宁安县三

道河子(今属海林市)森林警察大队150人起义,参加抗联第五军,改编为第五军警卫旅。

李文彬,汉族,1902年出生在黑龙江省双城市,1920年,到东北陆军18旅当兵。

"九一八"事变后,李文彬与所在部队18旅一起参加了吉林自卫军抗击日军。由于作战勇敢,很快由士兵升为班长、副连长、连长。1933年春,吉林自卫军在日军的猛烈进攻下全部溃散,李文彬所在部队的上层军官投降了日军。李文彬痛恨那些投靠日军、甘当走狗、汉奸的民族败类。他离开了部队回到老家双城。严峻的现实教育了他,使他认识到,要赶走日本侵略者,必须掌握武装,同日本侵略者进行针锋相对的斗争。于是,他经常与一些好友一起探讨如何加入抗日部队的事。

1935年春,日本为了掠夺中国东北的森林资源,在宁安县(今海林市)三道河子建立了大满木材公司,公司由日本人经营。当时,日本疯狂掠夺森林资源的行径,引起当地人民的强烈反对,木材基地经常遭到抗日队伍的袭击。为了保护这块基地,从宁安、依兰、密山三个县调来一些地方大部队,组建了宁安县三道河子森林警察大队。这时,经原东北军同事介绍,李文彬来到三道河子林区任宁安县伪森林警察大队队长。日本还派8名现役军人,分别担任指导官、教官等职,监视督察森林警察大队,企图利用李文彬这支武装力量,消灭活动在本地区的抗日联军。而李文彬不仅未按日军意图行事,还千方百计同抗日队伍接触。在三道河子驻防两年时间,从未打过抗日队伍,致使驻宁安的日军指挥机关对李文彬"讨伐"不利深为不满。

李文彬所率森林警察大队共有150余人,大多是原吉林自卫军、救国军的军人,其中多数人有爱国思想,不甘心当亡国奴,有些人是射击能手。日本指导官和教官对这些士兵非常苛刻,经常辱骂和鞭笞稍有小过的士兵。士兵们敢怒不敢言。有的士兵实在受不了这窝囊气,就向李文彬诉苦。有的还提出打死日本人,拉起队伍上山抗日打游击。李文彬见部下反日情绪日益高涨,心中暗自高兴,但考虑时机尚未成熟,李文彬告诉大家不可轻举妄动,要谨慎从事,不可鲁莽。他说:"吾人不举动则已,若要抗日救国而举动必须给日贼以重大打击,且须参加真正救国之师,愿同仁枕戈以待,势必破釜沉舟!"

1936年,东北抗日武装斗争有了很大发展,在抗日浪潮的影响下,伪军伪警发生动摇和变化,反日复国的思潮日趋明显。同年秋,东北抗日联军第5军军长周保中派五军一师参谋长张镇华到穆棱县九站(今穆棱镇)泉眼河找地下工作人员冯淑艳(李文彬表嫂),利用和李文彬的亲戚关系,争取李文彬率队哗变。冯淑艳接受任务后,会同爱人王亚东(李文彬的表哥)到三道河子,以串亲戚为名进行策反工作。他们向李文彬宣传中国共产党的抗日救国主张,讲述抗日联军英勇杀敌事迹。当李文彬知道王亚东是东北抗日联军第五军军长周保中派来的,非常激动,毫不犹豫地做出了率队起义参加抗日队伍的决定。冯淑艳和王亚东还积极协助李文彬做他部下的工作,分别向一小队长费广兆、二小队长蒋继昌、三小队长张城地进行了宣传教育。

1937年"七七"事变全国抗战爆发,极大鼓舞了李文彬等爱国志士,经几个月的准备和动员、组织工作,举行起义的时机逐渐成熟了。1937年7月11日,李文彬将费广兆、蒋继昌、张成地、李海峰、王亚东等骨干分子召集在一起,将起义行动做了秘密部署。12日,李文彬率领警察大队150多人,连同家属六七百人,打死日本指导官津村昌、日本教官加藤直秋等8人,焚毁了森警队防所及附属设施,携带轻机枪4挺、步枪146支、手枪10支、子弹3万余发和全部辎重参加了东北抗日联军第五军,走上了抗日救国的光明道路。

李文彬率领起义部队在周保中亲自率领的抗日第五军第一师的接应下,来到五军驻地——三道通。在这里,李文彬以自己和几个小队长的名义发表了《三道河子森林警察队反正抗日救国告各地民众及满军满警书》,宣布正式参加抗日联军第五军。他们号召:"所有东北中国人都应团结在抗日救国的旗帜下,共同抗日作战,只有这样,才能把日贼驱逐东北去,夺还我锦绣河山!各地同胞们,满兵满警们,暴动起来吧!哗变出来吧!"7月15日,起义部队举行誓师大会。会后被改编为五军警卫旅,下编第一、二两个团。李文彬任旅长,原五军一师参谋长张镇华任政治部主任,原森警大队第二小队长蒋继昌任参谋长;王亚东任五军副官长,冯淑艳参加了五军妇女团。这一正义行动,使牡丹江、松花江流域的广大人民深受鼓舞,人们奔走相告,到处传颂着这件事情。伪宁安三道河子森林警察大队的抗日行动,是吉东地区伪满警军哗变的先声。

1937年11月,警卫旅扩编为五军第三师,下编第七、八、九团,李文彬任师长,张镇华任政治部主任。李文彬在党的教育下,对革命的认识日益加深,阶级觉悟不断提高,于1937年冬,光荣地加入中国共产党。李文彬参加东北抗日联军后,率领五军三师部队,先后活动在宝清、依兰、勃利、虎林、富锦等地,与日伪军进行了大小战斗数十次,每次战斗中,他身先士卒,英勇善战,狠狠地打击了日伪军,深受群众称赞,令敌人胆寒。

1939年9月12日,李文彬率先遣队五军三师九团一连,在宝清等待与总指挥部联系接受任务时,遭受伪军三十五团和警察队80余人追击包围。李文彬指挥部队沉着应战,奋力突围。激战数小时,李文彬与连长赵荣、班长李青山等7名同志壮烈牺牲,李文彬年仅37岁。

第三节　海林民众抗击日本侵略者

"九一八"事变,日本侵略者利用中东铁路的便利,迅速向牡丹江、海林地区推进。中共中央和满洲省委发出的宣传和决议,表达了中国共产党坚决抗战到底的民族气节和坚定信念,不仅为东北各地党组织指明了工作方向,而且通过各地党组织的宣传,在广大群众和东北军官中产生了积极的影响,对自发抗日武装的兴起产生了积极的推动作用。

一、海林抗日民众武装——"八大队"

"九一八"事变的消息传到海林后,海林迅速兴起一批"拉杆子"式的自发抗日武装。主要有"西胜队""长江龙队""飞人龙队""岐山队""双山队""占林队""四季好队""金龙队"等八支队伍,被称为"八大队"。因为成立较早,又被称为"老八队",日伪档案中记载为"西山八大队"。"西胜队"头领张永山,籍贯海林街,原是东北军二十六旅七十七团迫击炮连的司务长。日军进攻时,随部队撤至苏联境内时,同70余名官兵哗变出来,在返回牡丹江途中,被李杜部下堵截强行收编,只有张永山一人趁机逃跑。在返回海林途中经二道河子村西沟时,遇上同一部队哗变出来的另外十余人,因为过去互相认识,便合在一起。回到海林沟里时,遇上占山为王的山林队——天胜队,双方发生冲突,后经调解,张永山一伙十余人加入"天胜队",张永山被推为二号首领。不久,因头号首领皮连玉抽大烟、嫖女人、勒索民财,激起手下队员的义愤,趁皮连玉与其表弟闹矛盾之机,怂恿其表弟放冷枪把皮连玉打死。皮连玉死后,张永山坐上了头把交椅,改队号为"西胜队"。

"长江龙队"头领孙常举,山东人,原是驻守山市东北护路军二十六旅六十四团二营一连一排中士班长。1932年农历大年三十晚上,和副连长鼓动40余人准备哗变抗日,被人告密。情急之下,提前哗变,拉队伍上了山市史家窝棚。三天后,与东北军二十一旅项元英率领的哗变队伍相遇,被收编,孙常举任一连一排排长。不久,孙常举因听到三连连长任玉山奸污妇女、强抢民财、胡作非为被处决,而项元英在日本特务的收买下,要率队投靠日本人,孙常举得知消息后,十分失望,愤然离队,跑到山市投奔同道公司经理王德林。孙常举在王德林的引见下,结识了"飞人龙队"头领鲁玉中,并在鲁玉中的帮助下,拉起了队伍,报号"长江龙队"。

这些相继建立的民间自发的抗日武装,其建立过程大致相同,人数不等,各居山头,大多各自为战,利用熟悉的地形优势,以出奇制胜的手段袭击小股日伪军为主要抗日形势。

1932年10月的一天凌晨,"西胜队"为了补充枪支,张永山率队冲进宁安温春老黑山屯,包围了伪自卫团住处,缴获12支枪。正在这时,村长跑来说:"日本人来了,你们快撤吧。"张永山和手下几个头目商量后,马上把队伍转移到敖东西沟浦家坟一带埋伏。不一会儿,近2 000日军尾随追来,敌众我寡的战斗打响了。张永山带领"西胜队"以逸待劳,占领有利地形,用4挺机枪压住日军火力,战斗从中午打到晚上。"西胜队"1死12伤,而日军打扫战场时,尸体拉了三汽车。

1933年春,随着日军军事攻势的增强,各队感到各自为战势单力薄,于是,在"飞人龙队"鲁玉中、"岐山队"头领张岐山两人的串联下,在海林山市洋草沟召开了八个"山林队"的头领会议。经过一天的磋商,同意组成"八大队",推选鲁玉中和张岐山为"八大队"的总头领,其他仍为本队头领。大家商定了"打跑日本人,不当亡国奴"的协同作战盟约,还制定了一些军纪。同时,八个头领义结金兰兄弟。从此,八支共计400多人的民间自发的抗日武装互相支持,打了一些胜仗。

1933年8月,"飞人龙队"头领鲁玉中联合珠河县的几支"山林队"共计3 000多人,攻打驻守宁安沙兰的日伪军东西大营。攻坚战打得十分激烈,联合队用两门土炮,摧毁日伪军的碉堡、炮楼,日伪军拼命反抗,并用两架飞机配合作战,联合队三进三出,日伪军伤亡惨重。

1933年11月,"长江龙队"孙常举带领300多人,在去攻打宁安日军途中,途经长汀镇帽儿山时,迎面驶来了日军15辆汽车、6辆装甲车、100多名骑兵,激烈的遭遇战随即展开。这次战斗从上午一直打到天黑,"长江龙队"牺牲1人,打死日军50多人。

1934年春,张永山带领80多人,去宁安东炉(又叫长岭子)的四道卡子设伏,伏击了一伪军给养车队,打死30多名押运给养的伪军,缴获步枪30多支、轻机枪2挺、子弹7箱多。

1934年夏,孙常举得到将有伪军警备旅的两个连从哈尔滨调防到绥芬河的情报,率"长江龙队",并联合"岐山队"、"占林队"和延寿县的"金标队"在高岭子站设伏。为防止走漏消息,把车站的铁路员工全部软禁起来,将站内的道轨扒掉了7节。一枪没打就把伪军两个连队全部缴了械,缴获步枪200多支、子弹3 000多发、面粉100多袋。

日本侵略者大搞分化瓦解活动,提出"不打山林队"的诱降口号。在这种情况下,为防止山林队被日伪军收降,1933年6月,中共宁安县委指示中共党员于洪仁以宁安工农义务队的名义,召集包括"八大队"在内的自打旗号的25个抗日队伍头领联席会议,有24个山林队的头领参加了会议。而"八大队"只派了两名代表参加这次会议。于洪仁和李荆璞在会上讲了话,宣传中共的抗日救国方针,号召大家跟着共产党团结抗日。与会的各方代表签订了枪口一致对外,中国人不打中国人、互相借道等五条公约,并约定谁向日本人告密或不遵守公约,大家可以共讨之共诛之。但这次会议只是联席会议,"八大队"不愿接受共产党统一领导,没有成为后来党领导的抗日斗争的组成部分。虽然坚持了很长时间但终未形成更大规模,未能产生更大的影响。抗日斗争进入艰苦阶段后,先后被日伪军以各种方式各个击破了。张岐山被部下出卖,被抓到铁岭河监狱,先用冻刑冻坏他的双脚,再往他身上注射细菌,受尽了折磨,释放第二年全身发炎溃烂而死。1941年,日军派遣一特务谎称以"靠山队"头领的身份找到鲁玉中,以联合攻打蛟河日伪军为由,骗取信任,400多人的队伍被其带走,只有鲁玉中、张永山、孙常举三人没去。队伍被带到蛟河后被日伪军收降。100余名不愿投降的队员,全部被日伪军当场杀害。就这样,活跃一时的"八大队"解散了。起兵最早,坚持抗日活动近十年的群众抗日武装"八大队"虽然烟消云散了,但他们首举义旗的民族气节浩然长存。

二、黑牛背村民抗击日军残寇

1945年8月15日,日本宣布无条件投降,驻守在柴河镇朝阳村(当时属宁安县佛塔密村黑牛背屯)一带的日伪军小股部队,没有正式接到投降的命令。但一些日军家眷听到风声后,便乘小火车向横道方向逃跑,后来日军马队也向横道方向逃窜。为配合苏联红军和东北民主联军收降日军,阻止日军逃窜,当地老百姓火烧了通往横道河子方向的西大桥,切断了逃往横道河子的铁路交通,致使逃窜的大、小股日军400余人在仰脸沟被拦截。日军十分恼火,为首的大胡子是伪满洲国二道河子警署署长,作恶多端,死不悔改,纠集几个逃跑的日军军官合谋,妄想返回血洗黑牛背。

为维持黑牛背村民的安全,屯里成立了自卫队。队长秦海山

(林业工人),副队长陆德山(林业工人)、巩德启(伪警尉),队员主要是无家可归的林业大棚的伙计,还有伪警察。村里的青壮年也被组织起来,站岗放哨,严阵以待,不允许日本人再横行霸道。

当时牡丹江解放后,成立了红军司令部,收降的部队已经到了柴河镇头道河子。苏军司令部让北站村派人送去了用中文、俄文、日文参照的《敦促书》,上面有日军将领的签字,按敦促书要求,凡日本人见此均需就地无条件投降。黑牛背屯接到敦促书后,立即派了三名青年前去仰脸沟送信。到了仰脸沟一进屯就发现架势不好,满街都是日本兵,荷枪实弹,满脸杀气。送信人将信交给了屯长王玉璞,由王屯长转交给了日本军官,几个军官在一起进行了商量,谎称第二天下山受降,并让送信人同行。翌日拂晓,这股日伪军集合开拔。途中送信人觉得事情不妙,想回去报信又走不成,眼见队伍就要绕过黑牛背山头,再有四五里路就到村子,其中两人佯装闹肚子,甩开了队伍。日伪军行进南河沿,没等统一命令有人先开了枪,打破他们四面包围的计划。枪一响,自卫队全体出动,队长调兵遣将,把村里袁老大、潘惠贞、谢继荣、李老四这些炮手找来参加自卫战。村外枪声响了一阵又停了,西门外小火车站处有一队日军向村子走来,领头的是日军军官大胡子,他挥起指挥刀,日伪军一齐开火,攻势猛烈,气焰嚣张。守卫西北角炮台的袁炮、潘炮还有自卫队员们瞄准大胡子,数枪齐鸣,为首的大胡子被打倒在地,日伪军乱了阵脚。利用日军慌乱的间隙,自卫队队长、屯长、排长挨门挨户动员参战,未参加自卫队的村民上了围墙,闲在家里的山林警察也冲了出来,有拿大枪、猎枪、老洋炮的,有拿扎枪、斧子、大铁锹,利用伪满时修筑的四角炮台、土围墙、土壕沟为掩体,与日军展开了自卫战。

村里谢继荣是有名的谢炮,正直勇敢,枪法极好。袁炮、潘炮、李炮都被调到西北角炮台去加强力量,唯独把他留在南大门。南大门光秃秃,既无关卡,也无吊桥,南河沿过来的日军极力想冲到南大门,攻进屯子,日伪军隔着高墙把手榴弹扔进围墙里,他毫不迟疑,捡起来就又扔了回去,在日军头顶爆炸。打退了日伪军多次进攻,使防守力量薄弱的南大门转危为安。战斗从拂晓,打到中午,消灭20多个日伪军。此时,日伪军架起了"迫击炮"向村里疯狂猛炸。一时间,战斗进入白热化,西面、南面的日伪军已攻到土壕边上,只差一个深壕、一座高墙就进入村里,全村200多口人就会血流成河了。下午1时左右,正当双方对峙,前来支援的自卫团赶到,他们迅速上了南山,包抄日伪军后路,居高临下,向南河沿进攻的日伪军开火。此时一个日军少将在苏军押着下,摇晃着白旗,用日语大声喊话,双方停止了战斗,随后接受日军投降。

这次战斗,屯里只有23支枪,面对400多装备精良的日伪军,战斗持续了8个多小时,消灭日军30人,使全村近200口人免遭屠杀。

第四节　建立巩固的根据地支援全国解放战争

日本侵略者投降以后,海林地区土匪蜂起。中国共产党领导的东北民主联军为贯彻执行中共中央"建立巩固东北根据地,解放全中国"的战略方针,同国民党特务、日伪残余组成的土匪武装,展开了一场艰苦卓绝的殊死斗争。

一、林海雪原的剿匪斗争

1945年9月3日,日本侵略者无条件投降后,海林地区还没有建立民主政府,流窜在海林地区一小撮日伪特务、伪警察、官吏、地主、恶霸、流氓、大烟鬼等社会渣滓串通一气,以"维护社会治安,保卫乡村"做招牌,先后成立了"维持会"和所谓的"自卫团""保安团"等形形色色的反动武装。当时,在海林地区及周边的土匪有八股,大致 5 000 多人。这些土匪在海林地区杀人放火、无恶不作,给海林人民带来了深重灾难,也对牡丹江的新生政权构成了极大威胁。一是攻城略地,颠覆新生政权。1946 年 4 月中旬,苏联红军全部撤回本国后,牡丹江、海林地区各地反革命暴乱事件连续发生。他们趁牡丹江军区主力部队忙于支线作战,后方空虚之机,发动反革命暴乱,妄图占领牡丹江,夺取绥宁省政权。由于我保安机关事先得到情报,仅激战六小时,就彻底粉碎了敌人的阴谋。二是策动数变,瓦解我武装力量。我党初进东北,对敌伪残余势力"先八路、后中央、明八路、暗中央"的策略认识不足,在创建牡丹江革命根据地和地方政权的同时,收编了零星自发的武装 18 000 多人。当国民党反动派大举向东北解放区进攻时,他们就调转枪口,叛变投敌。有 16 000 余人叛变,并杀害我党军政干部 40 多人,造成损失相当惨重。三是袭击我军和苏联红军,残害大批干部战士。1945 年 12 月,柴河地区土匪将我军区送信两名战士投到牡丹江冰眼里淹死。不久,又将我军在战斗中被俘的 6 名战士用刺刀挑死于柴河北沟。1946 年 1 月,将 3 名苏联红军战士俘获杀害。不久又将苏联红军给养汽车设陷阱掉入江中,造成损失和伤亡。四是烧杀抢掠,涂炭人民。马喜山匪帮在 1946 年一年来,先后洗劫了 54 个村屯,抢掠粮食 10 万余斤,大小牲畜几百头(匹)。

为了抢占东北,建立巩固东北根据地,组织反攻和争取全国解放战争的胜利,山东海军第二支队在司令员田松率领下,于 1945 年 10 月,由山东半岛莱西县出发,黄县龙口镇码头登船,横渡渤海,在辽宁省庄河登陆。一路经战斗到达牡丹江,该部队番号为"东北民主联军三纵队二支队"。下辖两个团,兵力 3 000 多人。于 1946 年 2 月 2 日到达海林。

二支队进驻海林的第二天，获悉海林西部新安镇有一股马喜山匪徒约200余人，由一团一营营长季忠明率部前去清剿，这是二支队进驻海林地区首次战斗。部队经过短暂的准备，于2月6日晚9时，冒着风雪严寒，向新安镇进发。不到两个小时，这股土匪被我军击败，此战共打死打伤土匪30多人，活捉土匪50多人，缴获步枪150余支，粮食200余吨，还有大量马匹、车辆等。

1946年2月15日，田松支队率领一团、二团三营和军区十四团一部，对盘踞在宁安鹿道等地的郑、马匪部进行清剿。到3月4日，历时17天，经过大小战斗21次，剿灭郑、马匪部。击毙匪徒400余人，俘匪600多人，迫匪投降600多人，缴获平射炮、迫击炮5门、掷弹筒23具、轻重机枪27挺、长短枪2 000余支，解放村屯23个、群众5万余人，打通了牡丹江至图们的铁路交通线。

在讨伐郑、马匪战役期间，我军对盘踞在海林西部地区的土匪也展开了清剿。1946年2月15日，二支队二营留守海林街的部队，侦悉"国民党海林独立三营"营长孙江、副官李子恒暗中接受姜学璿收编为"东北先遣军第十一师三十二团"，趁该营看秧歌之机，将其包围缴械。

1946年3月中旬，"江北保安司令长官部松江省宣抚特派员办事处第五支队"王立凤匪团，在横道河子西绿水一带被苏联红军击溃后（王立凤被活捉），许福、吴金久带残部400余人逃到亚布力一带活动。二支队三团副政委曲波率部队跟踪追剿，于5月20日将这股土匪包围在亚布力后堵（火龙沟）一个大屯，以猛烈炮火轰击，匪徒难以招架，妄图突围，被我军全歼。活捉了许福、许禄兄弟二人，吴金久在交战中被击毙，缴获大批武器、弹药。由于许福、许禄兄弟作恶多端，民愤极大，根据群众要求，在尚志苇河就地枪决。

在南路，海林西部我军取得剿匪斗争胜利后，于1946年3月15日北路由李荆璞司令员亲自指挥军区十四团和二支队二团一营的兵力,对盘踞在北部的丁德山、高水安、李开江、张德振、李德林等部4 000多人进剿。剿匪部队进军桦林,对驻守在桦林匪部发动攻势。当时,土匪占据了北山有利地形,依仗手中的精良武器,居高临下,负隅顽抗。双方对峙,战斗非常激烈。我十四团发动几次冲锋,都被土匪的炮火阻遏,造成了极大的伤亡。恰在此时,苏联红军的几辆换防的坦克经过桦林,指战员跳出工事,紧跟在苏军的坦克后边,对敌人发起了冲锋。山上的土匪以为苏联红军真的出兵了,吓得望风而逃。我军奋力追击,消灭了李开江、张德振大部分土匪,占领了桦林。接着,我剿匪部队向柴河挺进,一举打垮了丁德山匪部,解放牡丹江重镇柴河及其附近村屯,给北部各股土匪插入了一把锋利的尖刀。

我军攻占柴河之后,集中强大兵力,于3月16日向盘踞在五河林、仙洞、马桥河地区的李开江、高永安、张德振等匪部进行围剿,并将其残匪赶到板院、杏树、北甸子、双河屯一带的深山据点。据守杏树村土匪约400余人,村子周围修筑有两米多高的土围墙,四角设有高大的炮楼,围墙外有两米多宽的壕沟,要道口设有鹿砦和木障,易守难攻。

3月23日我军发起攻击。为避免伤及无辜百姓,我军停止炮击,以军区首长的名义向土匪头目写了劝降信,派二团三营七连一排一班班长杨子荣送信,利用我军的政策和声威迫使400余名匪徒缴械投降。经过全体军民同仇敌忾,浴血奋战,到1947年初,将海林地区的土匪武装消灭殆尽,海林人民获得解放。

二、参军参战 参加战勤 支援前线

1946年8月16日,新海县建立了县委和民主政府。县委领导老区人民一面进行土地改革一面支援剿匪斗争。保卫了"土改",扩大了兵源,为支援全国解放战争做出了重大贡献。

新海县的广大人民群众经过剿匪、土地改革，阶级觉悟空前提高。他们懂得：不彻底消灭国民党反动派，不取得解放战争的彻底胜利，就不能得到彻底的翻身解放。革命老区的广大群众在党和政府的领导下，为保卫取得的胜利果实，保卫家乡，积极踊跃参军，参加战勤，干部参加南下工作团，为解放战争做出贡献。

在党和人民政府的领导下，在土地改革运动胜利鼓舞下，新海县参军热潮一浪高过一浪。据《牡丹江日报》1947年8月27日第一版《新海县各区机关联合欢送850名健儿入伍，各区干部带动造成参军热》的报道：新海县翻身农民，继挖财宝运动之后，已普遍掀起参军热潮。有1 130名青年纷纷在各村自愿报名参军。几经检查筛选，有850名青年参军参战。据不完全统计，从1947年3月至1949年2月，海林县青壮年人数为7 477人，青壮年参军人数为3 419人，占青壮年总数的45.7%，为前线主力部队及时补充了强大的战斗力。这些战士在党的教育培养下，在革命斗争中锻炼成长，在战场上英勇杀敌，立下了卓越战功，有许多战士在解放战争中献出宝贵的生命，用鲜血和生命谱写了可歌可泣的壮丽诗篇。据海林县革命烈士英名录记载，全县解放战争期间，牺牲的烈士就有139名。

新海县（海林县）从1947年至1949年，共组织了四次战勤队去参战。据统计，先后共有1 237人（民夫）支前参战。其中1947年3月中旬，新海县组成500人的战勤支前大队，由张明为指导员、秦强为队长，出动50辆马车、担架90副，由海林出发，经图们、敦化、张连车站、桦树林子、盘石、桦甸、东丰县等地，奔赴解放四平战场进行战地救护，战勤时间达5个月之久，行程数千里。这一次是四次支前当中时间最长、行程最远的一次。

海林县海林区各村自9月到12月间，共捐款3 269 720元，献军鞋419双，送干菜468斤。同时，还有把家藏的金银首饰、粮食、毛毯等实物送交政府,支援解放战争。海林县调派出以县长刘克文为首的72名男女干部进关南下,参加开辟新区工作。

第五节　抗美援朝　保家卫国　海林老区再做新贡献

在抗美援朝期间,海林人民积极响应党和国家的号召,迅速投入到"抗美援朝,保家卫国"的伟大运动中,积极拥军支前,参军参战,劳军优属,为赢得抗美援朝战争的伟大胜利做出了贡献。海林人民还安置战灾朝鲜民众,赴朝参加战后重建,用实际行动践行了国际主义。

一、开展宣传教育活动

美国侵略者发动侵朝战争,妄图以朝鲜为跳板侵略中国,严重威胁着中国安全。海林人民同全国各地人民一样,义愤填膺,7月22日至23日,先后两次掀起抗美援朝,保卫世界和平的签名运动。全县有12万人口,有104 644人(次)签名,声援朝鲜人民的正义斗争。1952年3月10日,海林县直机关及各区政府所在地广大群众纷纷走上街头,举行集会和示威游行。全县人民愤怒声讨美国侵略者,在朝鲜北部和中国边境播撒细菌的滔天罪行。宣传教育在全县得到广泛普及,受教育面达到100%。

二、参军参战　保家卫国

1950年11月,中共海林县委、县政府根据省委、省政府关于征兵工作的指示和征兵命令,及时召开各区委书记、区长参加的县委(扩大)会议,对征兵工作做出具体部署。之后,组成征兵工作队深入全县10个行政区开展征兵工作,各地很快形成"抗美援朝,保家卫国"的参军热潮。八区(今山市镇,下同)道南村团支委孙有、袁喜激动地对区委干部说:"我们是青年团员,过去受地主剥削和小日本的奴役,过着牛马不如的生活。共产党领导我们穷人翻了身,过上好日子。美国侵略阴谋要是得逞的话,我们又要当亡国奴,遭二茬罪,我们坚决要求参军保家卫国。"到1950年12月9日,仅一个多月时间,全县就有1 035名青年报名参军,出现了父母送儿子,妻子送丈夫,兄弟相争报名参军可歌可泣的感人场面。经区、县检查有532名合格青年被批准光荣入伍,于12月14日早晨乘火车出发赴朝鲜前线。他们不愧是中华优秀儿女,在朝鲜战场上爬冰卧雪,冒着枪林弹雨,不怕流血牺牲,英勇杀敌,立下许多战功。在抗美援朝战争中,有166名海林县官兵英勇地献出了宝贵的生命。他们被授予革命烈士,载入黑龙江省革命烈士英名录,永垂青史。

三、搞好战勤　支援前线

1950年11月20日,按照省委、省政府的指示,海林县组建了第一批抗美援朝普通担架队。这个担架队由70副担架,360名队员组成。12月21日担架队乘火车出发去朝鲜前线参战。他们是不穿军装的战士,随同部队,冒着敌人炮火抢救伤员,运送弹药给养,出色地完成了战勤任务。这支担架队多次受到中国人民志愿军部队首长表扬,3次荣获军级通令嘉奖。1951年11月,海林县普通担架队完成战勤任务胜利归来。

1951年2月9日,按照省委、省政府指示,海林县又组织第二批抗美援朝基干担架队,由48副担架,228名队员组成一个连,3月10日,全连队员开赴朝鲜前线。他们参加大小战斗数十次。炮火纷飞,硝烟弥漫,他们舍生忘死,部队打到哪里,他们就跟随到哪里。从前线往后方抢救伤员,从后方往前线运送给养和弹药。渴了喝口凉水,饿了吃把炒面,困了坐在地上打个盹。就是这样英勇顽强,连续作战,克服了一个又一个困难,完成了一次又一次艰险的任务。有的同志在战场上光荣地加入了中国共产党。有 30 多名队员立功受奖,其中有 2 名荣获朝鲜民主主义人民共和国授予的三级国旗勋章,有 11 名荣获军功章。

1950 年 10 月 12 日,根据省政府关于修建伤病员医院的指示,海林县委、县政府组织动员全县 470 名民工,利用一个多月时间,在六区政府所在地修建了抗美援朝战勤医院。战勤医院有房间 183 间,设置床位 600 张和 250 人火炕,能容纳 900 人(包括医务人员和勤杂人员)。战勤医院部队编号为 907 部队,对外简称"三所",配备医务和工作人员 187 人。院部设在六区政府(今海林镇政府旧址),住院部设在新合朝鲜族小学、海林镇第一小学等地。1951 年 1 月 3 日和 9 日,两次接收伤病员 513 人,至 1951 年 5 月,经治愈 122 人,轻者出院后又返回部队。其余 391 名伤病员因海林伤病员医院撤离,全部转送到阿城、双城荣军医院。

抗美援朝战争打响后,海林县先后选派各级干部(含医务人员和司机)172 人参加战勤,其中处级干部 3 人、科级干部 14 人、一般干部 45 人,护士 6 人,司机 21 人,村干部 35 人。抗美援朝期间,海林县各级干部积极动员群众精选好粮交公粮,称爱国粮。1950 年 10 月,不到一个月全县就完成公粮 6 000 万斤,占总任务的 95%,加工军需大米 250 万斤,直接运往前线。同时加工军装 450 套,背包和子弹、手榴弹袋各 450 件,征集干菜 11 万斤。1950 年 10 月,海林县先后两次完成抗美援朝公债任务 33 996 分(当时是工薪分制,每分价值以当时钢铁、煤、粮、棉的实际价值折算),超额 60% 完成任务。1950 年 11 月 22 日,海林县掀起捐款购买飞机大炮的热潮。

广大工人、农民和工商各界纷纷捐款。① 学生拿出压岁钱,老年人拿出零花钱,农民拿出卖粮钱,工人拿出工资,交给政府购买飞机大炮,支援抗美援朝战争。在不到 20 天时间里捐款达百万元(东北币)。同时捐献生猪 2 250 头、肥皂 212 块、毛巾 227 条、慰问袋 21 个、慰问信近 10 万封。海林县副县长宋善玉(女,朝鲜族)还参加了黑龙江省人民政府代表团,代表海林县人民到朝鲜慰问志愿军前线战士。

四、慰问伤病员　优待军烈属

海林人民热爱子弟兵。除了积极做好拥军支前外,还于每年端午节、中秋节、国庆节、春节及抗美援朝纪念日等重大节日,由领导带领群众,敲锣打鼓,到"三所"慰劳伤病员。1951 年全年慰劳"三所"猪 5 头、猪肝 514 个、鸡 2 250 只、慰问袋 105 个、毛巾 328 条、香皂和肥皂 198 块、牙刷 150 把、布鞋 48 双、现款 18 894 元。② 六区还组织妇女到"三所"给伤病员洗衣服、打扫卫生,鼓励伤病员安心养伤,早日康复出院。

为使农村无劳力或少劳力的贫困烈军属不误农时,由所在村屯互助组为烈军属包耕、代耕土地,费用由当地群众负担。1951 年,全县 1 324 个包耕组为 3 299 户烈军属(含革命伤残军人及战勤家属),包耕土地 4 513.66 垧(其中水田 757.01 垧),占全县烈军属总户数的 55.5%。各包耕组签订包耕条约,"上满粪,深耕一寸土,适时早播,精耕细作,保证秋后多打粮"。三区(今柴河镇)长石砬子包耕组长韦秉祥说:"人家丈夫、儿子在前方爬冰卧雪,流血牺牲,都是为了咱们过好日子。如果咱们搞不好代耕,就对不起前方最可

---

① 《海林县党史资料专题汇编(上册)》第 161 页。
② 《中共海林县党史大事记》(1926—1990)第 106 页。

爱的人。"对缺少土地的烈军属实行包粮制。八区境内横道河子有5个村属于林区地带，烈军属没有土地种。这5个村就采取包粮制,烈军属每人每年由村里供给1 200斤苞米和6 000斤烧柴。对生活有困难的烈军属,由村里帮助解决柴米油盐等,解除前方战士的后顾之忧。

五、安置朝鲜战灾民众　参加战后重建

抗美援朝期间,海林县按照上级指示,在五林、新安两个区政府所在地,安置朝鲜战灾群众10 950人。① 在县政府所在地(牡市)安置战灾儿童453名。使这些朝鲜民众在中国享受了和平的阳光,体会到了海林人民的深厚情谊。

朝鲜战争停战以后,1954年春天,海林县有1 000多户朝鲜族居民,自愿申请报名参加朝鲜战后重建工作。

海林革命老区人民发扬了革命战争时期的优良传统,形成了听党的话、艰苦奋斗、不怕困难、不怕牺牲、勇挑重担的海林革命老区精神。

---

① 《中共海林县党史大事记》(1926—1990)第98页。

第三章　建设探索

海林县解放以后生产力仍然很低,海林县委落实党中央、东北局的精神,结合本地实际,开展了大生产运动。从党的八大以后,我们党就开始社会主义探索,经历了很多艰难曲折,以致发生了"文化大革命"那样全局性错误。由于社会主义事业是一项前无古人的伟大事业,且由于党和人民缺乏进行社会主义建设的经验和思想理论准备,在探索过程中,急于求成,盲目冒进,经受艰辛和曲折,使经济和社会发展走了弯路。

第一节　基本完成三大改造任务

在进行有计划的经济建设的同时,党领导了生产资料私有制的社会主义改造。在过渡时期,党创造性地开辟了一条适合中国特点的社会主义改造道路。对个体农业,主要是遵循自愿互利、典型示范和国家帮助的原则,重点发展半社会主义性质的初级农业生产合作社,再发展到社会主义性质的高级农业生产合作社。对个体手工业的改造,也采取了类似的过渡方法。对资本主义工商业,则从委托加工、计划订货、统购包销、委托经销、代销等国家资本主义的初级形式,逐步向高级形式的公私合营过渡。海林县从1954年到

1956年2月完成对农业,手工业和资本主义商业的改造工作。

一、农业的社会主义改造

新中国建立后,海林县在对农业进行社会主义改造中,按照党和政府制定的稳步前进的方针和自愿互利、典型示范的原则,坚持通过合作制把农民引导上社会主义道路。通过互助组、初级社、高级社的社会主义改造形式,把个体农业经济改造为集体所有合作经济。克服了小农经济极端分散性和经济力量薄弱的状况,改善了生产条件,增强了抵御自然灾害的能力,提高了农业产量,有力地推动了农业经济的发展。

(一)成立互助组

"土改"以后,农民分得了土地,生产和生活条件得到很大的改善,生产积极性很高,迫切要求发展生产。但由于分散的小农经济生产力落后,缺少牲畜,生产工具不足,在农业生产中遇到了很大的困难。1948年2月,根据中央"组织起来,发展生产"的方针,海林县农民开始试行互助组。1950年初,海林县委、县政府在认真总结经验的基础上,认真贯彻"自愿互利"的原则,组织农民试办"人合心,马合套"的互助组,组织形式主要有三种:一是临时组,即插犋组,人马工互换,小型灵活,群众易于接受。二是季节组,即春耕、夏锄、秋收三大忙季组织起来,形式固定,换工互助,按季结算。三是常年组,小组人畜固定,常年互助,有共同发展生产计划,有记工制度,年终进行收益分配。年末,全县成立互助组3 534个,其中临时组1 412个,季节组1 841个,常年组281个。1951年,认真贯彻"自愿互利"的原则,加强了领导,使互助组得到巩固,"春插夏散秋垮台"的现象减少了。年末,全县互助组发展到4 437个。1952年,临时组减少,季节组大量增加。全县互助组为2 911个。参加互助组的农户达到全县农户总数的81%。1954年末,全县互助组为2 788

个。参加农户12 603户,占农户总数的42.5%。①

(二)试办农业生产合作社

互助组是农业合作化的基础。有些大型组党团员骨干多,组员觉悟高,生产条件好,领导能力强,积累了一些生产管理经验,农民积极要求扩大再生产。1952年春,县委、县政府根据中共中央《关于农业生产互助合作的决议(草案)》精神,本着"自愿互利"的原则,积极改造临时组,提高季节组,巩固与发展常年组,开始有计划、有领导地试办两个半社会主义性质的初级农业生产合作社(简称初级社)。第三区城子村办起"前进社"。该社前身是由村支部书记单书钦领导的大型组,有17户,23名劳力,其中女劳力6名,耕地1 215.55亩,马14匹。在分配上实行自愿投资,统一使用。耕畜根据活计好坏,使役年限,市场价格,经群众评议,由社收买,三年还清本钱,年息为25%。大型农具作价交社,三年还清本钱,不付利息,小农具无代价归社集中使用。土地按地级入社,统一耕种,每年一垧地(按等级划分)至少给8斤高粱为代价。每年生产费用由社结算,分配形式实行包工定额,记工分红,按劳取酬。4月,第六区中兴村办起"钢铁社"。该社是由29户朝鲜族组成的农业生产合作社,全社有135口人,38名劳力,其中女劳力18名。共有耕地774.75亩,其中水田198.9亩,生产资料有耕牛8头,车8台,水田犁3个,打稻机2台,电动机、扬场机各1台。分配办法与前进社相同。②

1953年,县委、县政府在试办前进、钢铁2个农业生产合作社的基础上,认真总结经验,指导各区试办农业生产合作社16个。8月13日,县委、县政府在三区城子村召开试办农业生产合作社干

---

① 《海林县党史资料专题汇编(上册)》第206页—207页。
② 《海林县党史资料专题汇编(上册)》第208页—209页。

部、互助组长和县里下乡干部座谈会,贯彻海林县五年合作化决议,介绍前进农业生产合作社办社的经验,部署试办农业生产合作社的各项准备工作。至年末,全县农业生产合作社发展到18个,入社农民539户,占全县农户总数的2%。

1954年上半,全县农业生产合作社发展到55个,入社农民1490户,占全县农户总数的5%。在我国社会主义合作化运动迅速发展的影响下,经过两三年试办农业生产合作社取得的经验,特别是在农村大张旗鼓地宣传党在过渡时期的总路线,极大地提高了农民的社会主义觉悟,调动了广大农民走合作化道路的积极性。从而,使全县合作化运动由试办阶段转到大发展阶段,全县上下形成了农业合作化运动的第一个高潮。到7月末,全县初级社发展到301个,入社农户9970户,占全县农户总数的33.5%,入社的耕畜、劳动力、土地已达40%。有144个村建立了农业生产合作社,出现了一个合作化区、56个合作化村。

1955年2月12日,经省委批准,"钢铁社"由半社会主义性质的初级农业生产合作社转变为高级农业生产合作社(即集体农庄),是海林县第一个高级社。

1955年8月下旬,县委根据"中央关于整顿和巩固农业生产合作社的通知"要求,组织县区干部100多人,分两批到农村帮助村党支部进行整社和筹建社工作。至年末,建立新社286个,加上301个老社,全县农业生产合作社已发展到587个。入社农户24076户,占全县农户总数的83%,达到村村有社,屯屯有社,贫农和下中农绝大多数都入了社。他们高兴地说"听毛主席的话,走合作化的路"。全县已基本上完成半社会主义的农业合作化。[①]

县委决定12月25日至28日,召开全县办高级社的区、村干部

---

① 《海林县党史资料专题汇编(上册)》第210页。

和社主任会议,传达省委关于试办高级社的指示,介绍"前进""钢铁"两个老社试办高级社的经验。1956年1月上旬,县委组织"前进""钢铁"两个老社主任和贫、中农典型人物代表组成演讲团,到要办高级社的村逐村演讲。到1956年2月,全县以村为单位建立的高级社178个,参加农户30 719户,占全县农户总数的99%。至此,海林县完成了党对农业的社会主义改造,使全县农民走上了社会主义道路。

二、手工业的社会主义改造

新中国成立后,经济发展处于恢复时期,手工业占有重要的地位。手工业对于支援农业生产,满足城乡人民生活需要,弥补工业产品的不足以及特种工艺品出口等方面,都有着重要作用。但由于个体小私有的手工业劳动者,生产技术落后,劳动生产率低,不能适应国家经济建设和人民物质文化生活不断增长的需要。小私有的生产也很难克服生产和产品销售的困难,不能避免商业资本和高利贷的控制和剥削。因此,对手工业的社会主义改造是中国共产党在过渡时期总路线[①]不可缺少的组成部分。

解放后,海林县人民政府采取措施,积极扶持手工业生产,鼓励工商业者办企业,到1952年,全县手工业作坊发展到234户,从业人员216人,实现产值57.7万元(旧人民币),分别比1945年增加3倍、4倍和6倍。[②]

1954年,海林县委组织大批干部对手工业进行普查,初步摸清掌握了全县手工业情况,为手工业社会主义改造提供了依据。从5月份开始,县委根据中央"统筹兼顾,全面安排"的方针,在全面调

[①] 党在过渡时期的总路线:就是要在一个相当长的时间内,基本上实现国家工业化并逐步完成对农业、手工业和资本主义工商业的社会主义改造。
[②] 《海林县党史资料专题汇编(上册)》第214页。

查的基础上对手工业生产进行了安排,初步缓解了某些行业中供销紧张状况,基本安定了生产情绪。县委在宣传贯彻党在过渡时期总路线时,注重对手工业社会主义改造工作的领导。通过召开手工业代表会议和手工业产品产销结合会议等形式,在广大手工业者中普遍深入地进行总路线教育。具体讲明了对手工业的改造政策,坚持了生产方向,批判了过去盲目追逐市场、追逐利润、粗制滥造、偷税漏税、欺骗群众等资本主义自发倾向,提高了手工业者的社会主义觉悟和生产积极性,改善了经营管理。手工业者生产的镰刀、锄板等,均受到广大农民的好评,为手工业开展合作化运动奠定了良好的基础。截至1955年7月底,全县已组织起2个手工业生产社、4个生产小组,共有社(组)员84人,占全县手工业从业人员的14%,共有资金20 679元,其中股金10 478元,全年生产总值184 997元。在全县21个行业中已有5个行业建立了生产小组,其中有烘炉、木器、翻砂、洋铁、铁木修理等。这些合作社组织的建立与扩大,对解决城乡人民生产生活需要,弥补国家工业产品不足起到了很大的作用。[1]

1955年9月9日,县委召开手工业工作会议,对手工业改造情况进行总结。几年来在省委的正确领导下,海林县认真贯彻中央及省委关于手工业工作的指示精神,在手工业改造工作中取得了一定的成绩,但还存在一些问题。主要是对中央关于"积极领导、稳步前进"的改造方针和有关政策认识不足,贯彻不够,忽视了手工业者的特点,存在贪高贪大的倾向。为改变这种情况,县委要求抓好以下几方面工作:(一)加强调查研究。(二)整顿提高现有合作组织。(三)积极稳步地发展新的合作组织。(四)加强党对手工业工作的领导。在政治上、组织上实现党对手工业基层组织领导。

---

[1]《海林县党史资料专题汇编(上册)》第215页。

1956年3月，除少数个体手工业者仍从事个体经营外，全县个体手工业者参加合作组织的已有205户，共组织了41个手工业合作社和2个合作组，从业人员547人。海林县手工业者全面完成了社会主义改造任务。

三、资本主义工商业的社会主义改造

根据我国经济的实际情况，对资本主义工商业实行社会主义改造，必须采取"逐步过渡"的方针。由于人民民主专政的巩固和扩大，国营经济领导地位的日益加强，农民倾向工人阶级。"三反""五反"运动后，工人阶级力量的发展壮大及中国资产阶级的软弱性与孤立的地位，使对资本主义工商业的改造完全可能。

1954年春夏，海林集镇的私商，因为主要农产品和农业副产品由国家扩大收购，营业额日益缩小。在城乡交流方面，由于农村正在宣传过渡时期总路线，私商难以下乡，致使某些农副产品的流通出现阻塞现象。在农村，农村私商多数无法经营，农民要的某些必需品不容易买到。农村私商被排挤，许多无法维持的商贩，转业无路，有的流入城市，增加了城市的困难。市场关系的变化，使城乡关系，公私关系发生紧张的情况，在国家工业化和社会主义改造的过程中是不能完全避免的。但是，如果各方面工作做好了，紧张的程度可以有所缓和；反之，如果工作有毛病，就会助长这种紧张关系。

1955年3月，海林县委根据黑龙江省委财经会议精神，对私人资本主义工商业作了维持工作。一是根据各行业的不同情况，采取了不同方法。对中药、服务业情况较好的，没做具体安排。二是各集镇国合商业基层单位认真的向私营业户开展了批发业务。除国家统销的商品以及大宗主要商品外，其他商品全批发。三是根据私商资金少的特点，适当降低了批发起点。四是根据私商零售比重完成情况和各户之间零售额不平衡的情况，按照不同行业不同品种，适当调配一些畅销货。五是根据统一安排,在保证国合商业对市场领导的前提下,国合商业部门适当的退让一部分经营品种,让出的幅度以维持私商的生活卖钱额为标准。各集镇让出的商品经营权最少的39种,多的达70余种。六是帮助私商制定了计划,规定了批零差价。七是为减轻私营商贩负担,工商联减员2人,联合会计由31人减少为29人,原工资每月6.5元调整为4.5元,全县每日减轻7.55元的负担。

经过安排,市场上出现了稳定、良好的局面。1955年6月末,完成了登记换证工作,原有私商103户,又增加19户,达到122户,取消了无证商贩和游商。调整了经营布局。火龙沟私营业情况不好,搬迁到长汀4户。海林镇私营商业额4月份卖钱额是9 078元,5月份上升到10 009元,比4月份提高10.26%。一些小商小贩的生活有了保证,为进行公私合营打下了基础。①

1956年元旦过后,首都北京率先出现全行业公私合营热潮。1月,在资本主义工商业最集中的上海,也在4天之内实现了全市工商业的公私合营和手工业的合作化。在这样的形势下,海林县工商业户在海林县委、县人委②的领导下,也加快了社会主义改造的步伐。

据1955年末统计,海林县全县有私营工商业户和手工业从业人员1 008人,固定资金折合人民币309 252元。到1956年2月7日,经一个月零两天时间的工作,全县基本完成了对资本主义工商业的社会主义改造任务。私营工商业者一部分实现公私合营,一部分参加了国营商业成为国营商业职工。

---

① 《海林县党史资料专题汇编》(上册)第222页—223页。
② 县人委:1954年,根据《地方各级人民代表大会和各级人民委员会组织法》,各县陆续召开第一次人民代表大会,选举产生县人民委员会(简称县人委),县人委既是人民代表大会执行机关,又是行政机关。其组成人员任期为两年。

到1956年底,我国基本上完成了对生产资料私有制的社会主义改造。这一生产关系上的深刻社会变革,标志着党领导全国人民实现了从新民主主义到社会主义的历史转变。在这场伟大变革中,海林县委按照党在不同阶段的要求和政策,较好地完成了三大改造的历史任务。

第二节　精简工作和社会主义教育运动

1956年3月,海林县撤销了建制划归宁安、林口和牡丹江市郊区管辖。1962年10月,海林县又恢复了县制。

一、精减职工和减少城镇人口

20世纪60年代初,由于严重的自然灾害和党在经济工作中的一些偏差,造成了经济工作的严重困难。党和国家在1961年到1963年开始了调整政策。其中1962年5月召开的中央工作会议,着重讨论了中央财经小组提出的《关于讨论1962年调整计划的报告(草案)》。这个报告比较全面、深入分析了国民经济的严重情况,提出了坚决缩短工业生产建设战线,坚决减少职工和城镇人口,加强人民公社生产队的领导等项任务。海林县恢复县制从1962年11月份正式办公,减少职工和城镇人口的工作从1963年上半年开始。

海林县精简职工、减少城镇人口工作,在省、地区和县委的正确领导下,认真地执行了党在精简中的各项方针、政策。由于县精简办公室的积极工作,广大职工群众的热情支持,1963年上半年精简职工、减少城镇人口工作,基本完成了上级党委交给的任务,做到了

"决心大、行动快、工作细、步子稳、安置好"的要求。截至6月末，精简职工308名，其中固定职工92名，临时职工216名。地委给的全年任务是250名，县委下达的任务是289名。完成地区指标123.2%，县定指标106.5%，占1963年上半年职工总数4 192名的7.3%。减少城镇人口48 289人（包括划出林业山上人口数），相当于地委给全年精简城镇人口5 300人的9倍。已减城镇人口的去向：去本县农村的48人；去本地区农村的379人；去本省农村的174名；去辽宁、吉林省农村的21人；去关内农村的103人；划为境内三大森工局山上人口47 564人。关于减少农村非农业人口有49人，是县委确定任务74人的66.2%，是1962年农村非农业人口5 244人的0.9%。接收安置下乡、返乡人员749人，占县委下达任务的74.9%，是地委核定任务64人的11倍。[①]

海林县恢复县制后，仅用半年时间，就较好地完成如此艰巨的任务，实属不容易。这主要是党中央、东北局、省、地委对精简工作制定了一系列的方针、政策，明确地规定了任务、提出了具体的措施，从根本上保证了工作有计划、有步骤地开展。其次，是国民经济"调整、巩固、充实、提高"的八字方针全面贯彻、执行，整个国民经济与市场形势日趋好转，特别是农村形势发展又快又好，为安置巩固与返乡、下乡人员创造了良好条件。由于精简职工、减少城镇人口工作，加强了农业一线，充实了农村劳动力，支援了农业生产的发展。从海林县情况看，精简工作对整个国民经济的调整和劳动力的平衡，对调整生产关系都能起到很大作用。另外，精简既减少了国家开支，又调动了广大群众的积极性。

为了进一步解决下乡、返乡人员在农村安家落户，在参加生产过程中遇到的实际困难，县里在1963年上半年发放救济款25 000

[①]《海林县党史资料专题汇编（上册）》第296页。

元,建房贷款46 000元,补助棉布2 120尺,棉花498斤,胶鞋405双,玻璃50标箱,解决了下乡、返乡人员生产、生活中的一些实际困难,解除了他们的后顾之忧,坚定了他们在农村安家落户、建设社会主义新农村的信心。

20世纪60年代初,精简职工、精简城市人口是国家调整国民经济的重大战略举措,1961年至1962年10月前海林各公社在宁安、林口参加了精简工作,1962年恢复县制后就直接参加了这项工作,而且完成的任务量较大,工作成绩较为突出。广大精简的职工、精简的城镇人口,为国分忧,表现了爱国主义情怀,为国家做出了贡献,在海林县的历史上留下了光彩的记载。[①]

二、以"四清"为主要内容的社会主义教育运动

1963年5月2日至12日,毛泽东主席在杭州召集有部分中央政治局委员和地区书记参加的会议。会议讨论了农村社会主义教育问题,制定了《关于目前农村工作中若干问题的决定(草案)》(即前10条)。20日,中共中央作为指导社会主义教育运动纲领性文件予以发布。《前10条》对我国形势作了"左"的估计,偏离了中共八大的正确判断,认为当前中国出现了严重尖锐的阶级斗争,要求"重新组织革命的阶级队伍",开展大规模的群众运动,打退资本主义和封建势力的进攻。9月,中共中央又制定了《关于农村社会主义教育运动中一些具体政策的规定(草案)》(即《后10条》),强调团结95%以上的干部和群众的重要性,并规定了一些正确的或基本正确的政策。此后,各地在试点的基础上,在部分县、社开始进行社会主义教育运动。

[①] 《海林县党史资料专题汇编》(上册)第295页—300页。

（一）搞好社教试点

1963年4月24日，根据中共中央和省、地委指示，海林县以县委副书记生世杰为首组成工作队，在海南公社福兴（今河南村）、沙虎、北拉古大队进行社会主义教育工作试点，到8月15日结束。

1964年3月7日至25日，以县委副书记狄忠学为首的工作队，深入到海南公社福兴、沙虎、北拉古大队进行社会主义教育运动试点的复查补课及组织处理工作，为全县开展农村社会主义教育运动提供了经验。

（二）召开全县三级干部会议训练骨干

1964年1月11日至26日，海林县召开三级干部会议。会议的中心任务：一是学习两个文件[①]，领会精神，明确社会主义教育运动的方针政策。二是揭开阶级斗争盖子，提高与会人员的阶级觉悟和社会主义觉悟，掌握对敌斗争武器，摸清阶级斗争的规律。三是在学习文件和提高觉悟的基础上，洗手洗澡，启发教育，等待觉悟；自我革命，不抠不逼；实事求是，允许申辩。四是在民主总结的基础上，安排当前生产和面上的社会主义教育工作及干部参加劳动问题，掀起生产高潮。

（三）开展农村面上社会主义教育工作

面上社会主义教育的要求，就是集中力量宣读和讲解中央两个文件，使广大基层干部、全体党员、贫下中农以及各个阶层都了解社会主义教育运动的方针、政策和目的。在学习文件的基础上，粗线条地解决一些问题，搞好干群关系。面上的社会主义教育工作，分两步进行：第一步，1月28日至2月5日，学习文件，训练骨干。第二步，从2月20日开始到2月底结束，做好面上的群众宣传工作。

[①] 即《中共中央关于目前农村若干问题的决定（草案）》《中共中央关于农村社会主义教育运动中一些具体政策的规定（草案）》。

（四）开展当年"四清"运动

1965年1月3日至6日，县委根据中共牡丹江地委指示，在公社贫下中农代表会议和三级干部会议结束后，共派县、社239名干部深入各生产队开展当年"四清"运动，到1月28日基本结束。由于地委指示正确，指导及时，以及广大贫下中农社员、各级干部充分发挥了社会主义积极性，当年"四清"运动取得很大成效。充分发动群众，提高了社会主义觉悟。经过发动全县参加运动的贫下中农社员30 970人，占应参加运动的78%（外出搞副业的人员未参加）。共揭发大小队干部问题486 122件，其中1964年度的267 699件。刹了歪风，教育、挽救了一大批干部。在全县442名大队干部中，一次下楼达到群众满意的328人，占74.2%。两次下楼的66人，占14.8%。三次下楼的37人，占8.6%。检查3次最后也未下楼的11人，占2.4%。在1 577名小队干部中，一次下楼的1 114人，占70.7%。两次下楼的312人，占19.7%。三次下楼的132人，占8.4%。检查了3次最后也未下楼的19人，占1.2%。共检查出多吃多占粮食131 219斤，平均每人65斤，其中1964年69 174斤，平均每人34斤。多占公款258 853元，平均每人12.82元，其中1964年145 576元，平均每人7.23元。多占公物3 350件，平均每人1.7件，其中1964年1 864件，平均每人0.9件。多占工分92 700分，平均每人45.8分，其中1964年51 085分，平均每人25.3分。经过检查，已全部退赔清的大队干部222人，占50.2%，小队干部892人，占56.3%；退赔清1964年的大队干部278人，占62.9%，小队干部914人，占57.7%。因经济所限，只退赔1964年一部分的大队干部8人、小队干部301人，占19.1%。实在退赔不起，本人检查的又好的，经过群众讨论同意后予以减免。共退赔粮食48 721斤，现金108 172元，牲畜543头，房屋140间，各种物资2 024件。其中收音机203台，缝纫机134台，手表207块，自行车11台，毛衣、料子

129件,木材18米。在原有394名大队干部中(不包括副职),经过"四清"清除坏人19人,年老体弱的17人,连选连任的263人,占66.8%,选掉94人,占23.8%。小队干部共1028人,经过"四清"清除坏人53人,年老体弱52人,连选连任的648人,占87.9%,选掉125人,占12.1%。① 密切了干群关系,调动了广大社员参加集体生产的积极性。尤其是在问题多、干部问题大的地方,经过"四清"运动,干部纷纷表示干出个样来让社员群众看看,干群关系密切了。

(五)进驻外县开展社会主义教育运动

1964年10月10日,中共海林县委、县人委根据省委、省人委通知精神,决定从全县农村知识青年和优秀的农民中选拔100名(其中妇女20名),作为社会主义教育运动临时工作队员。

11月初,中共牡丹江地委根据中共中央、东北局和省委"关于集中力量打歼灭战,开展社会主义教育运动"的精神,决定从各县抽调5500名干部组成社会主义教育工作团,进驻宁安县开展城乡社会主义教育运动试点工作。海林县派出以县委书记田福春、副书记李毓森、狄忠学和副县长张景林为首的400余人(其中科级干部30人、一般干部270人、青工队员100人)和国家三级部范英司长率领的部分干部,以及哈师院部分师生,共计500余人组成社会主义教育工作分团,进驻宁安县石岩公社开展社会主义教育试点工作,到1965年6月上旬结束。

1965年8月初,中共海林县委根据省委社教办公室、省委组织部和省人事监察厅的联合通知精神,在全县农村生产大队再选拔60名参加社会主义教育运动的临时工作队员。

8月中旬,中共海林县委根据牡丹江地委《关于开展全区社会

---

① 《海林县党史资料专题汇编》(上册)第307页。

主义教育运动规划》,抽调全县干部和青工队员400余人进驻鸡东县向阳(县委书记田福春带队)、综合①(县委副书记李毓森带队)、下亮子(副县长张景林带队)、明德(县委常委、宣传部长卜长青带队)等4个公社,开展社会主义教育运动,到1966年3月结束。

1966年4月,中共海林县委在地委统一安排下,由县委书记田福春带领400多名干部和青工队员,同地直机关部分干部、省戏校部分师生共600多人,组成第三批社会主义教育工作分团,进驻密山县黑台(县委书记田福春带队)、连珠山(县委副书记王裕光带队)、太平(县委常委、县委办公室主任张守本和副县长周家斌带队)等3个公社,开展社会主义教育运动,到11月末因"文化大革命"撤点。

历时三年多的城乡社会主义教育运动,对于纠正干部多吃多占、强迫命令、欺压群众等作风和解决集体经济管理方面的问题,对于打击贪污盗窃和刹住封建迷信等歪风,起了一定的作用。但是,由于指导思想上以"阶级斗争为纲",许多不同性质的问题都被认为是阶级斗争或者是阶级斗争在党内的反映,因而,混淆了两类不同性质的矛盾,使当时的政治空气更加紧张,不少干部和群众受到打击,各项工作受到了严重影响,党和国家的一些调整城乡经济的政策未能够得到贯彻执行。②

---

① 地名,密山县综合公社。
② 《海林县党史资料专题汇编》(上册)第300页—309页。

第三节　贯彻社会主义建设总路线

　　社会主义改造基本完成和国家"一五"计划的超额完成,令广大人民群众欢欣鼓舞,热情高涨,许多人认为中国富强的目标完全有可能在一个较短时间内实现,经济建设应该搞得更快些。为此,党中央、毛泽东酝酿并制定了社会主义建设总路线,并在这个过程中相继发动了"大跃进"和人民公社化运动。1956年3月,国务院决定撤销海林县制,划归宁安、林口两县和牡丹江郊区管辖。1958年7月,中共牡丹江地委所属各市、县、区委继续深入地进行社会主义建设总路线的大宣传、大学习;提出生产工作再来一个大跃进,全民办工业,大搞钢铁油;农业上大搞抗旱运动。1958年掀起大炼钢铁运动,并开展了人民公社化运动和工业"大跃进"。在轰轰烈烈的群众运动中,由于超越了生产力发展水平,违背了客观经济规律,提出了不切实际的口号和要求,提高指标,强调高速度,导致工农业产值下降,资源严重浪费,比例严重失调,人民生活普遍困难等严重后果,使社会主义建设道路的探索遭受了严重挫折,付出了巨大代价。

一、"大跃进"运动

　　1958年5月,党的八大二次会议在北京举行。大会正式通过了中共中央根据毛泽东的倡议提出的鼓足干劲,力争上游,多快好省地建设社会主义的总路线。会议还根据毛泽东的意见,轻率地改变了八大一次会议决议关于社会主义社会主要矛盾已经转变的正确分析,认为我国当前的主要矛盾仍然是无产阶级同资产阶级、社会主义道路同资本主义道路的矛盾。会议号召:全党和全国人民争取在 15 年或更短的时间内,在主要工业产品产量方面赶超英国。此后,在全国各条战线上,迅速掀起了"大跃进"的高潮。

7 月初,宁安县城乡掀起了大搞废钢铁的收购热潮。8 月 14 日,宁安召开第二届人民代表大会第二次会议。会议的主要议程:1. 研究如何领导全县人民为确保当年农业大丰收,实现明年总产达到 85 万吨粮食指标问题;2. 讨论 1 年内实现水利化的规划方案。最后通过了大会的决议。决议要求全县党的各级组织和所有党员,带领全县人民继续以冲天干劲,狠抓后期的田间管理工作,大搞运输工具轴承化和秋收工具改良为中心的农具改革。8 月中旬,新安民族乡西安村农民李敏顺(朝鲜族)研制水力发电成功。[①]

在深入贯彻社会主义建设总路线过程中,林口县掀起了"大跃进"、人民公社化运动。6 月 18 日,县委组成以县委书记处书记、副县长、工业局长为团长的总路线大宣传工业检查团,深入全县工业企业检查工作。号召全县广大职工鼓足革命干劲,争当促进派,多快好省地建设社会主义。全县各行业共 3 000 余人参加了总路线大宣传活动。[②] 宁安、林口、牡丹江郊区广大群众通过听报告、听广播、观看文艺节目演出,参加总路线知识测验及张贴大字报等活动,对社会主义建设总路线有了全面认识和了解,受到了深刻的教育,为"大跃进"运动打下了坚实的思想基础。

二、全民大炼钢铁运动

大炼钢铁是"大跃进"运动的一个重要内容,工业战线的"大跃进",是以钢铁产量翻番为核心开展的。1958 年 9 月 1 日,《人民日

[①] 《中共海林党史大事记(1926—1990)》第 133 页。
[②] 《林口县志》(下册)1999 年 7 月出版第 830 页。

报》登载"中共中央政治局扩大会议号召全党和全国人民为生产1 070万吨钢铁而奋斗"的文章。

1958年9月6日,宁安县委下发103号文件《县委关于响应党中央"为生产1 070万吨钢而奋斗"的伟大号召,向山野地下开战,向钢铁大进军的指示》。指示中说:钢铁和粮食一样重要,他们都是元帅,是整个国民经济发展的基础,是完成全面跃进计划的枢纽。工业的中心问题是钢铁生产和机械生产,而机械生产的发展又决定钢铁生产的发展。所以要采取一切有效措施,保证钢铁元帅尽快升帐。①

宁安县过去从未有过钢铁冶炼工业,是一个纯农业县份。到1958年9月,全县已建起半土半洋的高炉17座,小土炉23座,并且有的炉已经出铁。广大群众积极报矿,挖掘地下资源,发现18个矿种,89个矿点,已开采3处铁矿;交通运输部门积极为钢铁开路修道;工业、财贸、企业、学校、公社等单位也都在大搞炼铁。这是过去不曾有的,今天变为了现实。宁安县1958年生产生铁的任务是11 000吨,9月份计划完成800～1 000砘生铁任务。② 宁安县全民大办钢铁,形成了"小红炉遍地开花"的喜人局面。1958年9月,建1 007个土炉,计划炼生铁800～1 000吨。1959年提出的冶炼生铁229 000吨的跃进计划。

林口县为加强大炼钢铁的领导,1958年9月23日,县委成立了第一书记为总指挥的钢铁指挥部。10月30日,制定了"月产千吨铁"的具体方案。截至11月末,全县共建各式炼铁土高炉635座,参加大炼钢铁的劳动力达2 113人。③

---

① 宁安市档案馆1号全宗1958年永久卷355号8页。
② "七比"红旗竞赛:比找矿床多、比开采矿石、比建炉速度和质量、比高炉生产正常、比生产进度和质量、比组织原材料供应、比矿区修路速度和质量。
③ 《林口县志》(下册)1999年7月出版,第830页。

在大炼钢铁的运动中，各学校的学生积极开展了挖废铁的活动。宁安、林口两县的全民大炼钢铁运动，形势是轰轰烈烈的，但是由于生产准备仓促，设备不合格，原料不合格，技术力量薄弱，工人操作水平低，管理混乱，致使炼出的钢铁质量低、成本高、浪费大。由于忽视客观条件和经济规律，大炼钢铁造成大量人力、物力和财力的损失。

三、人民公社化运动

"大跃进"运动在大炼钢铁的同时，农村又开展了人民公社化运动。1957年10月，党的八届三中全会通过了《全国农业发展纲要》。11月，《人民日报》发表了题为《掀起农业生产新高潮》的社论。宁安、林口和牡丹江郊区在1956年基本完成农业社会主义改造之后，在初级农业合作化的基础上，全部实现了高级农业合作社。各县、区按照《人民日报》社论要求，抵制"右倾保守思想"，在农业生产战线上来个"大跃进"。1957年冬，开展了群众性积肥造肥和兴修水利运动。1958年春，又开展了抗旱斗争，跃进的浪潮一个接着一个。经过整风和反右派斗争，人们的思想起了很大变化，对农业生产起了巨大的推动作用，到处呈现全面跃进的新局面。

宁安县委在1958年8月31日县委文件《关于建立人民公社的初步意见》中，对人民公社化运动分析了形势，小社和大社的对比，并对一些具体问题，做了安排。宁安县委认为，建设人民公社是加速社会主义建设，逐步过渡到共产主义采取的一种必要的方针和必走的道路。因此，这是伟大的革命任务，是大事情，只许办好，不许办坏。早在1958年春天，宁安县在渤海乡就试办了宁安县第一个人民公社——东风人民公社。8月，改名为东京城人民公社。1958年9月，又有江南、宁安、海浪、石岩、沙兰、镜泊、海林、长汀、横道河子、新安、石河、海南等乡，建立了人民公社，全县实现了人民公社化。各乡镇人民政府改称为人民公社管理委员会。① 1958年秋,林口县农村在连续两年高级社的基础上,实现人民公社化,各乡镇均改称人民公社。②

在人民公社的"大跃进"中,宁安县开展了"蚂蚁搬山"活动,用肩挑、人背、手推车等形式抢运征购粮。大办食堂,村(屯)集体入伙;进行挖地三尺的深翻。提出"人有多大胆,地有多大产","亩产万斤"等口号。其中大办食堂,形成全县队队有食堂,人人到集体食堂入伙就餐的景象。③

在农村人民公社普遍建立以后,纷纷提高跃进指标,虚报高产,争放"卫星"。在人民公社化运动高潮中,以高指标、瞎指标、浮夸风、共产风为主要标志的"左"倾错误严重泛滥。这种"共产风"的基本特征是"一平二调",就是把合作社的所有财产,一律归公社所有,在各管理区之间搞无偿支援和"抽肥补瘦",任意调拨集体的劳力、耕畜、土地、资金和物资。在分配上大搞平均主义,社员干活不记工分,按人平均付酬,"干活好坏,拿钱一般多"。不承认差别,搞贫富拉平;实行工资制和供给制,大搞公共福利事业。与共产风相联系的浮夸风、命令主义、特殊化、瞎指挥也十分严重。这些不正之风造成广大农民的思想混乱和恐慌,挫伤了他们的生产积极性。一些人认为,共产主义就是"均产主义",是"归大堆,吃大锅饭"。

以"共产风"为标志的"左"的做法,违背了一切新生事物的产生和发展都要有一个过程的客观规律,违反了党的"从群众中来,到群众中去"的根本路线。这些"左"的做法,违反了等价交换、按劳分配的原则,损害了群众的利益,挫伤了农民的积极性,给农业生产带来灾难性的后果。第一,农业生产"大跃进"中的"高指标",违

---

① 宁安市档案馆1号全宗1958年永久卷347号22页—25页。
② 《林口县志》(下册)1999年7月出版,第830页。
③ 《中共海林党史大事记(1926—1990)》1991年6月出版,第133页。

背了自然发展的客观规律。第二，办大型综合性的人民公社，想用先进的生产关系来促进落后的农业生产力的发展，违背了生产关系与生产力发展水平相适应的客观规律。第三，"大跃进"运动中农业生产上的"高指标"和农村人民公社化运动中的"一平二调""共产风"等问题，背离了马列主义的基本原理，是以主观想象代替客观事物的长官意识的产物。

四、贯彻"八字"方针

"大跃进"和人民公社化运动，使国民经济建设遭到严重破坏，人民生活日益困难。面对严峻的经济形势，中共中央决定对整个国民经济实行"调整、巩固、充实、提高"的方针（简称"八字方针"）。"八字方针"的提出，使我国社会主义建设出现了新的转机。宁安、林口县委认真贯彻落实"八字方针"，检查工作中存在的"左"的错误，进行了一系列调整工作，纠正了"共产风"、"浮夸风"、"命令风"、"瞎指挥"和"特殊化风"等风气，使过"左"的不良做法得到有效遏制。

1960年夏，中共中央发现在"大跃进"人民公社化运动中存在的问题之后，及时向各级党委提出要搞好调查研究工作。林口县委及时根据省、地委指示精神，组织贯彻落实。11月7日，林口县委在全县三级干部会议上传达了中央《关于农村人民公社当前政策问题的紧急指示信》（即12条）和省委二届二次全委会议精神。随后成立了以县委书记处书记张毓增、金锐、宣传部长徐法章等43人组成的纠正"共产风"领导小组，并选择全县"共产风"最严重的五林公社（原海林县五林区）为试点单位。通过以点带面，指导全县，很快纠正了"一平二调"（在财务、物资上实行平均分配，统一调配）的"共产风"，实行人民公社、生产大队、生产小队三级所有为基础（基本核算单位）的所有制形式，权力下放，分级管理。工业生产重点也由大炼钢铁转向技术革新和技术改造，砍掉土高炉，促进了工业生产的正常发展。①

宁安县在大炼钢铁运动中，全县有 2 250 名青年组成突击队。有 1 600 人参加采矿、炼焦活动，有 50 000 多名青年参加挖拾废钢铁活动。1961 年，根据国家"调整、巩固、充实、提高"的八字方针精神，对在"大跃进"中建起来的一些效率低、消耗大、质量次、成本高的企业进行了整顿，关停了钢铁厂、石油厂、化肥厂；合并了粉条厂、五金厂、新建了砖厂；并将铁工厂、乳品厂、被服厂分别交给农业和商业部门管理。②

人民公社是在高级农业生产合作社尚未站稳脚跟的情况下实现的。在开始阶段，由于全面实现公有化和大刮"浮夸风""共产风""平调风"，造成对农业生产的大破坏，农民生产积极性低下，农村劳动力外流严重。1961 年 3 月，宁安县召开全县四级干部会议，传达贯彻中共中央《关于人民公社当前政策问题紧急指示》，纠正一平、二调、三收款等"共产风"错误，进行全面退赔，并改人民公社所有制为三级所有，队（小队）为基础。③

五、团结一致共渡难关

20 世纪 50 年代末至 60 年代初的三年困难时期，宁安县委、林口县委面对极为严重的经济困难，带领广大群众团结一致，同心同德，奋发图强，艰苦奋斗，展开了一场同自然灾害和物资匮乏作战的斗争。

由于"大跃进"和人民公社化中的失误，加上严重的自然灾害，出现了严重的经济失调、物资紧缺和生活困难的局面。1961 年 1

---

① 《林口县志》（下册）1999 年 7 月出版，第 830 页。
② 《宁安县志》1989 年 9 月出版，第 233 页。
③ 《宁安县志》1989 年 9 月出版，第 160 页。

月,中共八届九中全会决定对国民经济实行"调整、巩固、充实、提高"的八字方针。为解决群众生活困难,林口县委根据中央和省、地委关于大规模采集制造代食品的指示精神,决定以抓好人民经济生活为中心,带动各项事业共同发展。1961年3月30日,林口县委成立代食品领导小组,下设办公室负责各项工作。通过采取各项有效措施,一手抓生产,一手抓生活,逐步安定了人心。对工业,县委从生产布局、企业管理方面入手,进行了重大调整。共关闭两家石油厂,停建一家化肥厂;对煤炭、陶瓷、制酒等企业从人力、技术和设备等方面给予必要充实。与此同时,压缩基本建设工程,控制城镇人口增长。1961—1962年,全县经过精简职工、压缩城镇人口,共下放到农村人口17 762人,其中劳动力7 549人。在克服国民经济暂时困难过程中,县委非常重视思想政治工作,经常组织全体党员、干部结合实际,学习马列主义基本理论,用辩证唯物主义思想指导工作,及时总结经验教训,提倡艰苦朴素的生活作风,与人民群众共渡难关,为恢复和发展国民经济奠定了思想基础。[1]

1960年2月,由于严重的自然灾害,造成主要副食品紧缺而实行凭票供应。粮食不足,群众用糠麸、玉米秸、干椴树叶、榆树皮等做"代食品"充饥,使不少人患浮肿病,牲畜因无饲料而瘦弱或病死。11月23日,宁安县委、县人委根据中央关于一手抓生产、一手抓生活的低标准、瓜菜代,努力办好食堂,管好食堂,劳逸结合的指示精神,召开了生活福利取经献宝比武大会,并要求城乡各地广大人民群众进一步树立顾全大局,服从整体,厉行节约,分担困难的全局思想。[2]

1960年10月26日,宁安县委工作组到横道河子公社东街、西

---

[1] 《林口县志》(下册)1999年7月出版,第830页。
[2] 《中共海林党史大事记(1926—1990)》1991年6月出版,第137页。

街两个管理区①对压缩用粮标准、采用瓜、菜、代食品问题进行调查研究。通过现场调研发现西街管理区找到了一个用粮少、吃得好、吃得饱、人人吃得满意的好办法。他们的办法是把苞米穰子加工综合利用。用苞米穰子制成代用主食品、副食品和优质饲料。

1961年3月初,为渡过灾荒,宁安县委、县人委号召:县、社机关、企事业职工干部下乡开荒种地解决粮菜困难。②

第四节　发展"五小工业"和社队企业

1962年10月,国务院决定恢复海林县置。海林"五小工业"③和社队企业的发展,是"文化大革命"期间一个引人注目的现象。出现这一现象的原因是加强战备和加快农业机械化的要求,国家有扶持政策。1970年是"三五"计划的最后一年。1970年2至3月间,全国计划会议和八月北方地区农业会议,都强调各地要建立自己的"五小工业",特别强调要发展中、小钢铁厂,各地(市)、县要建立自己的小矿山、小铁矿、小钢厂,形成为农业服务的小而全的工业体系,提高农业机械化水平。1970年间进行的经济体制大变动,又使地方建设获得更多的自主权。从海林县来看,工业一直是海林发展的一条短腿。由于海林地方工业先天不足,建县之初仅有手工业作坊,恢复县制后又仅有海林白酒厂、横道河子果酒厂两家饮料酒企业。这两个企业属于轻工业企业,不能直接为农业机械化和战备提供原材料。另外,海林地处山区,素有"九山半水半分田"之称,农业振兴的出路在于机械化。因此,大力发展地方"五小工业"和

---

① 当时大队称"管理区"。
② 《中共海林党史大事记(1926—1990)》1991年6月出版,第138页。
③ 是指地、县办的小钢铁、小机械、小化肥、小煤矿和小水泥厂。

社队企业,上符合国家政策,下符合海林的实际。从这个意义上来讲,海林发展"五小工业"和社队企业有内在要求,也是历届县委和海林人民建设海林、发展海林的强烈愿望。

当时,县委抓住国家扶持"五小企业"的历史机遇,顶住"文革"空头政治"左"的干扰,大胆拍板,勇敢决策,从1968年开始大办"五小企业"和社队企业。1968年开始建设水泥厂,1969年建设钢铁厂。1969年2月,海林县调动1 000多名基干民兵组成建设钢铁厂大军,在帐篷山下,沼泽地里摆开战场,建设海林县最大的工业企业——海林钢铁厂。

海林钢铁厂的建设是举全县之力,全民备战的一项重大工程。上至县委书记,下至学校学生,都参加钢铁大会战。学生们用脸盆端沙石,街道妇女义务出工搬石头。居民为建设大军送鸡蛋、咸菜、猪肉,主动捐献粮票和现金。文艺宣传队在建设工地为建设大军表演文艺节目鼓舞士气……1969年4月27日,海林钢铁厂仅用两个多月时间,就建成投产,在国际劳动节之前流出第一炉铁水。

1970年海林建设卷烟厂。建厂初期,厂长罗兴国带领工人凭借一口大锅、两把菜刀白手起家,艰苦创业,生产出了林海牌、珍宝岛牌、威虎山牌香烟。到1970年9月第二次党代会期间,海林县已经能够生产生铁、钢、水泥、农用机械、水利设备、磷肥、布、化工产品以及农机具修理,基本形成了县、社、队三级工业体系。海林县计划新建的100个厂,已投产52个,仅地方国营企业产值就比1969年同期增长22.9%。

在发展"五小企业"过程中,海林县委还提出开展"四促"活动,即小厂促大厂、土法促洋法、群众促领导、农业促工业,从而推动了"五小工业"的发展。

在创办"五小工业"的同时,海林县的社、队企业经过艰苦奋斗有了发展。新合公社农机厂,是在1969年10月份建起来的,当时仅有资金12.75元。由生产大队抽来一名铁匠、一名木匠和两名青年社员。就这两老两小4个人，利用公社大院的土墙，支起了一座小铁炉，叮叮当当办起了铁木农具厂。他们发扬自力更生、艰苦奋斗的精神，迎着困难上，顶着逆风行。在一无厂房，二无设备，三无原材料，四无资金投入的情况下，把一个仅能生产马掌钉、锄板的铁匠炉，建成一个有60多名职工，有机械、电机、铸造、水电焊、拖拉机修理、小木器、军工等8个车间，能生产小六机（电动机、锄草机、粉碎机、脱谷机、铲趟机、铡草机）和维修拖拉机、农田排灌设备的为农业服务的综合性社办农业机械厂。社队企业展现了伟大的、光明灿烂的前景。全县社办企业发展很快，1970年全县社办企业公共积累占三级比重的21%。

国家的政策支持和财力、物力的保证，是地方"五小企业"发展的有利条件。海林县当时的"五小企业"得以迅猛发展，是与国家的政策和资金支持分不开的。海林县当时为农业生产服务的钢铁厂、水泥厂、农机厂发展最快，构成了这一时期海林县"五小工业"的骨干，从而改变了海林县工业基础薄弱的困难局面。

海林县"五小工业"的迅速发展，对海林县经济的发展起了很大推动作用。"五小工业"的产值和产量在全县国民经济中的比重增大，使海林县的地方工业结构发生了一些变化。在海林县，"五小工业"在发展中相互促进，相互支持，逐渐形成以钢铁、水泥、卷烟、矿山、白酒、果酒、农机修造为基础，包括多个行业在内的地方工业体系。海林县地方工业的基础和发展就是在这一时期。这个体系的形成，有助于利用和发挥本地资源优势，满足本地工农业生产及市场的需要，提高了本地经济水平。

与此同时，社队企业也获得了很大发展。三年困难时期，海林县农村人口迅速增长，人口压力增大。"文化大革命"的动乱，对城市工业的破坏所导致的生产、生活资料的短缺和匮乏，给社队企业的生产品销售带来拾遗补阙的机遇。而且,一般来说,"文化大革命"中农村的动乱程度要低于城市。海林县铁路、公路交通比较发达,距牡丹江、哈尔滨较近,无论是引进人才、技术、资金,还是销售产品都有得天独厚的优越条件。正是有这样一些条件,海林县的社队企业才能出现发展高潮。到1976年,公社级公共积累从1970年占三级比重的21%,上升到26%。社队企业发展比较好的公社,如海林、柴河、新安、海南等,都有了自己的骨干企业,有了定型产品,销路也不断扩大,企业知名度明显提高。正是在这种形势下,不少社队用办企业所得利润增加了对农业的投入,支援了农业的发展。这一时期,海林县"五小工业"和社队企业,也吸纳了大量农村富余劳动力,增加了农民收入,开阔了农民的视野,培养了一批生产、技术、经营人才,初步改变了海林县农村单一种植粮食的经济结构,在农村经济发展中发挥了重要作用,为20世纪80年代后期乡镇企业的崛起打下了一定的基础。

第五节 按照农、轻、重顺序发展地方工业

海林县1962年恢复县制时,工业基础十分薄弱,公社工业更是一片空白。1969年县委发动全县人民搞大会战,高速度地建成了钢铁厂和水泥厂。因为这两个是支农骨干企业,且亏损较为严重,这时又出现了新问题。当时,县委有的同志提出办烟厂,扩大两个酒厂,建一些小型轻工业,弥补重工业亏损。但是,也有的同志认为,搞烟厂与农不搭边,虽然挣钱,方向不对。针对这一问题,县委一班人认真学习了毛主席著作《论十大关系》。毛主席说:"要注意发展轻工业,因为,第一是他能满足人民生活,第二是能更多更快地

提供积累。"县委统一了认识,深切感受到:要发展农业和重工业,就必须大力发展轻工业,实行以轻养重,以重支农,这样才能充分发挥工业的主导地位。全县兴起大打轻工业翻身仗的热潮。全县轻工业企业很快发展到38个,初步形成了以家具、胶合板、玩具为重点的木制品生产线;以链霉素、风湿骨痛膏为重点的化工、制药生产线;以玻璃制品、小五金为重点的日用器材小商品生产线;以烟酒为重点的食品生产线;以针织、卫生材料、服装为重点的轻工业生产线。轻工业产品达115种。1971年,轻工业生产提供的积累达到307万元。

轻工业大多是加工企业。办起了轻工业,能否具有旺盛的生命力,能否始终保持一定的发展速度,很重要的是能否有丰富的原料来源。否则,就会造成无米之炊,或者因为吃不饱而停产,造成经济损失,或者因为原料问题不能解决而前功尽弃。为解决这个问题,县委坚持三个做法:一是坚持"三就四为"方针,充分利用当地资源,因地制宜,发展轻工业。如海林县生产烟叶,县里就办了卷烟厂。境内有三大林业局(海林林业局、柴河林业局、长汀林业局),利用林副产品有广阔发展前途,县里就办了木制玩具厂、压板厂、木器厂。海林的水田面积多,稻草资源丰富,就在海南公社办了小型造纸厂、生产纸袋、包装纸。二是坚持"以粮为纲、全面发展"的方针,大抓基地建设。扩大了烤烟种植面积,形成了烟叶生产基地。开辟了1 200亩园林,种植山葡萄,建成了果酒生产原料基地。三是坚持农字当头,搞好"三个迈向"。坚持为农业服务方向,实行地方工业紧紧围绕农业支县。面向人民生活、面向轻工市场,面向外贸出口。组织了日用家具、少数民族日用品等产品生产。本着拾遗补阙、填补空白的原则,对市场短缺的产品,如羊毛衫、毛围巾、卫生材料等,积极组织上马,并很快投放市场。

1971年,又错误地认为,海林县是农业县,发展地方工业特别是发展轻工业偏离了方向。因此，错误地把社队办企业认为是走资本主义道路，把正确的东西当成错误的东西批判了，结果又把社、队一大批工业企业砍掉。在这种形势下，国营工业也处于停滞状态。这一上一下的历史教训，对县委触动很大，教训很深。实践和教训使县委认识到：发展农业和发展工业是辩证统一的关系。作为一个县，抓农业固然是主要任务，但不是唯一的任务。离开了工业的主导，单一抓农业，农业并不能上去。因为农业缺少钢材、水泥、农业机械的条件支撑，缺少工业的农业必然是无源之水。认识统一了，海林县从1972年之后，再次兴起了大办工业的热潮。在这一阶段，海林县除新上国营制药厂、玻璃品厂和手工业的针织厂以外，还办起了一大批社、队工业企业。到1977年，全县已办起360多个社、队工业企业。

据1976年底统计，全县工业总产值5 058万元，占全县工农业总产值的51.7%，其中轻工业生产占全县工业总产值的74.1%。轻工业的发展，有力地支援了工业，武装了社、队企业，加速了农业机械化的进程。1971年到1976年，轻工业实现积累3 078.8万元。六年间投入钢铁企业2 560万元，投入水泥企业284.9万元，较快地提高了这两个企业的生产能力。

1970年至1976年间，县内自留生铁3 560吨，生产拖拉机配件28 093件。生产各种"小六机"1 560台，实现了除省管配件外，其他拖拉机配件自给有余。县里还拿出12 000吨水泥支援农田基本建设和兴建水利工程，武装社办企业也取得显著进展。从1972年底到1976年底，拨给社办工业钢材550吨，铸铁2 000吨，形成县、社、队三级农机修造网络。田间机械化达到35%，非田间作业程度达到70%以上，机耕面积达到18万亩。1975年全县粮食产量由北方会议前 5 年平均亩产 293 斤，一跃达到 400 斤，上了《纲要》。①

第六节　工业战线的企业整顿

粉碎"四人帮"的胜利，虽然结束了"文化大革命"的内乱，但是，持续十年的"文化大革命"积累下许多严重的政治问题和社会问题，给党和国家造成严重的后果及影响仍然存在。党中央在部署揭发批判"四人帮"罪行、稳定全国局势的同时，立即着手工农业生产的整顿和恢复，并重新发出了为建设社会主义现代化强国而奋斗的号召。

海林县的企业整顿是以揭批"四人帮"为先导，以开展"工业学大庆"为主要内容展开的。1977 年 8 月 5 日，县委书记郝弼同志在县委三届二次全委(扩大)会议的总结讲话中说："我们同'四人帮'的斗争，是党的历史上第十一次重大的路线斗争，是一场政治大革命，是全党的中心，是当前一切工作的纲。要认真检查本系统、本单位揭批'四人帮'情况，总结经验教训，采取有力措施，把这一伟大斗争引向深入，不获全胜，绝不收兵。"关于工业学大庆，郝弼指出，"工业学大庆运动步步深入，方向路线越来越端正。各企业普遍建立了以岗位责任制为中心的八项制度，经营管理水平有了很大提高。在全县出现了一个快马加鞭学大庆，你追我赶争上游的大好局面。上半年全县实现了'双过半'，涌现出了大批的学大庆先进个人、劳动模范和标兵"。

在海林县工业学大庆，普及大庆式企业的群众运动要求方面，郝弼代表县委提出，"从现在开始到年底前的五个月，要把全县一

---

① 海林市档案馆 1 号全宗 1977 年永久卷 259 号。

工、二工系统的百分之五十企业,公社工业百分之十三的企业建成大庆式企业"。为此,他提出,"要狠抓企业领导班子整顿,要发扬革命加拼命精神,大干五个月,全面完成国家计划"。县委要求,要发动群众讨论修订大干计划。开展社会主义劳动竞赛,提高劳动效率。挖掘潜力,加强管理,扭亏为盈,全面完成八项指标,到年底要超额完成六千万元的总产值计划。

为了实现这个宏伟目标,海林县委在抓创办大庆式企业活动中,把企业整顿放在了重要位置,提出要像过去搞"四清"运动那样来抓企业整顿。要按照大庆式企业的"六条标准"要求企业:1.揭批"四人帮"斗争搞得好不好,与"四人帮"有牵连的人和事查清了没有;2.一个坚决执行毛主席革命路线的领导班子是不是建立起来了;3.工程技术人员和干部的社会主义积极性调动起来了没有;4.阶级敌人的破坏活动和贪污盗窃、投机倒把资本主义活动打击了没有,资产阶级的歪风邪气刹住了没有;5.以责任制为中心的规章制度是不是建立和严格执行了,企业的机构是不是精简了,过多的非生产人员回到生产一线没有;6.生产,包括产量、品种、质量、消耗、劳动生产率、成本、利润、流动资金占用等八项经济技术指标和各种设备完好情况,有没有显著进步。对这些具体问题,海林县工交办深入企业进行了检查。发现了一些问题,主要是有的企业产量上升,但消耗无定额,支出无计划,扩大开支,积压资金严重,有个企业光传送带就积压资金5万元;还有的企业自行解决职工待遇,任意扩大劳动保护发放范围;有的企业花钱大手大脚,甚至违反财经纪律,乱购禁控商品。为此,县委在企业整顿中严格要求:1.加强管理,搞好企业整顿,健全规章制度;2.发展生产,厉行节约,反对铺张浪费;3.加强经济核算,堵塞漏洞;4.认真贯彻执行财经纪律,杜绝贪污、占用、挪用;5.切实加强扭亏增盈机构的领导,加强检查、指导和监督。在企业整顿中,针对企业存在的不同问题,采取了不同措施,保证了整顿效果。

　　海林县1977年有88户企业(不含社办企业),产品定型、原料充足的44个,占50%;产品不定型、原料有困难的企业也是44个,占50%。对亏损严重的制药厂实行转产;对企业厂房不适合生产,人浮于事的化肥厂进行了全面整顿,清理、封存、精减人员,安排到其他企业;对设备不达标,技术不达标,改造仍需大量资金的磷肥厂停产处理;对连年亏损,原材料供应不足的玻璃制品厂,移交给第二工业科管理。在对企业进行改组、改造、关停并转的同时,县委和企业主管部门,对一些企业的领导班子进行调整、充实。县委还抽调210名干部,进驻工交系统11个企业抓后进企业整顿,使三类企业由原来9个减少到2个。在县工交办对企业整顿的同时,各科、厂按照余秋里副总理提出的十条要求,开展了企业整顿工作。先调整充实了领导班子,普遍地建立健全了各项规章制度,狠抓了企业六大管理。工业科党委由主要领导带队,深入横道果酒厂,从开展"两打一反"入手,狠反了企业中损失浪费,大张旗鼓地处理了贪污盗窃分子。从劳动力、物资、财务、生产等几个主要环节挖掘潜力,对照大庆式企业六条标准,一项一项找差距,一条一条落措施,从一个劳动力、一个酒瓶、一个酒筐,一个酒标等小处抓起。从规章制度、六大管理上堵塞漏洞,千方百计把消耗降下来,在八项经济指标上见成效。县委还把基本路线教育和企业整顿结合起来,组织党的基本路线教育工作队,一个系统、一个企业地进行全面整顿。海林木材综合利用厂办厂七年,亏损35.2万元。3年期间换了13茬领导班子,谁也不想常干。基本路线教育工作队进厂后,同广大职工一起,查找出三条主要差距:1. 金钱挂帅,物质刺激,一年中各种奖励费用相当于全厂工人半年的工资。2. 贪大求洋等、靠、要。不管企业现实情况,一味追求大厂房、大设备、大胶合板,结果大的上不去,小的又不干,只好等、靠、要。3. 班子软、散、懒,班子内部不团结,领导无雄心壮志。经过整顿,这个企业很快改变了落后面貌。全年还上10万元贷款,一跃跨入全县学大庆先进企业行列。海林运输公司,过去是牡丹江地区交通系统和海林县工交战线的落后单位,企业管理混乱,连年亏损。班子调整后,挖出了隐藏在职工队伍中的所谓"红管家",实际上是个贪污盗窃、投机倒把的人,狠刹了歪风邪气,大振了革命正气。班子成员坚持和职工一起大干,顶班出车,紧张时刻与工人一样连轴转。这样的班子党员拥护、群众支持,运输公司发生了很大变化:车辆完好率超过全省平均水平,甩掉了亏损的帽子,支农运输等指标超额完成。

经过整顿,涌现了一批学大庆的先进企业。海林针织厂四年迈出四大步,年年都有新品种,品种不断增加,产量成倍上升,质量不断提高,产品合格率始终保持在95%以上。压板厂、汽车传动轴厂企业管理水平有很大提高,八项指标都有新的突破。钢铁厂狠抓了建章建制,设备维护,技术革新和岗位练兵,生产形势越来越好。建设科、社队办、邮电局等也都在企业整顿中抓出了成效。

揭批"四人帮"和工业学大庆运动的深入开展,极大地激发了企业广大干部、职工的生产积极性,增强了实现四化的责任感、紧迫感,下决心把"四人帮"干扰破坏耽误的时间抢回来。1977年初,全县许多企业实现了首季开门红,上半年全县实现了"双过半"。

企业整顿使海林县经济恢复发展,1978年同1976年相比,总产值增加了18.8%。在搞好老产品更新换代的同时,新增了发电、板椅、木玩具、方巾、腈纶衫、纱窗、高档酒、沸石等一批新项目。花色翻新的轻工产品,丰富了轻工市场。一些支农骨干企业,提供了大量的工业品、设备和技术,武装了农业。1976至1978年,海林县社队工业总产值平均递增速度为29.4%,共投入支农资金1 658万元。

海林县的经济效益比较明显。这是海林县委认真落实党中央、国务院经济工作方针的结果,也是深入揭批"四人帮"、开展工业学大庆运动,认真进行企业整顿的结果。但是,对经济恢复和发展的形势,县委只看到成绩的一方面。随着政治局面的初步安定和经济形势的逐步好转,人们普遍存在的加快建设速度,把"四人帮"耽误的时间和造成的损失夺回来的愿望更加强烈。但与此同时,由于对过去经济建设方面的经验教训没有进行认真总结,对经济好转的形势又估计过高,结果使经济工作指导思想上的急于求成情绪有所滋长。

1978年2月18日,在海林县农业学大寨、工业学大庆群英大会工交战线会议上,县委副书记毕仁太在报告中说:"现在我国伟大的社会主义事业正处在新的发展时期,一个经济建设和文化建设高潮正展现在我们面前,加快经济建设的速度刻不容缓。加快经济建设速度,不仅必要,而且可能,势在必行。"可以说,这是县委在这一时期经济工作的指导思想,在这一思想指导下,县委决定,1978年要重点大搞五个大会战。这就是:钢铁烧结大会战;卷烟十万箱生产能力大会战;水泥厂三万吨生产能力大会战;邮电"三化"大会战;传动轴厂扩建1万平方米的厂房建设大会战。在打好五个大会战的同时,各科也要从实际出发,抓住关键,确定本科的会战项目和增加新产品计划。为了实现这个宏伟目标,提出了以下措施:加强党的领导,继承和发扬党的优良传统作风,保持勤俭节约、艰苦朴素的作风。

海林县这一时期经济工作的指导思想,大干快上,搞新的"跃进"规划,和当时国家的大气候也是一致的。事实证明:在国民经济刚刚经历十年内乱的大破坏,亟待休养生息,总结经验教训之时,发动这样的"跃进",无异于要一个大病初愈的人急速快跑,结果只能是事与愿违。后来的实践也证明,这些庞大的计划很多是难以在一年内完成的。尤其是工业企业受资金、原材料、电力、设备、技术条件制约因素太多,要在短期内提高产量和质量,是违背经济规律的。

第七节 莲花电站移民工程

为缓解东北电网供电紧张局面,振兴龙江经济。1990年8月,国家能源投资公司与黑龙江省政府签署了全资建设莲花水电站协议书。为了切实做好库区移民安置工作,黑龙江省人民政府以黑政办函发〔1990〕107号发出《关于做好莲花水电站工程前期准备工作的通知》。按照这一通知要求,1990年10月10日,海林县正式成立莲花水电站海林县移民安置工作领导小组。同时,组建了移民安置办公室,前期工作也随即启动。

一、顾全大局,移民动迁

莲花水电站坝址位于牡丹江中下游,海林县三道河子乡(现三道河子镇)木兰集村东北2公里处。水库正常蓄水位海拔218米,相应库容30.5亿立方米,总库容41.8亿立方米。水库从坝址到回水区末端,全长99.9公里。莲花水电站是以发电、调峰为主,兼顾防洪、灌溉、航运、养殖的大型水利工程。电站装机4台,总容量55万千瓦,年发电量8万亿度。莲花电站库区涉及海林县三道河子、二道河子、柴河三个乡镇,34个行政村44个自然屯,7 274户,30 953人。淹没耕地106 048亩,园田地9 141亩,自营菜园724亩,烤烟地11 407亩,黑加仑田2 884亩,淹没林地4 163亩,淹没和影响房屋59 035平方米,淹没果树154 915株,淹没和影响海林至三道公路92公里,乡路296.8公里,输电路219.73公里。淹没还涉及其他附属建筑物和公共设施。

莲花水电站海林库区农户数量之多,由于淹没大量耕地,加之后备宜农芜源有限,满足不了库区农村移民全部安置需要。海林县从实际出发,确定了后靠上移、外迁异地安置,整建制外迁的形式予以安置。同时,制定优惠政策,调动淹没区农民投亲靠友,分散外迁。海林县通过广泛宣传、深入动员、兑现补偿,使库区移民工作迅速启动。

三道河子乡因河而得名,六七十年以前,这里是林区。山东、辽宁一带不愿意被抓壮丁的农民最早来到这里,支起架子,开一片荒地生活下来。亲朋好友也追寻而来,一家带一家,一屯带一屯,到这里繁衍生息,由最初的几户人家,发展到移民前的 18 000 多人。他们对这片土地都有一种特殊的感情。那黑油油肥沃的土地种植了他们多少希望,收获了多少理想,唯有他们自己知道。千百年来形成的对土地的依赖心理,那是何等的强烈和惜别之情!但是,当他们了解建电站的意义后,毅然决然舍弃了自己的小家,服从国家发展的大局。二道河子、柴河的移民户都怀着这样的心情,投身到大移民工作中。

二、库区生产开发初见成效

从 1993 年到 1995 年紧张的移民工作完成了。这是黑龙江省移民人数最多、规模最大的一次移民。革命老区群众就是这样,服从大局、心理装着国家,表现了他们赤子情怀。如今,没走的农户留在原址和新建点,积极劳作,建设新的家园。二道河子镇政府新址建成,这里又充满了生机和活力。现在库区除了发展农业生产以外,还发展了养殖业、种植木耳袋、湖上打鱼、开办旅游业,一派欣欣向荣景象。莲花湖电站已经发电,而宽阔的湖区水面,景观奇特,已成为库区难得的旅游胜地。

在移民迁建期间,虽然移民补偿资金十分紧张,但是从 1993 年开始,逐年投入一定数量的生产开发资金,用于后靠移民开发经济恢复生产,使库区经济得到了一定程度的恢复。截止到1998年末,累计投入移民生产开发资金1 800万元,包括种植业、养殖业、加工业、林果业、运输业和工业企业百余个生产开发项目,有些开发项目已初见规模,并收到较好的经济效益。其中新开荒8 675亩,旱改水760亩,栽植梨、果、桃473 423万株,造林6 100亩。养牛1 400头,羊9 170只,标准化养猪场5座,养猪2 400头,家禽1.9万只。开发养鱼水面1 200亩。购置大客车、中客车17台,购造旅游船运输船13艘;村办企业项目有木材综合加工厂、地板块厂、水泥制板厂、采石厂、采砂场、制油厂、铸钢厂钢窗厂、涂料厂、线材厂、高压熔丝厂、砖厂等。特别新建和改建大中小型砖厂16座以及木材加工、水泥制板、采石、采砂、涂料等厂,在移民迁建过程中发挥了重要的保障作用,加快了移民后靠复建的速度。

第四章　改革开放

1978年12月18日到22日,党的十一届三中全会在北京召开。全会决定,适应国内外形势的发展变化,必须及时地、果断地结束全国范围的十大规模揭批林彪、"四人帮"的群众运动,从1979年起,把全党的工作重点和全国人民的注意力转移到社会主义现代化建设上来。

全会提出了改革开放任务。会议提出,实现四个现代化,要求大幅度地提高生产力,就必然要求多方面地改变同生产力发展不适应的生产关系和上层建筑,改变一切不适应的管理方式,活动方式和思想方式,因而是一场广泛、深刻的革命。全会强调,根据新的历史条件和实践经验,采取一系列新的重大的经济措施,对经济管理体制和经济管理方法着手进行认真的改革,在自力更生的基础上积极发展同世界各国平等互利的经济合作。由此,中国开始了从"以阶级斗争为纲"到以经济建设为中心,从僵化半僵化到全面改革,从封闭半封闭到对外开放的历史性转变。改革开放,实现了新中国成立以来党的历史具有深远意义的伟大转折,开启了我国改革开放和社会主义现代化建设新时期。

第一节　大胆探索、锐意创新，走出海林改革开放新路径

在中央和省、市领导下，1979—1989年海林人民积极推进改革，走过了一段"大胆探索、锐意创新、逐步实施、不断深化"的过程。1979—1989年改革历程。

一、探索准备

1979年到1983年是第一阶段，为探索准备阶段。主要是开展了真理标准讨论，平反了冤假错案，落实了知识分子政策；农村改革出现了小段包工、联产到组、联产到劳、专业承包等多种形式的责任制，进而推进了家庭联产承包责任制；城镇恢复了企业奖金，对一批工商企业实行了不同形式的经济责任制、扩权以及分配制度改革尝试。这一阶段，农村改革获得很大成功，奠定了新体制在农村的基础。城镇改革也取得了成绩，为进一步突破和发展奠定了思想和工作基础。

二、重点突破，全面推进

1984年到1985年是第二阶段，为重点突破全面推进阶段。农村改革重点是在全面推进稳定完善家庭联产承包责任制的同时，调整产业结构，发展商品生产，实行农、林、牧、副、渔全面发展，工商、运、建、服综合经营；实行人民公社与政权分开，恢复了乡村政权；建立了乡（镇）级财政；扩大了乡（镇）管理权限。城镇改革以搞活企业为中心，进行了建设性的企业整顿；在工商企业推进承包责任制；

对企业进行放权让利,实行放开经营;积极发展企业之间的横向经济联系;实行"三多一少"的流通体制,敞开了国营、集体、个体三扇门。政治体制改革开始了探索试验,按照"四化"要求,调整了各级领导班子;突破旧的干部人事制度,试验并推行了干部选聘制、领导干部任期制;根据实际需要,进行了机构改革。同时,教育、文化、卫生、科技等战线的改革相继起步,全面展开。这一阶段是海林县改革大发展的阶段。1984年,海林县被省委、省政府定为综合改革试点县。1985年,海林县制定了《关于大规模开发海林的决定》,明确了海林县中长期改革和经济发展方向、任务、目标和措施。改革使海林县经济迅猛增长,带来了前所未有的经济活力。至此,海林县经济建设转入了大发展的历史新时期。

三、巩固、消化、补充、完善

1986年到1987年4月份为第三阶段,是"巩固、消化、补充、完善"阶段。农村改革主要是进一步完善土地联产承包责任制;强化社会化服务功能;拓宽农村市场领域;继续完善乡政权职能;大规模组织推进商品经济的发展。城镇改革重点是通过计划、财政、税收、价格、金融、劳动工资等制度配套改革,进一步搞活企业,积极发展并优化经济联合,推进城乡一体化建设;按照"两权"分离的要求,企业普遍推行了承包、租赁等多种形式的经营责任制,并深化了企业内部的配套改革。政治体制改革在更广泛的领域进行了探索、试验。教、科、文、卫体制改革也有新的进展。这一阶段的改革使新体制进一步发展,旧体制大步后退,形成了新旧体制并存相持的状态。

四、全方位、深层次综合改革试点的规划起步

1988—1989年是第四阶段,为全方位、深层次综合改革试点的规划起步阶段。1988年4月份,省委、省政府确定在牡丹江建立城

乡综合改革试验区。6月，市委、市政府确定海林县为试验区的综合改革试点县。按照省、市的部署和要求，在深入开展生产力标准讨论和县情调查的基础上，制定了《海林县综合改革试点实施方案》及有关配套改革方案，确定了海林县经济和社会发展的战略构想和五年综合改革目标。1989年，是海林综合体制改革出成果、创特色的一年，是开创综合体制改革新局面的一年。其特点是综合改革试点工作正在稳步推进，出现了由单项局部改革向综合配套发展；由浅层次改革向深层次突破发展；由冲破旧体制向建立社会主义商品经济新秩序发展；由经济体制改革向经济体制与政治体制同步改革发展的新局面。

第二节 以试点县建设为主旋律，稳步推进城乡综合改革

一、深化农村改革

进一步深化对试点县建设的再认识，奏响试点县建设的主旋律。以健全和提高社会化服务体系、发展壮大集体经济、加强农村经营管理三位一体配套改革为重点，深化农村改革。农村改革，一要努力保持改革政策的稳定，认真贯彻县委提出的稳定农村政策的"八不变"规定；二要在强化农村社会化服务体系的基础上建立健全农村的自我服务体系。农村发展的现实情况表明，集体经济雄厚，为农民统一服务的功能就强，家庭联产承包责任制的效果就好，农村商品经济发展也快。反之，集体经济薄弱，统一服务的功能不强，则很难对农民提供有效的系列服务。为此，必须把壮大集体经济、完善统分结合的双层经营机制、加强农村经营管理作为深化农

村改革的重点,推动农村商品经济向更高的水平发展。

二、深化城镇改革

城镇改革仍要以深化企业改革为重点,围绕治理、整顿的目标进行。遵循稳定、充实、调整、完善的原则,循序渐进、增强配套、力求实效,走整顿、改革、发展有机结合的路子,为企业发展创造宽松、协调、充满活力的经济运行机制。要抓好两轮承包间的衔接与过渡,坚持实事求是,因企制宜的原则,科学合理地确定下轮承包的指标体系和承包形式,并要把国有资产的管理和增值纳入企业承包指标。完善企业经营承包责任制,重要的是要强化企业的内外约束机制。新一轮承包要以集体承包和全员风险抵押承包为主,加大对企业的风险利益约束;进一步完善承包合同的包、保内容,规范经营者的收入,增强分配的透明度;要充分发挥企业职代会和管理委员会的作用,加强企业的民主管理;要加强对企业的财政审计监督,强化对企业的刚性约束,同时,建立法律约束机制,以法管包;企业主管部门要克服"以包代管"倾向,在为企业服务的同时,要对所属企业生产经营、技术改造、财务管理、领导班子建设等重大问题认真负责地实施管理和监督。

三、搞好联合和引进

在深化企业改革的同时,要切实整顿经济秩序,加强宏观调控,为经济发展创造宽松的外部条件。要根据治理整顿期间多一点计划性的要求,提高各部门的"计划意识",增强执行计划的严肃性。要加强政府对重大经济问题的调控和企业生产经营活动的调度指挥,并建立必要的宏观调控制度,形成各行各业都为经济建设服务的局面。

与国内大中城市的联合,要以挂靠优势企业、参加企业集团、引进先进生产技术和管理经验为主。发展国际经济技术合作,要以引进外资和设备,开发县域自然资源、提高现有产品档次、增强出口创汇能力为主。

继续抓好重大改革项目的试点,充分用足、用好试点县的机遇。试点县的根本任务在于不断的探索,因此,要解放思想、抓住机遇,积极进行新的改革试点。重点要在增强乡镇级政府宏观调控能力;建立贸、工、农一体化集团或公司;发展地方与驻县企业经济利益共同体;精简机构、提高机关工作效率等方面进行探索、试验,更好地承担起城乡综合改革试点的重任。

第三节 撤县设市 改革开放续写新篇章

1992年7月,海林县被国家批准撤县设市,海林市的发展进入了一个新的历史时期,改革开放也进入了更加深入的新阶段。

一、经济体制改革日益深化,对外开放不断升级

经济体制改革日益深化,加快了向社会主义市场经济过渡的步伐。农村改革在稳定家庭联产承包责任制的基础上,通过壮大集体经济实力,健全社会化服务体系,进一步完善了统分结合的双层经营体制。推进适度规模经营、优化产业结构和发展乡镇企业等方面的改革也取得了很大进展。城镇经济体制改革在完善国有企业承包责任制的基础上,重点进行了转换经营机制改革。市场体系建设向纵深发展,商品批零市场增加7处,综合农贸市场增加15处,生产资料、金融、技术、劳务、信息等生产要素市场正在形成,各项配套改革在健康迅速推进。

对外开放不断升级,初步形成多层次、多渠道、全方位开放的格局。建成投产的三资企业由1990年的2户增加到7户,在建三资企业11户,已签协议10项,兴办境外企业3户。合同利用外资额1.48亿元,实际利用外资372万美元。三年向境外输出劳务2 000余人次,劳务收入1 800万美元。在边境口岸地区建立边贸公司28家,在国外设立办事机构4处。1993年对外贸易出口额达到5 258万元,比1990年增长3.7倍。三年来,先后制定了21条招商引资优惠政策。外商投资开发区建设已经启动,奠定了发展外向型经济的基础。

二、深化经济体制改革,率先建立起社会主义市场经济体制

坚持以改革统揽全局,以产权制度改革为突破口,以深化农村改革和市场体系建设为基础,搞好各项配套改革,初步建立起社会主义市场经济体制框架。

产权制度改要通过先行试点,加快推广。首先,改革、改造、改组并进,搞活国有骨干企业。要以公司化改造为主要形式,采取股份有限公司、有限责任公司、独资公司三种模式对现有企业制度进行改革,建立起与市场经济相适应的新的企业产权制度、财会制度、组织制度和管理制度,使企业真正成为法人实体。在深化改革的同时,加快企业改造的步伐,通过招商引资、嫁接改造,使企业的技术改造和机制改革同步到位。大力推进企业改组,实现要素优化配置。以优势企业为龙头,逐步组建一批跨行业、跨所有制的企业集团,增大生产规模,壮大经济实力,扩大企业知名度。其他企业也要打破所有制、地区和部门的限制,积极争取加入市内外有实力、有影响的企业集团。通过"三改"并进,使我市国有骨干企业都活起来。其次,国有民营、公有民营、民有民营并举,放开各类小型工商企业。

目前,占我市工商企业绝大多数的各类小型企业,陷入困境的主要原因是旧体制的束缚,解决的办法和出路是以民营化为基本方向,通过股份制改造、租赁经营、产权转让、拍卖出售、联合兼并、引资改造、一企多制、切块搞活、剥离经营、依法破产等形式,进行产权制度改革。在产权制度改革中,还要大胆实行"卖好的、改差的、建新的"。产权制度改革既要果断大胆,又要慎重稳妥,兴利除弊,本着积极搞活、提高效益、调动积极性的原则去开展。

深化农村改革,首要的任务是大力培育农村经济的主体;目标是实现农村经济的产业化。围绕这一任务和目标,必须长期稳定并不断完善统分结合的双层经营体制,使广大农民用极大的热情和积极性发展生产,提高土地利用率和效益。以明晰产权关系为目标,大力发展农村股份合作制,拓宽领域,提高质量。已有的股份合作制要进一步规范化;具备条件的现有企业和经济组织,都应改造成股份合作制;新建的企业和经济组织一开始就要按股份合作制机制运行。发展完善社会化服务体系,重点发展农技、信息、流通等服务业,使产前、产中、产后服务成龙配套。今后5年,要本着加强村级(综合服务室)、稳定乡级(六站)、活化龙头(涉农部门)的要求,尽快形成市、乡、村、户上下贯通,国家经济技术部门服务、社区性经济组织服务、龙头企业专业化服务和农民自我服务相结合的网络。

从城乡一体化的目标出发,建立起内外沟通、城乡对接、专兼并举、门类齐全的开放市场体系。要在保持稳定的前提下,放开市场,放开价格,撤销关卡,制止不利于市场经营主体发育的掣肘行为。发育商品市场是基础,要形成市、乡、村三级网络,发展专业批发市场和城镇中心市场(集市),积极建设市商贸中心,在五年内,达到乡乡镇镇有封闭或半封闭市场,乡乡镇镇有特色市场的目标。发展要素市场是重点,优先发展生产资料、资金、技术、信息和劳动力市场等。要加快各类市场的基础设施建设,大力发展市场中介组织,引导各类经济组织参与流通,鼓励城乡群众涉足市场。要规范市场行为,加强市场管理,保护公平交易和合法竞争。鼓励集体和个人投资建设市场,鼓励招商引资建设市场。

三、加快对外开放步伐,形成多层次、多渠道、全方位开放格局

要进一步确立以开放促改革、以开放促发展的思想,继续坚持外引内联、全方位开放的方针。海林的对外开放要依靠大中城市,依托边境口岸,参与牡丹江经济开放区和东北亚大通道建设。

嫁接是招商引资中投资少、见效快、项目成活率高的好形式,也与产权制度改革相适应。因此,今后海林市招商引资工作要在抓好三资企业新建工作的同时,将主攻方向放在嫁接改造上来,把现有的企业都作为嫁接改造的对象,对外招商引资、合资合作。要不断拓宽招商引资的领域,继续巩固港台等华人区的引资渠道,扩展与韩国的合资合作的范围,争取建立稳固的友好关系,还要把触角延伸到欧、美、日等发达国家和地区。嫁接改造还要输入与输出并重,具备条件的企业要大胆到国外建厂设点。外商投资开发区的发展方向也应调整到嫁接改造上来,确立大开发区概念,只要在市境内兴办企业,都可享受开发区政策。

继续实施多元化市场战略,加快拓展国际市场,全方位抓好外经外贸工作。积极鼓励企业进入经贸主战场,已获得对外经贸出口权的企业要与其他企业合作,提供方便,扩大出口规模;有条件争取直接对外经贸出口权的企业,要以国际市场为导向,优化产品结构,创造条件争取获得对外经贸权。发展边境贸易仍是近边的一个优势,要借边出境,借岸出海,由小规模易货贸易向大规模经贸技术合作发展。

在对国外开放的同时,重视面向国内的联营联合,通过引联挂

靠达到对外开放的效果。联营联合的重点是继续依靠牡丹江中心城市,依托哈尔滨等大中城市,进行资金、技术、人才的交流,走城乡一体化之路,借助外部力量尽快增强海林的实力。

四、推进两个根本转变,壮大市域工业企业

针对海林市工业发展实际,必须下大力气解决好四个问题:一是牢固树立区域经济一体化思想。要克服无所作为的思想观念,政策共享,优势互补,积极帮助驻市中省直企业深化产权制度改革,帮助新建、改造项目,帮助招商引资,扭转效益下滑的局面。当前要抓住国家实施天然林保护工程的契机,最大限度地争取国家政策性投入,弥补税源损失;支持红岩板厂、柴河纸板厂等具备条件的企业进行技术改造,提高企业整体素质。二是盘活存量资产,变包袱为财富。对麻纺厂、黑加仑总公司、双得利化工集团、万利达集团、烟碱厂等5户企业要逐户研究,落实责任,按时限要求启动盘活,成为新的经济增长点。要抓住机遇,快速运作,拿出一部分好的资产,捆绑上市或寻求配股。三是扶强扶壮骨干企业,大力培植区域经济支柱。培育发展10户税收超千万元的立市企业,10户税收500万元的重点骨干企业,20户税收百万元的明星企业,形成稳定合理的结构。彻底打破所有制、区域、隶属关系界限,以实绩论英雄,以纳税排座次,对重点企业全力扶持,实行封闭式管理,使之在宽松的环境中健康发展。四是紧紧抓住招商引资这个中心,加快新的工业项目建设。重点抓好热电厂、林海电站、机制炭、白瓜子深加工等项目。

第四节 扩大对外开放，在发展开放型经济上实现重大突破

一、加大招商引资力度，构建对外开放格局

一是以优势资源招商。围绕旅游、水能、风能三大优势资源，大手笔做项目、大力度引项目，推进"三大领域"滚动式、集团化开发。加快构建以雪乡文化、多元生态、俄罗斯风情、朝鲜民俗为特色的"三区一园一城"旅游格局，到2008年旅游业收入达5亿元以上，带动第三产业加快发展，拉动就业5 000人以上。按照水力发电、旅游观光、冷水养殖三位一体的定位，兼顾防洪、灌溉、供水等功能，实施"三三制"小水电开发战略，整体开发水能资源，实现经济和社会效益的最大化。在加快威虎山景区风能开发的基础上，稳步推进中国雪乡景区风能开发。二是加快资源资本化。放开森林、荒山、小流域、基础设施等资源和领域，以资源作资本，注册投资公司，采取股份合作、经营权出售、上市融资等方式，吸引外资并购，培育新产业，辟建新财源。三是突出开放重点。实施主攻韩国、兼顾港台、突破欧美的招商引资策略，努力拓展发展空间，使海林成为全省韩商投资首选地和外资聚集地。巩固发展日、韩市场，拼抢俄罗斯市场，鼓励林木加工企业到俄罗斯建立原材料基地。全方位开展经济、技术、文化、教育等各领域的对外交流与合作，使海林全面融入世界经济大格局。

二、扩大对外开放，大力发展外向型经济

以大招商、大项目促进大投入、大开放，构建具有较强竞争力的

开放型经济体系。一是招商带动。实施招商引资带动战略,引进开放的理念、先进的机制、优势的资本,加快与经济发达地区的全面对接。整合招商资源,创新招商方式,突出招商重点,建立以政府为主导、市场为纽带、企业为主体、项目为载体的招商引资互惠互利机制。瞄准南方发达地区有实力的大集团,盯住省内异地新建重组的大企业,全力引进财源型、就业型、科技型企业。制定完善招商引资激励机制,引导企业进入招商引资主战场,调动全社会力量抓招商、上项目,营造大招商、招大商的强大氛围。到2011年,力争引进1个以上世界500强企业、3个以上全国500强企业,引进和培育20个税收500万元以上的成长型企业。二是项目牵动。坚持经济工作和社会事业项目化,以项目促投入、争资金、要政策。建立大项目储备库,策划包装一批关联度大、聚集度高、带动力强的大项目、好项目,实行项目定期发布制度。建立重大项目高效运行机制,强化领导包项目责任制和考核奖惩制度,加快项目落地和建设进度,确保全市固定资产投资年均增长20%以上。三是外贸拉动。以牡丹江市打造对俄经贸科技合作为特色的"龙江第三经济板块"为牵动,充分利用国际国内两个市场、两种资源,重点实施主攻韩、日、俄招商引资策略,加快融入以牡丹江为轴心的沿边开放带,拓展发展空间。坚持"引进来"与"走出去"相结合,依托口岸优势,内建工厂,外拓基地,把俄罗斯远东地区建成海林的原料基地,把海林建成俄罗斯乃至欧美的精深加工基地;开展国内外招商年、招商周活动,加强国际交流和项目合作,推进对外开放转型升级。到2011年,力争外贸进出口总额达到7 000万美元以上。

第五章　伟大复兴

2012年11月18日党的十八大召开。党的十八大以来,海林老区人民在以习近平同志为核心的党中央的领导下,传承和弘扬革命老区的光荣传统,为夺取新时代中国特色社会主义伟大胜利、实现中华民族伟大复兴的中国梦,走过了不懈奋斗的历程。

第一节　奋力走出海林振兴发展新路子

深入贯彻习近平总书记系列讲话精神,按照中央、省委和牡丹江市委的决策部署,以"五位一体"和"四个全面"为布局,以"五大理念"为引领,以提高发展质量和效益为中心,以改革创新为动力,以转方式、调结构为重点,以改善民生为根本,以党的建设为保障,全面聚焦"五大规划"和"龙江丝路带"建设,坚持创新发展、绿色发展,建设开放型城市,发展开放型经济,奋力走出海林振兴发展新路子。GDP五年翻一番,达到224亿元;固定资产投资增长2.5倍,达到239亿元;工业增加值增长2.8倍,实现83.2亿元;公共预算收入由5.4亿元增长到6.4亿元;综合实力由全省第8位跃升到第4位,"十强县"四项考核指标是全省唯一的"四连冠"。

1. 产业项目工程成果喜人。累计引进产业项目386个,其中千万元以上产业项目322个,亿元以上产业项目41个,数量和体量均创历史之最,天合石油、华安新材登陆"新三板",实现上市企业"零突破"。争取到了国家主体功能区试点、老工业区搬迁改造试点、全国电子商务进农村示范市等政策,累计到位资金78亿元。

2. 园区增效工程实现突破。建设了柴河工业园、森林食品园等5个分园和人民大街、九鼎地产等21个基础设施项目,园区面积由6.5平方公里增加到11.7平方公里,落地项目由74个增加到172个,园区收入由1.6亿元增加到4.5亿元,被评为国家循环化改造示范园和国家新型工业化产业示范基地。龙跃园区晋升为国家级境外园区,春天农业经贸园区晋级为省级境外园区,是在全省唯一拥有内外两个国家级园区的城市。

3. 城市靓丽工程实现跨越。累计投入110亿元,新建改造道路48条、公园广场16个,改造棚户区60万平方米,建设保障性住房110万平方米,美化亮化绿化了"2园2场5桥10路",成功创建了国家园林城、国家卫生城,获得国家文明城提名,创城率全省最高。哈牡高铁和哈牡既有线路全面开通。

4. 城乡统筹工程整体提升。产城融合、局县共建、就近城镇化被誉为"海林模式",打造了2条精品示范带、5个精品示范村、16条精品示范街,横道镇获得全国历史文化名镇。林海供水工程列入国家"十三五"规划,斗银水库完成主体工程,海长公路与牡海大道互联互通,牡丹江新机场落户海林。

5. 富民增收工程成效显著。"菌菜果渔游"特色产业迅猛发展,新建标准化园区300个、林果采摘园20个,食用菌产业园和新民河猴头菇产业带全省一流,食用菌总量突破17亿袋;旅游业蓬勃发展,在全省率先推出了"一卡通",开通了"林海雪原号"旅游专列,举办了两届旅游文化节,AAAA级景区达到7家,旅游业收入年均增长20%以上。

6. 民生改善工程深入人心。累计投入民生资金56亿元,办成利民实事192件。新建廉租房438套、"平改坡"11栋,改造供热管网68公里;城镇医保参保率90%,新农合参保率100%;连续五年帮"四节",救助困难群众1 500户;扶贫攻坚首战告捷,超额完成了50%的脱贫任务,干部职工月平均工资从2 240元增长到4 150元。

7. 文体惠民工程深入推进。新建了第二中学和市医院,高标准改造中医院,创建21所省级标准化学校。高标准改造了体育场,建设19个灯光篮球场。市文化馆、图书馆被评为国家一级馆,被确定为"全省首批公共文化服务体系示范区"。

8. 社会治理创新工程显著加强。理顺城管、环卫、园林体制,建立"大城管"和"数字城管"平台,实现了公安、交警、城管"三网融合",管理效能全面提升,创建了2个省级标准化社区。启动了政府机构、行政审批、财税体制、农村产权等系列改革,发展活力显著增强。

9. 维稳创安工程取得突破。开展"春季护航""百日护游""平安雪城"专项行动,刑事案件年均降幅16%。新建公安指挥中心,成立特警队,实施城市"万点工程",提高了社会治安效能。公检法部门在维护社会稳定、处理信访矛盾、解决征地拆迁等方面,发挥了"金色盾牌"作用,被评为全国平安市和全省司法体制改革试点市。

10. 党建创优工程全面加强。深入开展群众路线、"三严三实""两学一做"专题教育,落实"八项规定",坚决反对"四风",强化"两个责任",建立了"五位一体""六个把关""双进双访"机制;软弱涣散党组织整顿、"两新"党组织扩面、宣传思想工作"六项引领"和内外宣传取得实效;人大、政协和统战工作不断加强,工青妇、工商联、老促会、关工委等群团组织合力攻坚。获得了全国未成年人思想道德建设先进市、全国纪检工作先进集体、全省基层党建工作先进市委等荣誉。

第二节　坚决打赢脱贫攻坚战

一、扶持重点

三道镇工农村是全省扶贫开发整村推进实施重点村,2016年开展扶贫项目建设,并实现当年脱贫摘帽。截至2015年底,省里确定的全市重点扶持对象即农村建档立卡贫困人口3 669人,分布于112个行政村,其中横道镇197人、三道镇263人、二道镇296人、柴河镇328人、山市镇395人、新安镇558人、长汀镇591人、海林镇1 041人。全市贫困人口构成为一般农户占65%、低保户占30%、残疾户占5%。贫困人口相对集中的75个革命老区村、27个库区村和7个边远村是扶贫开发的重点扶持村。

二、主要目标

1. 扶贫对象减贫主要目标。到2018年,稳定实现扶贫对象不愁吃、不愁穿,保障其义务教育、基本医疗和住房。大多数扶贫对象年人均纯收入达到9 634元(省标)以上,实现农村人均可支配收入增量高于全市平均水平。个别完全或部分丧失劳动力的贫困人口实行"兜底"政策,实行应保尽保,农村绝对贫困现象全部消除。贫困户户均达到"三个一":建成1项特色产业项目或其他稳定增收项目,就近或向外转移1个劳动力,有1个科技致富明白人。

2. 贫困村三道镇工农村建设主要目标。到2016年末,至少建成1项能够辐射带动贫困户的支柱产业,农民人均纯收入增幅高于全市平均增长水平;有达到通畅标准、延伸到所有自然屯的村组公路;100%的群众能够饮上安全卫生水;贫困农户居住的危房全部得到改造;群众看病、上学、通信等"几难"问题得到解决;村有活动场所、卫生室;基层组织战斗力明显增强;生产生活条件和村容村貌明显改善;劳动者素质明显提高,与全市行政村相比发展差距明显缩小。

三、主要任务

1. 产业开发。全市各行政村按照"菌菜果渔游"产业布局,因地制宜、因户制宜、因人制宜,做到宜菌则菌、宜菜则菜、宜果则果、宜渔则渔、宜游则游。要大力引进北药、寒地浆果、坚果、桑蚕等新兴特色产业,着力发展一批带动脱贫能力强的龙头企业和特色市场。在推进产业化扶贫的同时,要引导农民大力发展庭园经济、劳务经济及第三产业,加快农村一二三产业融合发展,通过多种途径增加收入。

2. 道路建设。在确保全市行政村通村公路全覆盖的基础上,积极争取政策项目向贫困人口相对集中的贫困村、库区村和边远村倾斜。到2017年末,实现村村通硬质路,行政村主要街路硬化率达到90%以上,全市行政村通班车率达100%。

3. 饮水安全。实施农村饮水安全巩固提升工程,优先解决贫困户等弱势群体饮水安全问题;争取资金,维修自来水老化管网和设备,提升全市农村安全饮水程度;综合治理农村饮用水源地周边环境,防止水源污染。到2017年末,全市各行政村自来水入户率达100%。

4. 泥草(危)房改造。制定全市泥草(危)房改造计划,积极争取上级资金,加大推进泥草(危)房改造力度,重视贫困家庭安居房建设。到2017年末,全市所有建档立卡贫困户泥草房改造完成100%。

5. 教育扶贫。全面落实中高等职业教育助学资助政策,推进基础教育均衡发展,促进教育公平。建立和完善教育资助制度,确保农村贫困人口受教育的权利,落实中等职业教育在校农村困难学生学费减免和生活费补助政策。到2017年末,实现农村贫困家庭幼儿接受学前教育全覆盖,建档立卡贫困家庭中高等职业教育助学资助申请报送率100%。

6. 卫生服务。进一步健全基层卫生计生服务体系,重点提升全市农村卫生所设施水平。到2017年末,全市各行政村至少有一个卫生所,新型农村合作医疗参合率达到100%,贫困人口获得的公共卫生和基本医疗服务更加均等,服务水平进一步提高。

7. 文化建设。实施文化惠民扶贫项目,加快公共文化服务体系建设向贫困村、边远村延伸,全面完成贫困村综合性文化服务中心、文体广场、体育健身设施,公共体育设施免费向群众开放。到2017年末,全市各行政村全部建有综合活动室、休闲广场和体育健身设施。

8. 信息化建设。健全完善农村远程教育培训平台,加大对农村贫困劳动力政策、技能、信息服务力度,加快提升农村贫困劳动力综合素质和生产技能,扩大各行政村"互联网+农业"生产经营规模。到2017年末,全市贫困家庭每户至少有1名有文化、懂信息、能服务的义务信息员。

9. 社会保障工作。引导贫困人口积极参加养老保险,逐年提高农村养老比率,贫困人口参加新型农村合作医疗保险个人缴费部分由财政给予补贴,贫困人口全部纳入重特大疾病救助范围。到2017年末,对于没有劳动能力的贫困人口,实现应保尽保,应退尽退。

10. 精准识别工作。按照标准,对建档立卡贫困人口进行筛查,公开选贫,准确定贫,实现有进有出的动态监测和调整,2016年1月末,全部建立精准扶贫台账,做到户有卡、村有册、乡有簿、县有档,达到致贫原因清、收入来源清、扶贫对策清、脱贫目标清、帮扶责任清。按照逐级抽查、互不交叉和"双随机"抽取的原则,每年对建档立卡贫困人口市级抽查15%,及时纠偏,到2017年实现核查全覆盖。

四、脱贫成果

三个省级贫困村:三道镇工农村、海林镇西德家村、新安镇山咀子村,山咀子村2016年脱贫出列。

贫困户:684户1 562人。其中2017年新识别36户82人,已脱贫111户273人,未脱贫573户1 289人。

致贫原因:因病、因残594户,占86.8%;因缺少生产资金33户,占4.8%;因缺少劳动力16户,占2.3%;因地少14户,占2%;因学、因灾、因缺技术和自身发展动力不足27户,占3.9%。

两不愁、四保障:不愁吃、不愁穿。

饮水安全保障:2017年实施8个项目,解决贫困户38户86人。

医疗保障:建立了"五重保障体系",实施先诊疗后付费机制,综合医疗报销比例81%,高于牡丹江10%,2017年累计医保报销212人、122.4万元,民政救助153人、34万元。

住房保障:有危房户161户(C级67栋、D级71栋、无房户23户),2017年改造31户(C级15栋、D级15栋、解决无房户1户)。

教育保障:2017年累计捐助259人次、10.4万元。

扶贫贷款:2017年发放小额贷款429户、2 024万元,户贷比达到63%。

重点扶贫项目:西德家光伏发电项目,投资111万元,已并网发电;工农村冷水鱼养殖项目,投资165.9万元,已完工;山咀子村肉羊养殖项目,投资80万元已建成羊舍。

第三节 践行五大发展理念 决战决胜全面建成小康社会

2016年海林市六次党代会提出,要"奋力走出振兴发展新路子,争当全省振兴发展排头兵",这是对海林市多年发展实践的凝练升华,是历史的选择、海林人民的期待。

为此,市委提出:全市上下必须牢固树立"五大发展理念",落实"五个要发展",抢抓机遇,真抓实干,争创"五个新优势"。2017年预计GDP增长7%,公共预算收入增长5%,固定资产投资增长12%,实现全面振兴崛起首战告捷,为决战全面建成小康社会奠定坚实基础。

一、深入推进创新发展,争创转型升级新优势

"一产抓特色",放大精特农业优势。紧紧围绕农业供给侧结构性改革,牢固树立市场思维、产业思维、互联网思维,加快构建现代农业产业体系、经营体系和服务体系,打造具有鲜明林海雪原特色的品质农业、品牌农业、品位农业。一是在种得好、种得特、种出高品质上下功夫。实施精特农业示范工程,高标准建设海长特色农业经济带、新民河猴头菇产业带、库仑比拉环湖食用菌产业带和横长休闲农业示范带、山市横道寒地浆果基地等精特农业样板示范区。实施优质农产品培育工程,从最基础的"三减两增一提升"示范田抓起,加大秸秆还田、土壤改良力度,让"精特绿有机"成为主流,梯次建设一批绿色食品基地认证、有机认证、地理标志认证等基地和产品。加大退大田、退玉米、退低附加值产业力度,最大限度提

高土地有效产出率、贡献率,真正把海林优质农业的底子打实。二是在卖得好、卖得快、卖出高附加值上下功夫。强化品牌意识、营销意识,瞄准高端市场,放大北味国家级龙头企业、中国驰名商标示范效应,扶持创建一批"国字号"品牌、产业基地和龙头企业,打造农产品中的"LV",让"绿色餐桌必吃海林菜,有机厨房必食海林菌"成为时尚。发展"智慧农业",在绿色认证基地率先建立生产可记录、信息可查询、流向可跟踪、责任可追溯的食品安全溯源体系。用足国家级电子商务进农村示范市政策,整合域内优质农产品资源、电商平台资源、电商人才资源,破解"上行"瓶颈,实现优质农产品高效直销。三是在促融合、新业态、大发展上下功夫。加强农村经纪人、农业经理人、专业大户和返乡创业人员的培训,按照种养加、产供销、农工贸、农科教一体化的思路,复制推广"正和农业综合体模式",加快发展观光农业、休闲农业、创意农业、体验农业,实现农业高品位发展。

"二产抓提升",夯实工业主导地位。工业立市、实业兴市,任何时候都是海林的"金饭碗"。要围绕做好三篇大文章,再造海林工业"春天"。一是改造升级老字号。用好国家老工业区搬迁改造试点政策,实施"工业提质增效三年行动",编制《地方知名企业振兴规划纲要》,摸清家底,找出问题,分析原因,一企一策地拿出解决方案。加快林木加工业提档升级,淘汰落后产能,打造高端品牌。推进林海华安等裂变发展,扶持更多老企业上市,三年内规上企业要突破110户。实施"酒业振兴计划",对发展有基础、历史上有名气、文化有底蕴、财税贡献大的酒业,专题研究盘活,争取用三年时间让威虎山啤酒、雪原贵、五加白酒、横道果酒、海林补酒焕发生机,把"老家底"变成新财源。二是深度开发原字号。依托"农林特"产品发展现代食品工业,是海林工业最大的优势、潜力和发力点。以"农头工尾"提升产业链,以"粮头食尾"提升价值链,加快推进以北味菌业、猴头菇饮品为代表的食用菌精深开发，包装建设一批浆果北药饮品、高端优质矿泉水、横道豆制品精深开发、有机粮转化等食品加工项目，打造现代食品工业基地。三是培育壮大新字号。启动"科技型企业培育工程"，支持有条件的企业建立技术研发中心，深化与大专院校、科研院所合作，加快产品研发和成果转化。大力培育发展医药、新能源、新一代信息技术等新兴产业，五年内高新产业经济贡献率达到7%以上。

"三产抓拓展"，以旅游业牵动现代服务业整体提升。一是实施战略布局。围绕挖掘"两座金山银山"，打破地方、森工、农垦等区域壁垒，完善《旅游产业发展规划》《全域旅游发展规划》《冰雪旅游发展规划》，加强与战略投资者合作，整体提升雪乡冰雪旅游区，战略性开发莲花湖，打造横道俄式风情小镇，发展壮大海长、横长公路两条旅游带，构筑起"一区、一湖、一镇、两带"旅游格局，建设黑龙江东南部区域旅游集散中心。二是打造特色品牌。打好"冰雪旅游牌"，借助中国雪乡、威虎山景区纳入全国冰雪旅游典型单位契机，深度开发一批赏雪、戏雪、滑雪等参与性强的项目，融入"哈亚牡"冰雪旅游白金线路，打造全国冰雪旅游先导区；打好"山水旅游牌"，依托国家级森林公园生态资源，开辟徒步"林海雪原"、重走英雄剿匪路、环游"莲花湖"等精品旅游线路，打造全国夏季康养基地；打好"文化旅游牌"，深入挖掘宁古塔文化、红色文化，着力包装朝鲜族、满族民俗文化和中东铁路文化旅游项目，增强旅游文化底蕴。三是推进景区联动。整合区域内景区景点，引导通过"一票制""多日游"等方式，拉长旅游链条，延长游玩时间，带来更多收入。推进"创A晋级工程"，加强与国旅、携程、途牛等国内知名旅行社、网站合作，策划开展中国横道河子中东铁路文化节、中俄国际油画创作大赛和莲花湖冬钓节等系列活动。四是发展新兴业态。围绕推动生产性服务业向专业化和价值链高端延伸，生活性服务业向精细化和高品质转变,加快发展现代物流、现代金融、文化创意等服务业,推进旅游与体育、健康、养老及大数据、冷链仓储等产业融合发展。加强与商业银行、基金公司合作,发展总部经济、结算经济,丰富经济业态。

改革抓突破,全方位激活发展要素。坚持用改革破难题促发展,向创新要动力要活力。一是肩负起改革使命。切实增强改革意识,强化主体责任,学深吃透上级改革的"路线图"、"时间表"和"顶层设计"精神。对发展所需的政务改革,群众关注的教育、卫生、养老等民生改革和对经济社会有重大影响的农村配套改革,要刻不容缓,抓实抓靠。探索建立完善农业开发公司、城投公司,绝不能搞上有政策、下有对策的"虚改革",表面抓、抓表面的"假改革"。二是开展"大众创业,万众创新"活动。完善电子商务创业园功能,大力发展"电商""微商",引导返乡大学生、农民工等群体积极创业,助力"创客"人群加速成长。倡导机关企事业单位增强创新意识,工会、共青团、妇联等群团组织,围绕"小创新大惠民"开展系列活动,营造全民创新创业良好氛围。三是不断优化发展环境。深化"放管服"改革,启动建设人民办事中心和网上行政审批中心,推广多证合一,落实一次性告知制度,让群众办事最多跑一次成为现实。

二、深入推进协调发展,争创城乡一体新优势

以提升品质为重点,加快建设生态宜居城市。以创建全国文明城为牵动,打造更加宜居、更具活力、更显林海雪原特色的品质山水城。一是大手笔大视野布局城市。背靠牡丹江,毗邻大口岸,依托高铁承接"哈长城市群"辐射是海林最大的区位优势。按照"五年树标杆、十年定格局、十五年高水平"标准,启动《城市总体规划修编》,框定总量,限定容量,优化城市功能布局。实施城市"东连、西拓、南跨、北优、中兴"战略,实现东连牡丹江、西向延伸开发、南跨

海浪河、北部园区优化提质、中部老城兴盛繁荣的发展格局。二是高标准高品质建设城市。坚持建设"百年建筑",规划启动城市博物馆、规划馆、影剧院、市民活动中心,打造"城市新地标"。打通林海路,建设西外环,连接"断头路",高标准建设斗银河景观带,新建东山公园、子荣广场,改造现有公园广场。完善"三供两治"基础配套,织密"地下管廊",建设"海绵城市"。三是智能化精细化管理城市。理顺"大城管"体制,扩面"万点工程",实现主要公共场所免费WIFI全覆盖,建设"智慧城市"。推进道路的清扫保洁、垃圾处理、冬季清雪和公厕管护市场化运作。常态化开展环境综合整治,打造"干净舒适、靓丽整洁、顺畅有序"的城市环境。四是讲文明讲诚信提升城市。深入挖掘新时期"子荣精神",实施公民道德养成计划,加强"海林好人""林海义工"等品牌塑造。健全诚信激励惩戒机制,提高全社会诚信水平。完善三级公共文化服务体系,打造文艺精品,培养林海雪原作家群,放大林海雪原文化现象。

以环境提升为重点,打造"美丽乡村"升级版。一是组团式特色化建设小城镇。按照"组团发展,分片推进"思路,构建"一核两片"的小城镇格局,即以海林镇为核心,横道、山市、新安、长汀"横长路片区"和柴河、二道、三道"环湖片区"乡镇,通过基础设施联通、优势产业互补、组团争取项目等措施,实现农工商游多产融合,多镇共荣发展。抓紧启动横长公路重建,打造连接高铁、串联景区、带动沿线的互联通道。支持横道创建国家特色小镇,深化长汀、柴河场县局县共建成果。二是高标准分步走建设精品乡村。以三条公路沿线村屯为重点,分类推进特色村、达标村、示范村、精品村建设。坚持集中力量干大事,每个镇新建 1-2 个试点村,五年内建成精品示范村 15 个,达标村创建率达到 80% 以上。三是大力度长效化整治村屯环境。实施新一轮村屯基础设施建设计划,提升村村通路面修复率、村内路面和边沟硬化率、主街亮化率、活动场所达标率、泥草房(危房)改造率。深入推进"五清五改",完善长效保洁机制,真正实现农村卫生管护常态化、规范化。

三、深入推进绿色发展,争创生态宜居新优势

牢固树立"绿水青山就是金山银山"的理念,实施生态保护修复和生活环境改善工程,让天更蓝、山更绿、水更清、生态环境更美好。一是严守生态红线。深入实施《国家主体功能区规划》《长白山林区生态保护与经济转型规划》,落实环境保护主体责任,全面落实"河长制",严格执行建设项目环境保护准入制度,完善改造城镇污水处理厂、垃圾填埋场等环保设施,坚决不碰发展红线。二是开展"林海行动"。实施"碧水蓝天工程",加大海浪河、斗银河和莲花湖治理力度,加强斗银河水库等水利设施建设,实现河水质量、景观环境与防洪标准明显提升。巩固国家园林城创建成果,推进环城山造林绿化和生态治理,打造绿色生态屏障。三是发展循环经济。大力发展水能、生物质能等清洁能源。按照全产业链思维,抓好秸秆和废弃菌包"吃干榨净式"的综合利用,最大限度地挖掘废弃物"金矿"。加快热电联产建设,巩固中央环保巡视组反馈整改成果,坚决避免问题反弹。

四、深入推进开放发展,争创竞争合作新优势

开放是繁荣发展的必由之路,开放包容是海林的城市品格和海林人的精神底色。要以开放的视野,开放的举措,发展开放型经济。

加快园区提质增效,打造开放大平台。一是加快园区扩容增量。释放国家老工业区整体搬迁改造政策红利,编制完善园区总体规划和扩区规划,加大土地整理、收储、置换力度,五年内新增工业用地3.5平方公里。规划中医药产业园,做强森林食品园区,做优食用菌产业园,提升柴河工业园区。建立境内外园区合作机制,加

快龙跃经贸园区、春天农业经贸园区建设。二是加快园区提质增效。树立"寸土寸金"理念,实施项目准入和专业评估机制,"腾笼换鸟"清理低质低效企业,提高单位土地投入率、产出率、贡献率。加快循环化改造试点项目建设,大力推进森林有机食品、医药、林木精深加工、装备制造等传统支柱产业转型升级,不断提升创新型、科技型和高附加值实体企业占比。打破体制、机制、区域界限,制定税收分成政策,鼓励每个乡镇每年至少向园区引进1个项目,鼓励"三局两场"向园区落项目。五年内,园区经济总量和税收实现翻番。三是提升园区综合功能。重点打造"四个中心",即依托陆海联运大通道,盘活华运物流园,推进口岸内移,打造我省东南部物流集散中心;依托高铁建设,启动建设新客运枢纽,加快人民大街综合体建设,打造区域商贸服务中心;借助国家电子商务进农村契机,提升电商产业园和中小企业园功能,打造区域电商服务中心;整合牡丹江大学、海林职高等教育资源,采取联动培训、订单委培等方式,解决企业用工难问题,打造区域技工培训中心。四是理顺园区管理机制。创新深化"管委会+开发公司"模式,理顺开发区内部机制,通过战略合作、发行企业债券等方式,完善融资平台,破解资金瓶颈。尽快落实专家公寓、人才周转房,设立品牌创建和科技创新基金,打造集金融、科技、人才、生活于一体的综合服务平台,推进由硬件招商向软件吸引转变。

提高项目质量效益,抓实开放新举措。坚定不移地实施招商引资"一号工程",连续三年开展"项目建设年"。一是聚焦专业推进,提高招商精准度。锁定食品、医药、装备制造等重点产业,灵活运用产业招商、链条招商、专业招商、以商招商等措施,主动承接发达地区产业转移。实施"招大引强"战略,紧盯国内外500强、行业龙头100强、央企民企50强,建设"项目组团"和"产业集群"。组建专业招商小分队,打造一支懂政策、懂经济、懂业务、懂法律的专业招商队伍。坚持把项目落地率、开工率和达产率作为考核重点,真正考出"真金白银"。二是聚焦实体项目,提升项目质量。坚持看投资、看税收、看效益、看拉动,重点建设一批税收增长型、产业带动型、投资拉动型项目。实施项目"双百计划",每年生成千万元以上项目100个,开工建设重点项目100个。三是聚焦政策红利,争创国家扶持试点。抢抓"一带一路""振兴东北"等政策机遇,精准对接园区建设、产业发展、金融拓展、创新驱动等方面支持,每年争取1-2个国家级政策试点。善于借助外脑,加强与专业机构合作,围绕优势资源、特色产业、新兴业态等方面生成一批大项目、好项目。落实市级领导项目包保责任制,加快西外环、柴莲、横长公路等重大基础设施建设,强化投资拉动作用。

五、深入推进共享发展,争创民生品质新优势

坚持"以人民为中心"的发展思想,从高质量办好利民实事入手,让民生发展更有温度,让人民幸福更有质感。一是扎实开展扶贫攻坚。扶贫攻坚是重大政治任务和"第一民生工程"。坚持输血与造血、扶贫与扶志相结合,一户一策地落实好产业扶贫、转移就业、教育扶智、政策兜底等帮扶举措,认真开展"回头看",巩固扶贫脱贫成果,确保在全面小康社会的道路上,不漏一户、不落一人。二是健全社会保障体系。以全民创业带动高质量就业,形成政府激励创业、社会支持创业、群众乐于创业的良好氛围。实施新一轮城乡居民收入"倍增计划""全民参保"计划,推进养老、医疗等各种保险制度并轨衔接,稳步提升社会保障标准和待遇。完善重特大疾病医疗救助等机制,筑牢困难群众保障网。三是实施教育医疗振兴计划。坚持教育优先发展战略,全面普及学前教育,均衡发展义务教育,打造优质高中教育,大力支持特殊教育,高质量办好职业教育,加快民族教育中心建设,全面提升各类教育办学水平。深入推进

"健康海林"建设,巩固国家卫生城市创建成果,深化医药卫生体制改革,提升市、镇、村三级医疗卫生服务水平。实施"名师名医"引进工程,加强与名院名校合作,不惜重金每年争取引进10位名师、10位名医。四是创新社会管理机制。深入推进"法治海林"建设,深化司法体制改革,支持法检两院工作,扎实开展"七五"普法。深化"平安海林"创建,完善立体化治安防控体系,保持严打高压态势,完善社会矛盾纠纷调处、社会稳定风险评估机制,建立人民群众来访中心,鼓励依法依规有序来信来访,依法规范信访秩序。严格落实安全生产责任制,坚决遏制重特大安全事故发生。

第四节 全面开创从严治党新局面

坚决贯彻从严治党的各项要求,是全面建成小康社会、加快振兴发展的坚强保障。

1.着力加强思想政治建设。加强理想信念教育。加强和改进市委中心组学习制度,建立完善述学、评学、考学机制,引导党员干部进一步增强"四个意识""四个自信"。严格党的政治生活。认真落实《关于新形势下党内政治生活的若干准则》,严格执行"三会一课"、民主评议、民主生活会等党内生活制度,增强党内政治生活的政治性、时代性、原则性。强化思想宣传工作。全面落实党管意识形态主体责任,加强和改进新闻舆论工作,健全舆情风险防范机制,加强社会舆情监督和引导。深入开展社会主义核心价值观教育,唱响主旋律,传递正能量。

2.着力加强干部队伍和人才队伍建设。树立正确用人导向。大力选拔实干型、担当型、创新型干部,注重在艰苦条件、基层一线和关键岗位选拔优秀干部,统筹做好女干部、少数民族干部、党外干部培养选拔,充分调动各方面、各年龄段干部的积极性。提高干部培育实效。强化换届后各级领导班子建设,更加注重在招商引资、项目建设、信访维稳、脱贫攻坚一线锻炼干部,提升推动发展能力。实施"人才优先发展战略",打造一支结构合理、素质优良的人才队伍。加强干部考核管理。坚持平时考核和定期考核、面上考核和重点考核相结合,突出考核重点,改进考核方式,完善考核标准,更加聚焦考评干部实绩,激发干事创业激情和动力。

3. 着力加强基层党组织建设。实施"基层党建提升工程",增强基层党组织的凝聚力和战斗力。①注重建强组织。以服务三农为重点,加大带头人队伍建设,把致富带头人、大学生选入村"两委"班子,建强农村党组织。以管理创新为抓手,健全以社区党组织为核心、社区党员为主体、辖区基层党组织共同参与的社区党建工作新格局,建强社区党组织。以助推发展为方向,不断扩大党在"两新"组织中的覆盖面和作用,建强"两新"党组织。②注重基层保障。建立"互联网+党建"互动平台,抓好党员的发展、教育、管理和服务工作。健全党建经费投入和基层干部薪酬补贴保障机制,加强活动场所建设。③注重为民服务。深入推进党建为民,完善党员干部联系群众等制度,深入开展"党员奉献日""结对帮扶"等惠民服务行动,打通服务群众"最后一公里"。积极培育创建一批党建示范品牌,确保海林党建工作走在全省前列。

4. 着力加强党风廉政建设。①从严落实"两个责任"。各级党组织要切实担负起党风廉政建设"两个责任",进一步落实一把手"述责述廉""一岗双责""一案双查"等制度,加强管理考核和监督检查,切实把从严治党责任落到实处。②持之以恒正风肃纪。深入落实"中央八项"规定,严格遵守六大纪律,紧盯"四风"新形式、新动向,拓宽群众监督渠道,健全明察暗访工作机制,突出关键节点、看住"关键少数",常态化开展侵害群众利益腐败问题专项整治,切实巩固成效。③惩防并举反腐倡廉。认真学习贯彻《中国共产党廉洁自律准则》《中国共产党纪律处分条例》和《中国共产党问责条例》,坚持把纪律和规矩挺在前面,运用好监督执纪"四种形态",严肃查处违反党风廉政建设的行为,在全市营造风清气正的政治生态。

第六章　资源优势

　　海林革命老区是个神奇的地方。这里不仅历史悠久,文化灿如星河,而且自然资源丰富,特别是红色文化资源积淀厚重,是海林革命老区宝贵的精神和物质财富,也是海林革命老区建成小康社会、实现跨越发展的坚实基础。

　　海林虽然建县设市的时间比较短暂,是个新兴的城市,但他的历史却十分久远。这里至今还有大量的历史遗址和文物,彰显了海林的历史渊源;海林的自然资源丰富,植物资源就多达上千种;浩瀚的林木资源,造就了林海雪原享誉国内外的盛名;良好的地理植被、气候条件,为现存的130多种野生动物提供了较好的生存环境;水、风资源为海林开发、建设,输送了取之不尽的能源,为海林永续利用、科学发展创造了条件。

　　从1926年10月横道河子党支部诞生,到抗日战争、解放战争,海林革命老区的光荣历史上,都留下了深刻的印记,成为今天海林人民的坚实思想基础,鼓舞着海林人民薪火相传、砥砺前行。

第一节　文化资源优势

一、古迹遗址

　　群力岩画:群力岩画(俗称字砬子),是公元6至7世纪古代靺鞨人用赤铁矿石粉在牡丹江右边岩石上作的画。长18米,宽1.22米,由六幅小画组成。岩画生动形象地描绘了当时人们渔猎生活的图景,表现出劳动的喜悦和祈盼丰收的愿望,是珍贵的古代艺术作品,对研究东北民族民俗史地有重要价值。为保护文物特规定,以岩画所在山顶为基点,周围500米为文物保护区。1990年被列为黑龙江省文物保护单位。

头道河渤海古墓群:头道河渤海古墓群,分为头道河、江东、北站三大墓区因修莲花水电站,头道墓区已被淹没,现仅存江东和北站区而江东又临江受水害,故将此碑立于北站墓区。北站和江东墓区,是牡丹江沿岸渤海古墓群中较为集中完好的墓区。从淹没的头道河墓区发掘出土的渤海国时期文物看,牡丹江中游是渤海国活动的中心地带,对研究渤海国时期的社会生活、墓葬形式、文化习俗、民族繁衍等诸多历史问题,有着非常重要的价值。

九公里山城址:为唐代渤海国的重要军事城址。它囊括这座高山顶部所有狭长平地,以东西对峙钳形山峰为门道,城垣自城门东西崖顶向北沿山脊而筑,东西有城门址,北有烽火台,周长1 500米,四面均为陡坡和峭壁,南又紧临海浪河,地势十分险要,易守难攻。后代相沿而用,成为保卫新安盆地的重要军事设施。现称九公里山城,因九公里火车站而得名。这座城址对于研究海浪河流域古代文化和地方历史有着重要价值。

满斗城古城址:又称蛮子城,是金代上京会宁府胡里改路管辖海浪河流域的城址。城为方形,城墙夯土版筑,附有马面,边长225米。城中有隔墙把城分成东西两部分,平面恰似量米斗形,因而得名,当地称为"满城"。满斗城位于海浪河南岸,这里地势平坦,水陆交通方便,是金代重要的屯田戍守基地。由于城墙逐年被毁,现仅存南墙西段百余米。城内出土多方金代官印,说明此城在当时地位的重要。这座古城址对研究金代历史有较高的价值。

宁古塔将军驻地旧城遗址：为清代故城。原有外城，现仅存内城东北部残墙300余米。城墙用土石混筑，层间夹以木棍。旧城为1636年（崇德元年）至1666年（康熙五年）间，即清初黑龙江流域的军政中心，清朝政府以宁古塔为基地多次派兵到黑龙江、松花江一带给入侵的沙俄匪徒以沉重打击。1666年宁古塔将军治所迁至东南25公里的新城（今宁安县城）。旧城遗址是我国清代经营管辖黑龙江流域广大地区的重要历史遗址。1981年被列为黑龙江省文物保护单位。

宁古台遗址：宁古台又称"点将台"，俗称"龙头山"。这里是一座突兀而起的椭圆形小山，西北两面紧临海浪河，西峭东缓，西面临河处最初是天然悬崖，后由于历史建筑采石而使原貌破坏。山之周边筑有土城，东面开设城门，周长400余米。宁古台是唐代渤海国上京城周边水陆要冲，因此一直成为历代进行军事瞭望、戍守和誓师出征的重要场所。清顺治十八年即1661年，因获罪流放于宁古塔一带的张缙彦等十八位诗人曾在此置酒赋诗，为方坦庵遇赦南归送行。席间，方坦庵将登山时捕获一只山雉在西侧悬崖处放飞，故后人又将该处名之为"放雉崖"。

萨尔虎古城址：是金代设在海浪河下游的一个重要军事城池，夯土版筑，北墙临河设有马面，南门设有瓮城。城周除北墙呈弧形外均为直墙。当地称"沙虎城"，清初又称"邋遢街"。萨尔虎古城位于海浪河南岸，地势平坦，水陆交通方便，地理位置重要，为历代所沿用。明永乐四年即1406年明政府设"萨尔虎卫"；至清代以后，城墙逐年被毁。城内曾出土"合重浑谋克印"、铜锅及唐、宋、金代钱等大量文物。萨尔虎古城对研究我国金代以后历史有着重要价值。

卜傅氏贞节碑：卜傅氏贞节碑是清代乾隆五十五年（1790年）4月11日，为旌表正红旗人卜傅氏守节报国之事而立。清政府在宁古塔招兵,卜傅氏支持丈夫从军报国,其夫不幸阵亡。卜傅氏立志守节,抚养孤子,孝敬公婆。孤子成人后卜傅氏又送其从戎,其子屡建战功,受到乾隆皇帝召见,皇帝得知其身世后,特降旨旌表这位守节报国的普通民女。碑质为玄武岩石料,碑:2.18米,宽0.71米。碑上刻有二龙戏珠图案和满汉两种文字的"圣旨""贞节"等字样。现碑上文字虽因年久侵蚀,加之人为损坏,已难以辨认,但它对于了解我国古代的忠君爱国思想和雕刻艺术仍具有重要的史料价值。

中东铁路海林站旧址:清末,沙皇俄国攫取了在中国东北铺设铁路的权力。1897年(清光绪二十三年)自满洲里至绥芬河分段动工修筑,1903年(清光绪二十九年)竣工通车,称"东清铁路",后称"中东铁路"。海林站于1903年建成使用,是中东铁路最早的火车站之一。车站建在铁路北侧斜坡上,从南面看,是带有地下室的平房,从北面看,是二层楼房,北面有石砌阶梯可达二楼,从二楼出南门即是月台。墙壁统用规格花岗岩垒筑,厚达1米,系地道的俄式建筑风格,上下总面积为1 012平方米。该车站对研究东北铁路史、近代中俄关系史以及俄国建筑艺术,均有很高价值。

横道河子中东铁路大白楼:随着1903年(清光绪二十九年)中东铁路开始修筑,横道河子便成为东段施工指挥中心,工程技术人员相对集中于此地。俄国人在这里建造了这座395平方米的二层楼房,以供工程技术人员办公使用。当地居民根据楼房的颜色,称之为"大白楼"大白楼系砖墙瓦盖的俄式建筑,当时四周林木葱郁,环境幽雅。俄国人迁走后,一度为横道河子铁路管理机关所用后改为铁路职工住宅。

横道河子中东铁路木屋:随着1897年(清光绪二十三年)满洲里至绥芬河铁路动工,横道河子便成为东段施工中心,俄国人在此建木屋五栋,给筑路的俄国高级职工居住。1903年全线通车,横道河子仍是铁路区段中心,木屋便作为服务于铁路的俄国高级职工住宅,直至俄国人迁走。房屋系全木制结构,印榫严密,雕镂精细,装潢考究,设施完善,是典型的俄罗斯建筑风格。

伪满横道河子警备队驻地:1931年日本帝国主义侵占我国东北,并成立傀儡政权伪满洲国。为加强日伪反动统治,日军在横道河子派遣警备队驻此。周围设有狼狗圈、冰牢等,用以实行法西斯专政,血腥镇压中国人民的反抗,直至1945年"八一五"光复。该房系1904年(清光绪三十年)俄国人专为驻横道河铁路警备队所建,民国时期曾一度改为警察署,隶东省(东北特别行政区简称)特别警察管理处,分管东省特别区第三区(阿城至绥芬河铁路沿线)治安。

中东铁路横道河子机车库:横道河子地处中东铁路绥芬河至哈尔滨之咽喉,又是西越张广才岭的起点,列车到此即需检修,西进列车又需加挂补机,因而有大量机车需要存储,故在1903年(清光绪二十年)全线通车时即修此大型机车库。车库由15个库房并列蝉联组成,砖墙铁瓦,平面为扇形,面积2 000多平方米,每个库房均有拱门圆顶,15个圆顶相连,正面为波浪形整体宏伟壮观。距库房30米处,有转向地盘可使机车转换方向。该车库1990年停止使用。

横道河子圣母进堂教堂:随着中东铁路的修筑与通车,横道河子成为绥芬河至哈尔滨咽喉重镇,铁路系统的机务、电务、工务、给水、检修等众多部门相继诞生,俄国人迅速聚集,东正教徒也随之增加起来。为适应宗教活动之需,1905年(光绪三十一年)建此教堂。当时驻主教一人、神父二人,拥有教徒500多人,设有唱诗班、育经班,系西起石头河子、亚布力,东至海林、铁岭河一带东正教活动中心。1955年俄国人迁走,活动停止。该教堂完全使用木材卡、嵌镶、雕建成,是典型的俄罗斯宗教建筑,其规模仅次于哈尔滨圣尼古拉大教堂,并为黑龙江省同类教堂仅存的一处。

二、红色遗址

中国共产党在领导各族人民进行新民主主义革命的过程中,留下了许多珍贵的革命遗址。这些遗址包括重要事件、重大战役遗址,具有重要影响的革命烈士事迹发生地或墓地等,也包括新中国成立后兴建的内容涉及新民主主义革命的各类纪念馆、展览馆等纪念设施,以及能够反映革命时期党的重要历史活动、过程、思想、文化的各种遗迹等。

这些革命遗址、铭刻着中国共产党人和中国人民为民族独立和人民解放而英勇奋斗的光辉历程,蕴含着中国共产党人和中国人民艰苦奋斗、不屈不挠、一往无前、敢于胜利的革命精神,是中国革命的重要历史见证,是宝贵的革命历史文化遗产,是中华民族物质和非物质文化遗产的重要组成部分,也是人类文明史上独特的文化遗存。作为海林革命老区,这些革命遗址,是老区革命史的生动体现,是老区人民革命和斗争的历史见证。革命老区因大量的革命遗址,而使老区的形象更加充实和生动。尽管岁月流逝,但是,这些宝贵的遗址和革命老区的光辉名字,永远留在人们的记忆中。

(一)牡丹江地区第一个党支部旧址

牡丹江地区第一个党支部旧址,位于海林市横道河子镇七里地村。

1926年10月,在中共北满地委的领导下,海林地区第一个党支部在横道河子秘密建立,潘庆来、王锡云相继任支部书记。由于横道河子是中东铁路的交通要道,沙俄在这里的各种统治机构繁多,中国铁路工人及其家属也密集居住于此。当时有八名产业工人秘密加入了中国共产党。这期间,由于党支部处于比较幼稚的初级阶段,在组织群众开展反帝、反封建斗争的活动中还不够成熟,所以建立以后不久便被敌人发现,遭到破坏。

党团特别小组遗址

2005年,海林地区第一个党支部旧址被海林市人民政府确认为海林市重点文物保护单位。2016年在党支部旧址改建成为海林市党史纪念馆。

(二)新安镇朝鲜族党支部遗址

新安朝鲜族党支部遗址,位于海林市新安朝鲜族镇新安村。

1930年3月,中共宁安特支在海林新安秘密发展了23名朝鲜族党员,成立新安朝鲜族党支部委员会。1930年4月,海林地区民族主义团体"新民府"勾结日本领事馆,破坏群众的革命活动,杀害革命志士。为揭发其罪行,东满省委派青年共产党员金光珍、朱德海(新中国成立后任中共中央候补委员、中共延边自治州州委书记）等同志去新安镇，与新安党支部一起发动群众游行示威，朱德海同志站在队伍最前列，带领群众高呼口号。当游行队伍抵达新安镇新民府门前时，朱德海被当地保安团强行抓走，押解到镇小学看管了一夜。第二天，新安党支部带领人民群众举行了更大规模的集会和游行。在群众的强大压力下，保安团被迫释放了朱德海，斗争取得了胜利。后新安党支部遭到了敌人的破坏。1933年7月，中共吉东局和中共宁安县委根据抗日游击战争的发展需要，重新组建新安党支部，党支部书记由李元荣（朝鲜族，宁安县委宣传部长）兼任，支部所在地设在新安村。

（三）海林党团特别小组遗址

海林党团特别小组遗址，位于海林市海林镇平和村。"九一八"事变后，北满特委任命苏北虹为宁安县一区团委书记，重点负责四中、女中、县中的学生运动工作。他组建了"抗日救国会""读书会"，宣传马列主义和党的方针、政策，揭露日伪爪牙的残暴行动，还组建了海林街团支部，选海林小学校教员王庆双为团支部书记。1933年7月，苏北虹、张拐子（绰号）和王庆双组成党团特别小组，在宁安县海林颜家屯（现海林市海林镇平和村）苏北虹家召开了党团特别小组成立会议，会上传达了党中央对东北地区的抗日方针、政策和吉东局提出的"向牡丹江周围开展工作"的指示，并研究和制定了进一步开展抗日救国斗争和发展青年革命运动的策略。海林党团特别小组为打开海林地区的抗日斗争局面做出了重要贡献。

（四）"将军洞"遗址

"将军洞"遗址，位于海林市柴河林业局临江林场大夹皮沟13号林班的山上。"将军洞"因抗联名

将周保中等人在此藏身而得名。1938年11月至12月，抗联第二路军军部近百人在总指挥周保中将军的率领下，与上千名日伪"讨伐"队周旋于山间，借此山洞藏身21天，巧妙躲过敌人的追击，成功地保存了抗联力量。在此之后，在周保中的率领下，抗联二路军及直属部队成功地实现在林口的突围。

（五）解放战争剿匪部队驻所旧址

解放战争剿匪部队驻所旧址，位于海林市海林镇英雄街171号。此建筑建于中华民国元年（1912年），原是海林街一家大商铺，"义发源"商行，是当时海林街经营较早的一家杂货铺。抗战胜利后，为建立巩固的东北根据地，中共中央向东北派大批干部，在东北解放区开展建党、建军、建政工作。胶东军区海军支队即"田松支队"奉命开赴牡丹江，1946年1月，改番号为东北民主联军牡丹江军区二支队。支队长田松，政委李伟，下辖一团和二团。1946年2月2日，牡丹江军区二支队一团进驻宁安，二团进驻海林，开展剿匪。此处是二团驻地二团侦察排住在"义发源"商行内。1993年，解放战争剿匪部队驻所旧址被海林市政府公布为海林市重点文物保护单位。

解放战争剿匪部队驻所旧址

（六）杨子荣烈士陵园

杨子荣烈士陵园，位于海林市东山之巅。

杨子荣，原名杨宗贵，山东牟平人。1929年，杨子荣一家因生活所迫，迁往安东谋生。"九一八"事变后，日军侵占安东地区，他被日军抓当劳工，流放深山采矿，过着牛马生活，饱尝了人间的疾苦和亡国奴的滋味，但也结识了不少患难与共的朋友。1943年，他不甘忍受日本侵略者的欺凌，带头打了工头，从东北跑回山东家乡。回家以后，他秘密加入民兵组织，积极参加抗日斗争。1945年8月参加八路军解放牟平城的战斗。11月加入中国共产党。12月随部队奔赴东北，转战牡丹江，任牡丹江军区二团三营七连一排一班班长，后来被提升为二团侦察排排长。他参加大小战斗上百次，每次都出色地完成了上级交给的任务，多次立功受奖，并被评为"侦察英雄""战斗模范"。1947年2月6日晚，他打入匪穴，里应外合，活捉国民党军东北第二纵队第二支队司令张乐山（匪号"坐山雕"）。东北军区司令部给杨子荣记了三等功，授予他"特级侦察英雄"的光荣称号。同年2月23日，杨子荣在追歼顽匪郑三炮、刘焕章时，不幸中弹牺牲。杨子荣生前所领导的侦察排，被公布为"杨子荣排"。

（七）海林市新安朝鲜族镇革命烈士公墓

海林市新安朝鲜族镇革命烈士公墓，位于海林市新安朝鲜族镇东部。新安朝鲜族镇革命烈士公墓，始建于1946年8月，原址位于新安村2.5公里的海浪河岸边，1973年迁移复兴村东北部。新安朝鲜族镇革命烈士公墓共安葬43位革命烈士，这些烈士中，有从关

内来到东北的老八路,还有当地参军的朝鲜族子弟兵。抗日战争胜利后,他们为巩固东北根据地和保卫土地改革胜利果实,先后参加火龙沟、新安镇、鸡西等多次战斗,为革命献出了宝贵生命。2005年,海林市政府对革命烈士墓碑修葺重建并修建革命烈士纪念碑。

(八)海林威虎山剿匪纪念地

海林威虎山剿匪纪念地,位于牡丹江海林林业局夹皮沟林场四号棚东南10余里的山坡上。解放战争时期,为消灭被国民党收编的数股残匪,建立巩固的东北根据地,保卫"土改"成果,东北民主联军牡丹江军区二团进驻海林剿匪。这里沟深林密,十分隐蔽,可顺山沟直达海林、牡丹江等地,地理位置和环境险要。

海林威虎山剿匪纪念地标志碑

1989年,海林威虎山剿匪纪念地被海林市政府公布为海林市重点文物保护单位。

(九)东北抗日联军密营遗址群

东北抗日联军密营遗址群位于海林市柴河镇东山。

柴河东山抗联密营掩体建于1937年,是东北抗日联军第五军和第二路军的发祥地和战斗地。抗联将领周保中、李延禄、李延平、陈翰章、吴平(杨松)等都曾在这里战斗过。周保中曾于1938年夏季在此开过两次会议,并在此指挥过三次战斗。当年,有3个抗联中队在柴河东山密营驻扎,共有抗联战士70余名,战斗中有40多名抗联战士先后在这里战斗牺牲。

抗联密营掩体为长方形,总共约有20余处,最大一处约有40平方米,直

海林市柴河镇东山抗日联军掩体
(2010年6月,陈志远拍摄)

径近7米,周边垒着石块,地面痕迹呈椭圆形,外沿十分明显,能容纳二三十名战士,小的掩体可容纳四五个人。掩体既可以当战壕,又可以用来观察周围地势。掩体建在制高点上,非常隐蔽,因此又是重要的哨位。当敌人从山下进攻时,便于防守和撤退。战士白天在坑里蹲守,夜晚轮流站岗放哨。

1946年,周保中路过柴河东山密营遗址,周保中触景生情,不禁流下热泪,并对在此战斗牺牲的抗联战士表示哀悼。

(十)横道河子高波牺牲地遗址

横道河子高波牺牲地遗址位于海林市横道河子镇附近。

高波(1926—1947年),高波原名高新亭,出生于山东省海阳县高家乡高家村人。入伍前加入青年抗日先锋队和民兵组织,1945年参加解放莱阳万底镇战役。1945年3月参加八路军胶东地区海军支队,同年10月随军开赴东北,历任战士、文化教员、卫生员、宣传员、警卫员、排长。1947年2月,随部进驻海林,开始剿匪。因工作需要,负责火车物资押运。在执行亚布力开往牡丹江的火车(横道河子镇铁路东侧)押运途中,遭土匪袭击,高波带领的13名战士在激战中全部牺牲。高波子弹打光,与土匪拼刺刀。拼杀中,被土

匪木棒击昏，落入魔掌。土匪剥光他的衣服，绑在大树上，实施冻刑、抽打，高波大义凛然，不屈不挠，直到昏死。后被部队解救，在牡丹江野战医院治疗，由于伤势过重，不幸于1947年2月10日牺牲，时年21岁。

高波牺牲地

三、革命文物

大革命时期和日伪时期59件，解放战争时期269件。两部分历史文物现存于杨子荣烈士纪念馆和海林党史纪念馆。

四、纪念场馆

（一）杨子荣烈士陵园

杨子荣烈士陵园位于海林市子荣街1号，始建于1966年9月，坐落在海林镇东山上，是著名侦察英雄杨子荣的安葬地，占地面积8.5万平方米，由纪念馆区、烈士墓区、军事展区和植物园区四部分组成。

烈士墓区位于陵园山顶上，正中央矗立着10米高的革命烈士纪念碑。碑后面安葬着杨子荣、马路天、高波和孙大德四位烈士。由纪念馆通往山顶墓区的131级花岗岩甬道台阶，寓意着英雄们奠基的共和国百年基业和杨子荣牺牲时31岁。杨子荣烈士陵园大门以白桦树和松树墩造型，体现了《林海雪原》小说的文化底蕴。

杨子荣纪念馆位于陵园中央，建筑面积2760平方米。依着环境造型,呈半地下建筑,造型独特,馆碑相映,浑然一体,采用专题陈列体系和声、光、电艺术相结合的陈列手段,以东北剿匪斗争历史为铺垫,以突出杨子荣的业绩为重点,以人们心中的杨子荣为延伸,以英雄土地的辉煌巨变为结尾,将杨子荣的历史背景、英雄壮举、传奇色彩和英雄土地的沧桑巨变展示给世人。全馆共展出杨子荣烈士遗物和其他文献、实物195件及照片、题词240余幅。"小分队林海剿匪"景观复原、"杏树村战斗"半景画和"活捉三代惯匪'坐山雕'"幻影成像,真实而艺术地再现了当年牡丹江二团穿林海、跨雪原、剿顽匪的历史画面,活灵活现,栩栩如生,是纪念馆的三大展示亮点,把整个展览推向高潮。

陵园每年接待全国各地谒陵群众30余万人,成为"褒扬先烈,激励后人"的重要阵地。1993年,由共青团黑龙江省委员会、省民政厅和省文物管理委员会命名为青少年教育基地;1994年9月,被省委、省政府命名为全省爱国主义教育基地;2001年,经国务院批准为全国重点烈士纪念建筑物保护单位;2006年11月,经团中央命名为全国青少年教育基地;2007年4月,被全国旅游景区质量评定委员会评为"国家AAA级旅游景区"。2009年5月21日,被中宣部命名为全国第四批爱国主义教育示范基地。2017年,杨子荣烈士陵园及剿匪遗址入选《全国红色旅游经典景区名录》,成为中国北方红色旅游经典线上的一个重要景点。

(二)中共海林党史纪念馆

海林党史纪念馆位于海林市横道河子镇七里地村,系牡丹江地区第一个党支部——横道河子党支部(1926年10月)旧址所在地。该馆始建于2015年10月,于2016年1月建成并对外开放,牡丹江市级重点文物保护单位、牡丹江市党史教育基地、海林市党员教育阵地。2015年10月19日,牡丹江市委张雨浦书记调研七里地村基层党建工作时提出:"要依托牡丹江地区第一个党支部红色资源,将横道河子七里地打造成党史教育基地。"为此,海林市委市政府迅速推进落实,全面启动海林党史馆建设,历时3个月即建成了全省首家县级党史纪念馆。纪念馆建筑面积240平方米,主体结构为外墙木克楞,内墙板夹泥,基本保留了建筑原貌;整个展馆共分四个展室,三部分内容,展陈图片151张,实物138件。主要展现了从中东铁路建成、横道河子党支部建立,经过抗日战争、解放战争到中华人民共和国成立这一历史时期,海林人民在中国共产党领导下,进行新民主主义革命并取得胜利的光辉历程。

五、革命人物

周保中(1902—1964年),云南大理县人。1931年12月被党派往东北领导抗日斗争。1933年冬,在宁安、海林地区着手建立党所领导的反日同盟军,并领导了中东铁路沿线的山市、横道河子以及新安镇、长汀沟里等地开展游击战争。1935年1月,任东北抗联第五军军长。曾在海林柴河沟里、夹皮沟、三道河子与日寇展开斗争。新中国成立后,任云南省政府副主席,在党的八大会议上当选中共候补委员,1964年2月于北京逝世。

李延禄(1895—1985年),东北抗日联军高级指挥员。生于吉林延吉。1913年在吉林参加反对袁世凯复辟帝制的斗争。1917年入东北军当兵,后任排长、连长。1929年参加革命工作。1931年7月加入中国共产党。"九一八"事变后,被派到吉东任吉林中国国民救国军总部参谋长兼补充第一团团长,在所部秘密发展中共组织。1932年3月,在海林站设指挥所,指挥了镜泊湖南湖头墙缝——松乙沟——关家小铺——高岭子伏击战等连环战。1933年1月率补充团脱离救国军,组织成立中国共产党领导的抗日游击总队,任总队长。旋即所部扩编为东北抗日救国游击军,任司令,率部在宁安、海林、汪清、密山等地开展游击战,曾取得团山子、八道河子、马家大屯等战斗的胜利。同年7月所部改称东北人民抗日革命军，任军长。1934年冬任东北抗日同盟军第四军军长，率部转战林口、方正、勃利等地，团结义勇军共同抗日，曾参与指挥攻克刁翎、林口等战斗，挫败日伪军1935年冬季"讨伐"。后任东北抗日联军第四军军长，兼中共吉东地委委员。1936年春到1938年秋被派到上海、南京等地从事抗日民族统一战线工作。1939年任中共中央东北工作委员会副主席。抗日战争胜利后任合江省人民政府主席、松江省人民政府副主席。中华人民共和国成立后，曾任黑龙江省副省长、省政协副主席。第三至第五届全国人大常委会委员。1955年获一级八一勋章。1985年6月18日于北京病逝。

李荆璞（1908—2000年），黑龙江省宁安县人。1932年参加革命，1935年入党。历任东北工农反日义务队队长，东北抗日联军师长。在海林地区拔掉了老爷庙据点、旗杆顶子埋伏战、长汀伏击战、天桥岭伏击战、长汀城墙砬子战、柴河林区歼灭战，并参与了海林地区剿匪斗争。历任牡丹江军区司令员兼临时省委书记、牡丹江市政府第一任市长。新中国成立后，历任热河军区司令员、国防部第七研究院副院长，1955年被授予少将军衔。2000年11月在北京逝世。

苏北虹（1915—2010年），黑龙江省海林市平和村人。1930年秋，加入共产主义青年团。1931年"九一八"事变后，任宁安团县委宣传部长，1932年4月，加入中国共产党。1934年根据吉东局指示，成立党团特别小组，在海林、拉古、山市、二道河子领导群众开展对日斗争。新中国成立后，到中国人民大学读书。1954年任外交部苏欧司三科科长。1955年11月，响应党的号召赴新疆，任中共巴音楞蒙古自治州委委员、组织部长，党校校长。1980年6月，苏北虹离休回到北京。2010年在北京逝世。

李光林（1910—1935年），朝鲜族，吉林省延边人。1929年加入中国共产党。1934 年任中共吉东局团委书记兼巡视员。在穆棱、勃力、密山、宁安、海林一带开展革命活动。1935 年春,在吉林汪清组建了反日联军第五军第二师,任师政治部主任。曾三次来海林发动青年,武装青年,参加抗日救国活动。1935 年底,在与伪军战斗中被俘后壮烈牺牲,年仅 25 岁。

陈翰章(1913—1940 年),满族,吉林省敦化市人。抗日联军第一路军的著名将领,他战斗的足迹踏遍了镜泊湖畔,跨越吉、黑两省的广大地区,海林也是他战斗过的地方。在二道河子以及团山子、卢家屯等地进行大小战斗几十次,战斗中歼敌千余人。1940 年 12 月 8 日上午,陈翰章带 10 余名战士在密林中被 1 000 多名日伪军包围,最后英勇牺牲,年仅 27 岁。

李文彬(1902—1939 年),汉族,黑龙江省双城市三姓屯人。1935 年秋,任宁安县伪森林警察大队队长,驻三道河子(海林)林区。经抗联将领周保中派人工作,于 1937 年 7 月率部起义,并任抗联第五军第三师师长。同年加入中国共产党。1939 年在黑龙江省宝清县战斗中壮烈牺牲,时年 37 岁。

柴世荣(1894—1943 年),山东胶县人。曾任救国军第四旅旅长,曾在石河、旧街、新安、长汀与日伪军战斗过。1934 年冬加入中国共产党。1935 年 2 月成立东北反日联合军,柴世荣任副军长。1936 年 2 月,东北反日联合军改编为东北抗日联军第五军,柴世荣任副军长。在三道河子(今海林市辖区)缴了一个连的械,同年 6 月,转战海林、柴河、二道、三道河子,利用海林的绿色走廊与日伪军周旋。1943 年在执行任务中不幸牺牲,时年 49 岁。

王新文(1908—1945 年),1933 年加入中国共产党,长期从事革命活动和抗日斗争。他经常到海林沟里宣传抗日救国道理。1938 年秋,他领导地下党组织一些同志,在敖头车站扒铁轨、使日军列车车翻人亡。王新文遭日寇逮捕,严刑拷打,身体遭到摧残,保外就医获释不久,于 1945 年 3 月去世,时年 37 岁。

孙以瑾(1913—1999 年),女,安徽省寿县。1935 年在北平女子师范大学读书。1939 年先后担任过"省功会"妇女战地服务团支部书记,中共六安独山区区委书记、主席,鄂豫皖边区妇委书记,无为县委书记。1934 年赴延安,在中央党校干部学习班学习。1945 年到东北,1947 年 2 月任新海县县委书记,亲自担任"土改"工作团团长,开展建立政权工作。曾任东北局妇委秘书长。孙以谨为革命失去 3 个孩子。

刘克文(1917—1967 年),汉族。出生于山东省苍山县,毕业于师范学院。1937 年参加抗日救亡运动。1938 年加入中国共产党。同年 6 月,任临郯青年救国团干事及青年营教导员。1940 年 12 月,任临沭县委组织部部长。1942 年 6 月任临沭县委副书记,同年 12 月任临沭县敌工部部长。1943 年 11 月任滨海二军分区敌工股长。1945 年 10 月任东北民主联军二师敌工(联络科)科长。1946 年 2 月任宁安县工作团团长。同年 5 月,受党组织派遣到海林开展工作。同年 8 月,建立新海县任新海县县长,主持县委工作。1948 年 9 月新海、五林两县合并为海林县,任海林县人民政府第一任县长。1949 年 3 月刘克文率工作队南下。同年 7 月任南昌市民政局局长。1951 年 11 月任南昌市委组织部副部长。1952 年 8 月任中南大区财委基建处处长。1953 年 3 月任国家计委基建处处长。1956 年任国家商业部基建局副局长。1967 年 7 月因患胃癌病故。

王希克(1918—1993 年),辽宁省义县人。参加过"一二·九"运动。1936 年参加民族解放先锋队。1937 年加入中国共产党。抗日战争时期,任河南固始县地下党县委书记,鄂豫皖区党委青委委员。1940 年转入新四军,任新四军第四师政治部宣传科副科长,科长,铜山县大队政治教导员,副政治委员,中国人民抗日军政大学第四分校政教科科长。解放战争时期,任牡丹江省军区政治部副主任,代理主任,牡丹江独立二团,五团政治委员,中共东宁、阿城县委书记。1948年9月任中共海林县委书记。中华人民共和国成立后,任过东北局政策研究室研究员。中国人民志愿军后勤二分部部长兼政治委员,中国人民解放军总后勤部军需部副部长,部长,总后勤部副部长兼供应部部长。1964年被晋升为少将军衔。1993年8月在北京逝世。

杨子荣(1917—1947年),原名杨宗贵,山东牟平县人。1945年秋参加八路军胶东军区海军支队。在部队抗日进军东北途中加入中国共产党。1946年1月部队到达牡丹江,改编为牡丹江军区二团,进驻海林镇。在杏树林战斗中,杨子荣只身进入匪徒之中,宣传党的方针政策,在我军强大武力威胁下,全部土匪缴械投降,共俘虏敌军官兵400余人和大量武器弹药。杨子荣在杏树林战斗中立了特等功,被评为战斗模范,并被提升为团直属侦察排排长。1946年5月13日,要在亚布力后山战斗中,杨子荣侦察敌情,提供可靠情报,歼敌400余人,并活捉匪首许福、许禄兄弟二人。同年10月,杨子荣被评为全团战斗模范。1947年2月,智擒东北第二纵队第二支队司令"坐山雕"以下25名匪徒,杨子荣荣立三等功。1947年2月23日,杨子荣等5名侦察员在海林县北部梨树沟里的闹枝沟,为剿灭李德林残部最后一股徒匪,不幸英勇牺牲,时年仅31岁。由于杨子荣在剿匪斗争中功勋卓著,被东北军区司令部授予"特级侦察英雄"光荣称号。

六、革命故事

(一)苏北虹在海林开展抗日救亡运动

苏北虹,黑龙江省宁安县海林颜家屯(现海林市海林镇平和村)人,生于1915年,是海林地区早期共产党员之一。中学时代他就接受了马克思主义思想熏陶,在中国共产党的领导下,积极参学生爱国运动。在祖国大好河山被日本侵略者铁蹄践踏的时刻,苏北虹毅然放弃了学业,不畏牺牲,投身到抗日烽火中去。

1927年,苏北虹在宁安县城读完高小后,于1929年考入吉林省第四中学。其间,在进步老师和同学的影响带动下,努力学习革命理论,并经常和同学们一起讨论国家大事,积极参加反帝、反封建、反军阀的学潮斗争。1930年秋,经学校共青团支部委员会书记关宝谦和共青团员唐顺玉介绍,宁安县团委负责人邱文华批准,加入了共产主义青年团。

"九一八"事变后,日本帝国主义铁蹄踏进了宁安、海林等地。这时,北满特委派王文龙以特派员身份来到宁安开展团的工作。为在这一带开展抗日斗争,加强对学生的抗日宣传工作,团县委任命苏北虹为一区团委书记,重点负责抓好省立四中、女中、县中三个中学的学生工作。在这三个中学学生中组织起了抗日救国会,苏北虹被选为副主席。经常在街头以集会讲演、油印出版小报、宣传单、贴标语等形式,广泛宣传"抗日救国,投笔从戎",驳斥了省立四中张乃仁宣传的"读书就是救国,救国必须读书"等谬论,并同他们展开了激烈的斗争。同时,组织动员了在省立四中读书的共青团员孙景阳、进步学生傅德双、关铁良(长汀镇石河村人)等20多名同学,去满洲里、海拉尔等地,参加了在那里抗日的马占山、苏炳文部队里的学生军。由于苏北虹不惧风险,勤恳工作,很快在三个学校里掀起了抗日救国的热潮。不久,苏北虹被调到共青团宁安县委任宣传部长。之后,又随同北满特派员王文龙参加了中共特派员潘庆由(朝鲜族)主持召开的县委会议,听取了党中央的指示及进一步开展抗日救国斗争的具体部署。

1932年1月24日,在宁安县党团组织领导下,共产党员于洪仁(中共宁安县委军事委员)和共青团员苏北虹、关淑兰(林纳)等人,组织3 300多人的牡丹江冰上飞行集会。作演讲、撒传单、贴标语,向群众宣传"团结起来、共同抗日"的主张。会后,苏北虹打着红旗为前导,带领队伍走上大街游行示威,散发抗日救国传单,张贴抗日救国标语。这一举动,激怒了反动军阀和汉奸走狗。当游行队伍到达南关口时,驻守宁安的东北二十一旅派出步兵两个连纠察队进行干预,双方发生了冲突,他们用枪、棍棒威逼和殴打驱赶游行队伍,阻挡游行队伍前进,当场逮捕了一名朝鲜农民和一名女中学生。事后在地下党、团组织的营救下,不久被释放。这次飞行集会和游行示威震慑了反动军阀,打击了汉奸走狗,灭了日本侵略者的威风,进一步唤起了民众觉悟,点燃了抗日斗争烽火。

1932年春节过后,北满特派员王文龙回到哈尔滨。共青团宁安县委书记金伯龙因工作需要调延边开展工作,李光林(朝鲜族)接任了共青团宁安县委书记,苏北虹接任了团县委组织部长。为了团结一切力量打击敌人,苏北虹在李光林的带领下,经常深入工厂、学校、街道和农村宣传党的抗日民族统一战线政策,广泛发动和组织反日会、抗日救国会、反帝大同盟。经党、团组织的教育和通过实际斗争的锻炼,1932年4月,18岁的苏北虹光荣地加入了中国共产党。1932年5月,根据斗争需要,李光林调任吉东局团委书记兼吉东局巡视员。苏北虹接替了他的职务,被任命为共青团宁安县委书记。

1933年夏天,苏北虹在宁安花脸沟一位农民家里与张松(李范五)和李光林会合,一同参加在汪清县老爷岭前森林内一个朝鲜族小屯吉东局召开的扩大会议。会上,吉东局书记孙广英[①]作了报告,部署了工作。会议决定,张松兼共青团绥宁中心县委书记,苏北虹任共青团绥宁中心县委宣传部长,关耀华接任共青团宁安县委书记。会后,根据吉东局的指示,宁安县委研究决定,派苏北虹、张拐

---

① 1934年4月,中共满洲省委吉东局机关遭破坏,孙广英回到辽宁老家(后脱党)。

子(绰号)和一名叫小王的团员组成党团特别小组,到海林、牡丹江一带开展抗日救国活动。当时,海林地区除了农村朝鲜族屯有党团组织外,海林街内只有两名团员,一名是电信局职工孙景隆,另一名是海林小学教员王庆双。江头屯有一名团员叫温发源,此外还有五名抗日救国会会员,他们是薛玉畦、佟安甫、王魁志、傅显明、吴喜林。苏北虹等三人来到海林后,先和海林的几名团员接上关系,组建了海林街团支部,王庆双任团支部书记。为了深入开展海林地区的抗日运动,苏北虹将受他单线领导的宁安七道梁的纪永仅、三灵屯的孟宪禄和柏连山三名团员调到海林,并派柏连山到海林北沟去改造(天义队),准备收编为人民革命军。由于工作做得不够,使队伍内部发生了变化,一部分叛变投敌,另一部分在柏连山的带领下到珠河投奔赵尚志。由于苏北虹等三人的忘我工作,党团特别小组在海林街内和小学教员中发展了几名团员,组建了读书会和抗日救国会,进一步打开了抗日斗争的局面。

1934年春,根据抗日斗争的形势发展需要,苏北虹率党团小组成员又到二道河子沟里(今海林市二道镇沟里)伐木工人中开展抗日宣传工作,很快发展了一名团员。同时,还组织工人学习俄语,由一位俄国老锯匠当教员,经常向工人介绍列宁领导的十月革命成功经验和艰苦卓绝的战斗历程,以及苏联的政治、军事情况和工人农民的生活,以激发工人们的爱国热情和坚定抗战必胜的信心。这时,党组织派李光林到汪清建立反日联合军第五军第二师,并任政治部主任。苏北虹等三人的领导关系介绍给吉东局书记孙广英,由他直接单线领导。1934年4月,由于叛徒出卖,吉东局联络点牡丹江大同医院被日本宪兵破坏,院长杨光庭被捕,孙广英回到辽宁老家,苏北虹等三人中断了与上级党组织的联系。此时,共青团宁安县委书记关耀华也从宁安来海林找苏北虹,告诉他宁安县党组织也被遣散,不知去向了。

在这种情况下，苏北虹等三人的活动也没有中断。苏北虹首先给周保中写了一封信，让关耀华前去找周保中，参加他领导的抗日救国军。苏北虹就以他们三人组成的党团特别小组为核心，在牡丹江、海林、拉古、山市、二道河子一带继续开展抗日斗争，一直坚持到1935年底。之后，小王回老家山东日照去了，张拐子回到林区当了猎户。苏北虹到了珠河县，经人介绍，在石头河子中央采木分公司担任了管仓库、检尺的雇员。不久和当地党组织负责人小张接上了关系，在他的领导下开展了搜集情报和改造土匪工作，并策反伪军一个营哗变，壮大了抗日力量。

1939年1月，中央采木分公司倒闭，苏北虹又回到海林。得知海林街团支部书记王庆双已考入了伪军军官学校，其他几名团员也不知道去向。苏北虹面对这一情况，先后以运输工、砖瓦窑工、建筑工和管账为职业，秘密开展抗日活动，发展了邵春然、李恩柱、秦德芳三名团员，并再次组建了团支部，开展了秘密的抗日活动。

抗日战争胜利后，宁安解放的第二天，苏北虹立即到宁安、牡丹江一带寻找党的组织。在宁安县城找到随苏联红军回国的姜上尉和冯上士，同时又见到了老党员胡成梁、孙绍棠、颜志、邓吉升等同志，并通过他们与周保中取得联系。经周保中、张松（李范五）、林纳（关淑兰）等地下党组织领导同志的证明，1945年11月初，绥宁省委恢复了苏北虹和其他6名同志的党籍。随后，他们几人被调到宁安县里，经过一段的集训，分别参加了县委的建党、建政、建军工作。1949年12月初，苏北虹由省委选送，东北局考核，到中国人民大学外交系读书。

1954年6月，苏北虹大学毕业被分配到外交部苏欧司任三科科长。1955年11月，苏北虹响应支援边疆建设号召，来到新疆，任中共巴音楞蒙古自治州委员会委员、组织部长、民政人事科长、秘书长、党校书记兼校长。

在"文革"十年动乱中,苏北虹几经磨难,受到林彪反党集团和"四人帮"的残酷迫害,直到1970年11月才恢复职务。

1980年6月,苏北虹离休回到北京。为使自己不虚度晚年,他把时间抓得很紧,除了帮助街道居民做些力所能及的事外,还撰写回忆录。2006年6月,在纪念中国共产党诞生85周年之际,海林市委根据苏北虹的革命事迹,派专人赴北京采访并拍摄了专题片《林海骄子——苏北虹》,在海林电视台播放。2010年苏北虹在北京逝世,享年95岁。

(二)高岭子撞毁日军铁甲车

在党的抗日武装力量奋力对敌斗争的同时,党领导的游击队和地下工作者,在中东铁路沿线与抗日部队密切配合,多次破坏敌人的铁路运输线,颠覆日伪军用列车,送军事情报,沉重地打击了日本侵略者,支援了抗日部队。

1933年夏的一天,抗联部队准备在青岭子火车站打日军列车,为拦截日军驻石头河子站的铁甲车前来接应,铁路工人地下党员老程,把拦截任务交给横道河子检路工、共青团员张林,并让他到高岭子去找看闸楼的老王共同行动。张林接受任务后,想起三四天前自己故意没给火车轴浇油,一节满载煤车燃轴了,恰巧在高岭子"搁浅",他打算用这辆煤车拦截日军的铁甲车,便把这一想法报告老程。老程同意他的建议,并告诉他:"完成任务后,马上转移,去找机务段的郑大车,跟他去牡丹江,然后再转道穆棱东大街铁匠炉找我,安排你以后的工作。"张林按照老程的指示,跳上一列西行的火车,由横道河子抵达高岭子车站,下车后直奔闸楼,见到老王后,把上级布置的紧急任务向老王做了交代。老王听后十分赞同,并决定完成任务后跟弟弟一起参加抗日部队。

张林与老王兄弟把沉重的煤车推到车站西头靠近下坡的地方,用一根道木掩住,做好了一切准备。后半夜,接到横道河子站值班站长电话,说:"日军的铁甲车已出动,做好搬道准备。"于是三人悄悄爬到煤车前,等待日本铁甲车驶来。过了片刻,车声由远及近,张林弯腰将支车轮的道木撤掉,老王把道岔搬好,三人用撬杠在车轮下撬了几下,煤车从高高的山顶直冲下去,风驰电掣越滑越快,转瞬间,只听一声巨响,山半腰发出一团耀眼的闪光——日军的铁甲车被沉重的煤车撞翻,车上的日军全部粉身碎骨,保证了我抗日部队在青岭子站打日军列车的辉煌胜利。

当夜,驻横道河子的日军头目闻听立即下令全站戒严,进行疯狂的大逮捕。老王兄弟拉山投奔抗日联军,张林在山上待了一夜,第二天傍晚,才偷偷返回横道河子,按老程的指示,找到了郑大车,钻进水箱里,用橡皮管子做通气孔,被送到牡丹江车站,郑大车帮他穿好衣服,又把他送进列车后部的一个空油槽车继续东进。但刚过两个站,日军就登上张林藏身的列车,打开油槽盖,用手电筒在输油口处照了照,没有发现异常,然后"哐"的一声扣上了。火车到了穆棱车站,张林侥幸脱险。此后,他按地下党组织的指示,在穆棱一带继续从事抗日活动。

(三)王新文颠覆日军列车

铁路工人王新文,1933年加入中国共产党,长期从事革命活动和抗日斗争。1935年,他承担了仙洞、北林子一带的具体工作。从1937年接受了整个仙洞的党支部工作。1937年冬,在牡丹江工运组织领导下,配合抗联部队,组织对日军军用列车的颠覆、破坏活动,给日本侵略者以沉重的打击。

当时抗日斗争进入最艰苦阶段,形势十分严峻。王新文不畏强暴,将个人安危置之度外,经常利用巡道之便,到海林沟里宣传抗日救国和从事发展地下党组织的革命活动。

1938年秋的一个夜里,王新文秘密外出,直到后半夜才回来。几天以后,便到处传说日军的一列军用火车在代马沟(现海林境内的敖头车站)被颠覆,军火爆炸,死伤日伪军多人,给日本侵略者造成了巨大损失。原来是王新文等人在得知日军军用列车通过的准确时间后,经过周密研究和策划,选定了代马沟一段区间,扒掉铁路道轨,使日军列车车翻人亡。

事件发生后,当地人民群众暗地高兴,也引起日本侵略者的疯狂报复,大肆搜捕。王新文则设法帮助参与行动的同志安全转移。

后来,由于日军掌握了王新文能说一口流利的俄语情况,觉得他在牡丹江至绥芬河区间工作不适宜,于1937年将其调到海林养路工区。

王新文到海林后,依然按照地下党组织的指示,紧密配合其他同志开展颠覆日军军用列车的活动。1938年间,日军的军需物资列车在海林一带区间多次被颠覆破坏。围绕事件的发生,日本特务机关进行了多方面调查。王新文虽然没有被断定为直接责任,却以"便于监视"为理由,将他调到日军警护团所在地牡丹江铁路工务段,受到日本特务的严密监视。同年,牡丹江工运地下党负责人赵采青被捕,次年在狱中遇害。王新文冒着生命危险,以家属名义把烈士骨灰取回,并亲自送回河北老家。在他返回的第三天,被日本警护队逮捕,严刑拷打,逼他承认自己是地下共产党员。王新文虽被打得遍体鳞伤,但仍一口否认。日本特务未得到确凿的证据,只好将他释放,但仍对他进行严密监视。

直到1944年,光复前夜,王新文又突遭日本特务机关逮捕,遭到残酷的拷打和迫害,每天轮番刑讯,坐老虎凳,灌辣椒水,直到生命垂危,经多方营救,才以"保外就医"的名义获得释放。但因严刑拷打损害了健康,获释不久,于1945年3月逝世,年仅37岁。

(四)抗联小分队空降海林

为了配合苏联红军顺利地消灭牡丹江、海林一带的日本强盗,1945年8月8日,中共中央军委命令退避苏联境内的原抗联三军四师二十四团团长李明顺带领一支小分队飞降牡丹江附近，深入敌后组织群众武装，配合苏军解放我东北三省。

8月9日晚9时，李明顺带领电报员姜德、侦察员赵奎武、孙成有从苏联远东军事基地乘坐飞机，穿云破雾，到达指定地点——海林的拉古南甸子上空跳伞。跳伞后，孙成有因降落伞出现故障，摔落在沙虎的南山根，不幸牺牲。被当地农民林国仁发现后报告了屯长，屯长林国龙赶到现场，回想起昨晚飞机的响动情景，又看到转盘冲锋枪，他判断死者是抗联的人，就急忙把孙成有带来的枪支弹药收藏起来。李明顺等三人跳伞降落之后，发现孙成有同志不见了，正在四处寻找的时候，发现沙虎南山根聚集了一大帮人，就急忙到那里一看，孙成有同志牺牲了，同志们怀着十分悲痛的心情，埋葬了他的尸体。随即，李明顺等人向当地群众公开了自己抗日的身份，并做抗日救国宣传，大意是：苏联出兵东北，目的是帮助中国抗日，号召群众拿起刀枪和苏联红军并肩战斗，消灭日寇，解放家乡。农民们听后，都高兴得跳了起来。把三位抗联战士视为亲人，围了个里三层外三层，水泄不通。老乡们说："真是天兵天将到了，小日本和'满洲国'要完蛋，我们的好日子要来啦！"在人群中，有一个商人打扮的青年人，贼眉鼠眼，鬼鬼祟祟，他是沙虎南沟孙伯乐的侄子，在县城以开照相馆为名，专门给日本人送情报，他看到了这个情景之后，就急忙赶回县城向日本人报了信。

群众把三位抗联同志让进村里，接到家中隐蔽起来。10日傍晚，李明顺正在林屯长家里召开群众大会，继续宣讲中苏联盟消灭日寇的道理，在村口放哨的农民跑来报告说："有20多个日军，手持三八大盖，还有两挺歪把子机枪，向咱们村跑来！"李明顺闻报，立即吩咐道："好了，大家马上回家，我们占领炮台，把敌人消灭在村头！"这时，林屯长走到李明顺的跟前，他非常激动地说："李团长，不能打啊！千万不要打呀！过去有过一次，一支抗日救国军来沙虎南沟,临行前命令村里的几个人,活埋了几个效忠日本人的朝鲜族特务。不久,日本人来了,烧光了民房,把埋特务的几个人抓走了,至今不知下落。"李明顺听了林屯长的讲述,考虑了两三分钟,严肃地说:"好吧,我们撤出村子不打了。但希望严守机密,不要把我们的行踪告诉敌人!"林屯长坚决地说:"我以全家人的性命担保。"随后,李明顺等三人上了附近的山上,隐蔽起来,观察敌人动向,准备战斗。

日本人进村后,把林屯长捆绑起来,严刑逼问他死者(孙成友)的同伙哪里去了,死者的枪哪里去了。林屯长非常镇静地说:"他们身穿皇军的衣服又说来执行任务,我分不清真假,他们到哪里去,我怎么敢问?枪,让他们带走了。"日军小队长听了直卡巴眼。乡亲们听说林屯长被日军严刑拷打,蜂拥前来作保。日军在村里折腾了一夜,一无所获,天一亮,他们垂头丧气地走了。

李明顺等三名同志,见仇敌路过,胸怀满腔怒火,正想开枪射击,忽见这一小撮日本兵被苏联飞机发现,一梭子机关炮,打倒了三四个日本兵,剩下的残敌亡魂丧胆,抱头鼠窜狼狈逃回海林街去了。

8月13日上午,李明顺带领两名战士到附近的沙虎村开展工作。一村民报告说:"有20多个日本散兵向村里走来!"李明顺暗忖:"我们势孤力单,不能同他们正面冲突。"决定采取"投饵钓鱼,关门打狗"的计策消灭他们。于是,他们带领一些身强力壮的青年人,手拿镰刀利斧,隐藏在村公所周围。尔后,让一位会说几句日本话的中年农民去引诱日军上钩,并事先商订好了暗语。中午,20多个日本兵进村了。那位中年农民手里提着蒸熟的鸡和烧酒,满脸堆笑地走到日本小队长面前,故意殷勤说:"太君大大辛苦,我们已准备好吃的东西,请太君'米希米希'!"说着就引日军走进村公所屋里。日本兵一见桌上摆着酒肉,就把枪往炕上一放,你争我抢吃喝起来。中年农民见时机已到,就高声喊道:"来呀!上饭,太君喝好了!"李明顺等听到暗号,率两个战士和预伏周围的各持利器的青年一起冲向屋内,大喝一声:"不许动!"随即用枪向敌人猛扫。这些沾满中国人民鲜血的日本兵被打得晕头转向,未来得及抄枪开火,就被全部消灭了。这次歼敌的胜利,大大鼓舞了沙虎一带的人民群众,许多爱国青年扛起土枪土炮参军参战,当地一支伪军国兵在这次胜利的感召下也参加了抗日队伍。

居住在拉古南甸子的农民王德兴,对日寇早就怀着刻骨仇恨。8月中旬的一天中午,他正在南门外的瓜地里看瓜,十几个日本兵窜进瓜地,他暗自高兴,心想:这回村里抗日小分队可要惩罚你们这些侵略者了。我要先想办法稳住他们,然后借机脱身去报告小分队。他拿定主意后,赶忙摘下几个熟透的大西瓜,满脸堆笑迎上前去,并用他在伪满读书时学会的几句日语和日本兵搭话,日本兵高兴地说:"你的大大的好人,良民的是。"日本兵一边吃瓜一边问他村子里有没有抗联和苏军,他说:"我的说不准,我来瓜地好长时间了,来的时候倒没有,不知现在来没有,我先回去探听一下,再回来告诉皇军。"敌人对他的话不但没有怀疑,而且非常相信他,让他回到村里探听消息。他回到村里把情况向李明顺等人报告了,然后按李明顺的布置回到了瓜地,对日本兵说:"抗联和苏军统统的没有,百姓们听说太君来了,准备了好吃的慰劳太君。"日本兵信以为真,高高兴兴地随王德兴来到了我们早已布置好的老张家。日本兵进了屋,有的把枪扔到了箱子上,有的把枪戳到墙根上,甩掉外衣,争抢着往炕上最凉快的地方躺。王德兴见日本兵丝毫没有怀疑,说了几句好听的话,就告诉日本兵说他回瓜地看瓜去了。

王德兴回到瓜地,又来了五六个日本兵。为了分散敌寇的兵力,于是,他对日本兵说:"太君的功劳大大的,老百姓家脏得很,学校的干净。"说着又把日本兵哄骗到学校安排好后,又向日本兵说:"我的为太君准备饭菜去!"他离开了学校,来报告了情况。李明顺当即派赵奎武等人去张家消灭第一股敌人。尔后,李明顺和王德兴来到了学校。王德兴要李明顺等在外面伺机行动,他先到屋里借归拢枪之机,把一支大枪从窗户向外扔去,不料被外面的钢丝挡了回来,敌人闻声而起,刚要下炕摸枪,李明顺在窗外开了火,打死了两个日本兵。突然一个日本士兵就从炕上滚到了地下,抱住王德兴的腿死死不放。李明顺怕伤了王德兴停止了射击。这时王德兴喊道:"老李,不要因为我停止开枪,放跑了敌人。"李明顺举枪射击,一枪打死了这个日本兵。王德兴跑出了屋,与此同时,在老张家里,李保山正给日本兵送水洗脸,发现一个士兵的枪始终不离身,把手里的一盆水送到这个士兵面前,趁他双手接水之机,猛地把一盆水向他脸上泼去,随手夺过了他的枪。这时,埋伏在外面的赵奎武等人用机枪向屋里猛烈射击,打得敌人抱头乱撞,魂飞胆破,有个日本兵在忙乱之际抓起香瓜式的手榴弹,忘了碰簧就向赵奎武扔去,有两个日本兵越窗而逃。这时,学校里的6个日本兵被消灭了,得到枪支弹药的几位农民奋不顾身地向这里跑来。两处合兵,不一会儿,几声枪响,逃跑的两个日本兵先后倒在地上。

连日来形势陡转,捷报频传:海林的日本人逃跑了、牡丹江光复了、日寇投降了、东北解放了。海林周围村屯的农民群众欢腾雀跃,与这支抗日武装携手祝捷。村里喧锣鼓、扭秧歌、唱小戏,杀猪宰羊摆宴席,简直像过年一样高兴快乐。

8月20日,上级来电,命令这支抗日武装小分队到指定地点集合,接受新的任务。乡亲们听说,都来送猪羊、鸡鸭、水果、蔬菜等,装上大车,披红挂彩,敲锣打鼓,扭着秧歌,欢送人民子弟兵出村,送了好远好远,军民噙满热泪,依依惜别。

(五)为革命走南闯北的坚强女性——孙以瑾

红色经典小说《林海雪原》曾激励感染了几代人。书中少剑波的姐姐"鞠县长"的生活原型,很大部分是出自当时在新海县(现海林）工作的孙以瑾。

孙以瑾，安徽寿县人。1935年在北平女子师范大学教育系读书期间参加"一二·九"运动。1936年参加中华民族解放先锋队。1937年毕业，1938年加入中国共产党，并被党组织派往家乡安徽以参议员的公开职业为掩护从事地下工作。她曾先后任中共金边区委书记、无为县委书记和鄂豫皖边区妇委书记。此时，与何伟结为伉俪。1940年，孙以瑾参加了新四军，并担任游击队长。1944年，从华东抗日根据地调入延安，进中央党校学习。

1945年抗战胜利后，孙以瑾与丈夫何伟一同参加了中央组织的100多名营以上干部队，邵式平任队长，何伟任副队长，赴华东配合陈毅领导的华东工作。当他们行至汾河时，突然接到上级命令，要求部队全部开赴东北的北满地区。华东是她的家乡，而东北则是我们争夺的战略要地。她积极响应中央的决定，立即北上。

一路上乘闷罐车、马车、毛驴车，有时还要步行。他们经榆茨，从大同出关。当时他们穿的是单衣，而到达辽宁铁岭时，已是大雪纷飞的隆冬。很多人不适应北方的环境，沿途就地分配到地方工作。她与何伟等三人继续北上，长途跋涉，来到了位于黑龙江省五常以北的拉林县。孙以瑾担任拉林县县大队政委。

1946年4月，蒋介石发兵向东北进攻，许多土匪和地主武装活动猖獗，与之遥相呼应。为保存实力，中共中央东北局决定，党在东北的工作暂时由城市转入农村，由公开转入地下。邻近的一些县委大都撤离了，为了不放弃已有的根据地，孙以瑾在征得省委同意后，主动与县委的其他七名同志坚守下来，并在同年5月平息了商人罢市和土匪对拉林的进攻。

当时何伟已被派往牡丹江任中共地委书记。1947年2月，东北局调孙以瑾到牡丹江，当时宁安正搞土改试点，她参加了地委召开的土改工作会。为加强新海县（现海林）委的领导力量，地委决定孙以瑾任新海县委第一任书记。

上任后,孙以瑾与县长刘克文认真向"土改"工作团的同志传达了"土改"工作会议的精神,并谈了自己的想法。她说,省委肯定了我们前段运动中取得的成绩,但我们不能否认工作中存在的失误,我们要按照上级的指示,从调查研究入手。从现在起,我们要采取新的工作方法,真正扎根到群众中去,宣传党的政策,启发他们的阶级觉悟,严防坏人钻空子。要把立场坚定、工作积极的先进分子吸收到党组织中来,为建立新政权培养干部。这样才能在农村立住脚,把"土改"工作搞好。

会后,她深入一线了解民情,亲自担任"土改"工作团团长。结合当地的实际,将原有的"土改"工作队加以整顿,划分成几个工作组,具体指导。经过努力,新海的"土改"工作取得进展。各村、乡、区先后建立了人民政权。当时新海一带土匪活动猖獗,她与二团副政委曲清涛(曲波)商洽,给"土改"工作团队长以上的干部配发了枪支弹药,以保证工作顺利开展。

"土改"后期,由于报纸上介绍"扫堂子"经验的影响,新海县也出现了过火的行动。她建议省委向上级组织报告,纠正错误。李富春、蔡畅及时赶到牡丹江。蔡畅代表中央亲临新海县,在孙以瑾的陪同下到石河等地做深入地调查研究。李富春指出要团结中农,结成统一战线,这对建立东北根据地、支援解放战争具有重要意义。并对"扫堂子"的问题做了重要批示,经过努力工作,纠正了"土改"中出现的"左"的倾向。

三大战役打响后,后方的党政工作更加繁重。孙以瑾除了搞建党建政和"土改"复查工作外,还领导新海人民积极筹备物资,组织人力物力支援前线,动员广大青年参军参战。她对新兵入伍的审查特别严格,新海县的那批新兵进关后,全部调到中央警备师,肩负起保卫中共中央的光荣使命。

解放战争高潮阶段,为了配合人民解放军在新解放区开展民主建政工作,孙以瑾离开了新海县,随军南下。她首先在中共中央东北局任妇女委员会秘书长,筹备召开了第一届东北妇女代表大会,之后便入关工作。1949年春,孙以瑾奉调到北平,参与组织筹备召开全国妇女代表大会,被蔡畅任命为大会总指挥。这期间,中央组织安排,将她寄养在华中的女儿接到天津与她会面(孩子未满月就送给了老乡)。孙以瑾紧紧搂着6年未与自己相见的女儿,眼泪夺眶而出。

1949年5月,孙以瑾离开北京,到武汉参加军事接管工作。8月1日,中共中央决定成立中共广西省委。9月22日,广西省委在武汉万国饭店正式成立。张云逸任省委书记、陈漫远、莫文骅、何伟、李楚离等任副书记。为了做好接管地方政权工作,中共中央从中直机关、华中、武汉以及各大军区、解放区抽调近2 000名干部,齐集汉口,组成入桂南下工作队。11月初,广西战役开始后,孙以瑾随解放大军进入广西。12月11日,她出任解放后的中共南宁市委第一任书记。

她随莫文骅第十三兵团司令部抵达南宁时,整个中共南宁市委、市政府仅有孙以瑾、刘锡三、袁家柯等三人组成。入城后,孙以瑾立即着手接收中共南宁地下党组织,在接管旧政权的同时,组建起市委、市政府机构,开展新政权创建工作。1950年1月,南宁正式定为广西省会。省委为便于协调工作,将干部进行了调整,中共南宁市委书记、市长一职改由省委第二副书记、南宁市军管会主任莫文骅兼任。孙以瑾、刘锡三分别改任副书记、副市长。1951年5月后,孙以瑾再任市委书记。

当时,南宁的干部主要来自军队转业、南下干部团以及地方的中共地下组织的成员,人员素质特别是在工作经验上存在很大的差异,孙以瑾十分重视干部的思想工作和干部的培养。她常说,我们大多来自不同的地方,为了一个共同的目标,精诚团结与敌斗争,才赢得了革命的胜利。今天,为建设新中国,我们共产党员仍要继续奋斗。在她主持中共南宁市委工作期间,有意识地将南下干部与地方干部交叉安排在各部门工作,鼓励他们在工作实践中取长补短,共同为南宁的发展贡献力量。她在南宁工作的三年,是南宁最困难的时期之一。面对经济全面崩溃、十余万人口民不聊生的烂摊子,建立和巩固新政权,恢复和发展经济的斗争,绝不亚于一场烽火硝烟的战争。由于全体干部的齐心协力,人民政权赢得了南宁各阶层人民的爱戴和尊敬。

孙以瑾一生为了革命工作走南闯北,直到1952年8月,她离开南宁与何伟一起调到广州工作,才算正式有了一个安定的家。后来她们又到北京工作,孙以瑾担任化学工业部基本化学局局长。1961年,何伟出任驻越南大使,他们又过起了近四年的别离生活。孙以瑾也只是在一次出访越南时,顺路探望了一次何伟。何伟回国任教育部部长时,孙以瑾又去河南搞"四清"。1964年,孙以瑾当选第三届全国人大代表。

这对革命伴侣走南闯北,一生过着聚少离多的生活。"文化大革命"期间,时任教育部部长的何伟蒙冤去世,孙以瑾亦受到株连,失去了工作,儿女再次流落外地。孙以瑾身心备受伤害,但她坚信真理永远掌握在人民的手中。1976年4月,时年63岁的孙以瑾,怀着满腔积愤,参加了天安门广场的"四五运动"。表现了一名共产党员对真理的执着追求。

"文化大革命"后,他们的冤案得到了平反昭雪。1978年,孙以瑾当选为第五届全国政协委员,在中组部从事落实干部政策的工作。1980年5月,中共中央邀请孙以瑾以老同志的身份,参加了刘少奇的追悼大会。她触景生情,百感交集,但她终能以一个老共产党员的宽阔胸怀面对过去。1999年4月18日,孙以瑾在北京病逝,享年87岁。

第二节 自然资源优势

一、植物资源

我市属长白山植物区系,原始林相为红松阔叶混交林。主要木本植物有：红松、云杉、冷杉、赤松、樟子松、落叶松、黄菠萝、水曲柳、胡桃楸、柞树、椴树、杨树、柳树和白桦、黑桦、榆树、枫桦、色木等二十多种；灌木有榛柴、胡枝子、杜鹃等100多种；草本植物有1 000多种。由于山多林密,山产品十分丰富。有人参、黄芪、刺五加、五味子、鹿茸、林蛙油等200多种中草药材,年蕴藏量12.5万吨。人工种植中草药历史悠久,龙胆草、防风、五味子、北芪、甘草、平贝等品种,被誉为"中国北药之乡"。我市盛产蕨菜、黑木耳、猴头、松子等100多种森林有机食品,森林有机食品资源丰富,人工种植食用菌,被誉为"中国猴头菇之乡"。

二、林木资源

全市林业单位用地783 627公顷,占海林市行政面积871 100公顷的90%,地方林业活立木蓄积量4 386 085立方米,占牡丹江市活立木蓄积量的8.3%,海林市森林面积689 122公顷,森林覆被率79.1%,素有"林海"之称。

三、动物资源

我市地理、植被与气候条件为野生动物的生存繁育提供了较好的生存环境。深山区、浅山区均有野生动物分布。海林、火龙沟、红海林、柴河等林场,横道、长汀、二道、三道等乡镇是野生动物活动的重点区域。全市现存野生动物 130 多种,主要有黄鼬、香鼠、麝鼠、狐狸、獾、熊、狼、兔、野猪等。

四、水资源

域内有牡丹江、海浪河二大水系,大中小型水库 12 座,塘坝 8 座,多年平均水资源总量 36.55 亿立方米,全市人均占有 8 702 立方米。拥有莲花、双桥等水力发电站 7 座,水电装机容量约 56.28 万千瓦。装机 55 万千瓦牡丹江莲花水电站是全省最大的水电站,红旗电站已开工建设,正在筹建大杨木 II 等一批重点水电项目。

海林市海浪河和牡丹江流域历史上最大洪峰流量出现在 1932 年,长汀站最大洪峰流量 3 750 立方米/秒,最近最大洪峰出现在 1991 年,为 1 870 立方米/秒;有记载以来海林市区最大洪峰流量出现在 1991 年,为 3 200 立方米/秒,最近最大洪峰流量出现在 2017 年,为 1 850 立方米/秒;海林城区海林堤防防洪标准为 50 年一遇,设计洪峰流量 5 505 立方米/秒。

五、风能资源

全市已建、在建、经实际测风和专家考察具备风电开发条件的风场有 18 处,总装机约 100 万千瓦,是我省风能重点开发区。截至 2018 年,已并网发电的风电场 4 处,总装机容量 12.415 万千瓦。

六、土地资源

截至 2016 年底,全市基本农田面积 7.592 3 万公顷,耕地保有量 12.967 02 万公顷。市规划区内剩余新增建设用地 955.731 5 公顷。

七、矿产资源

海林虽然辖区面积较大,但根据现有地质资料来看,矿产资源分布较少,较为缺乏。现已发现的各类矿产种类 36 种,占全国已知矿产种类 168 种的 21.4%,但够开发价值仅有铁、石灰石、沸石、白云岩、建筑装饰石材和矿泉水等资源,铁的储量规模都不大,多为零星分散,沸石和白云岩储量大,品味好,但市场不好。现在开发利用矿产的仅有六种,即铁、石灰石、花岗岩、砖瓦用黏土、河砂和矿泉水。

(一)正在开发的矿产资源

铁矿:正在开采的铁矿主要分布在二三道和长汀镇,检测核实储量为 476 万吨,动用储量 126 万吨,保有储量 350 万吨。

建筑花岗岩饰面石材:主要分布在横道镇和长汀镇,储量较大,储量约为 500 万立方米,用途较广,有待做进一步的开发。

(二)海林市具有潜在优势的矿产资源

白云岩矿:位于柴河镇阳光村东北部,距海林火车站 60 公里,氧化镁含量平均为 21.25%,探明储量 850 万吨。白云岩是提炼金属镁的原材料,有待开发。

沸石、膨润土:位于海林镇红胜村北部,距海林火车站 800 米,该矿为互层矿床,沸石主要为斜发沸石,含量 20%~30%,个别达 50%,储量为 5 772 万吨,膨润土蒙脱石含量最高 70.46%,最低 52.5%,储量为 3 523 万吨。

硅石矿:主要产地在二道镇和三道镇,其中二道镇和方正交界的硅石矿比较大,储量在 300 万吨左右,但在我市境内的只占很小一部分,不到 10%。

铅锌矿:主要分布在柴河镇,现地勘部门正在做详查,具体储量不详。

除此之外,三道闹枝沟铁矿及奋斗铁矿通过详查,推测铁储量大约300万吨,但未提交报告,只能是推测。山市镇放射性铀矿,已探明有一定的储量,具有较好的资源前景。

(三)尚不明确的矿种

地热资源在海浪河一带在做普查,有无地热尚不明确。

第三节 产业优势

一、农业

2017年全市农作物总播种面积139万亩,其中玉米50万亩、大豆36万亩、水稻15万亩、经济作物38万亩。全市粮食总产量约34.1万吨。2017年,农村常住居民人均可支配收入17 880元,增长8.0%;农林牧渔业总产值79.8亿元,增长11.1%。

全市森林覆盖率79.1%,水能总蕴藏量560万千瓦。全年平均气温4.4度,横跨二、三、四积温带,平均活动积温2 100度~2 500度,无霜期年均131天,年均降水540毫米。土壤以暗棕壤为主,占陆地面积的88.8%,草甸土、黑土、白浆土分别占4.2%、1.6%、1.5%,其余为水稻土、沼泽土等。

(一)农业产业情况

1.食用菌:全市食用菌生产总量达到17亿袋(盘),可产食用菌干品8.5万吨,其中黑木耳14.6亿袋、猴头菇1.5亿袋、滑菇5 000万袋、香菇和元蘑等特色菌类4 000万袋。园区总数达到175个、亿袋乡镇6个、规模化专业村58个、千万袋村45个、年生产能力300万袋以上的菌包厂40个、20万袋以上规模效益型大户210户、从业农民2万余户、食用菌加工企业37家,带动种植大户5 710

户,菌类产品购销经纪人791人,经济合作组织62个。

打造"中国猴头菇之乡"品牌,建设海林镇新民河猴头菇产业带。产业带南起食用菌产业园,北至新民村,规划全长20公里,区域面积4.5万亩,规划建设面积2.25万亩,辐射21个村屯。坚持政府搭台、合作社和企业等工商资本领办、带动农民受益的多元化发展模式。产业带累计投入5.5亿元,建成标准化猴头菇园区10个,菇棚总量5 000栋,年生产猴头菇1亿袋,鲜品产量5万吨;建成标准化菌包厂5个,其中日生产能力12万袋的菌包厂1个;组建合作社4个,吸纳会员400余户。

扶持鼓励发展食用菌精深加工龙头企业。目前,全市已培育年产值千万元以上的食用菌产品加工企业40家,其中,北味集团已成为"农业产业化国家重点龙头企业",并于2017年在"新三板"挂牌上市。新民河猴头菇产业带加工体系初步形成,悦来颐和合作社也开发出猴头菇酱、猴头菇破壁超细粉等产品。海林市俊峰食品有限公司猴头菇原浆液暨饮品加工项目现已进行试生产,今年将正式投产运营;俊峰企业还与北京千菌方菌物科学研究院洽谈合作事宜,向菌物医疗和保健品领域发展。此外,海林市在二道镇还建成废弃菌包处理厂2个,利用废弃菌包加工燃料块,使废弃菌包得到循环利用,有效地延长了产业链条。

2. 蔬菜:全市蔬菜面积6万亩,其中棚室菜面积0.8万亩、露地蔬菜面积5.2万亩。年产各类鲜菜近3.6亿斤,销售收入5亿元,自给率达到60%。棚室蔬菜主要有西红柿、水萝卜、黄瓜、辣椒、韭菜、芹菜等品种,其中西红柿种植面积为0.56万亩,产量为9 800万斤;水萝卜种植面积为1 600亩,产量为1 400万斤;绿叶菜类种植面积为800亩,产量为800万斤;棚室蔬菜80%外销,品种以西红柿为主,大部分通过四季春蔬菜经销公司和蔬菜协会组织对俄销售,部分销往南京、杭州等大城市。露地主要有白菜、土豆、豆角、茄子、甘蓝、黄瓜、西红柿、辣椒等品种,主要以本地市场销售为主。

3.药材:海林市野生中药材资源蕴藏丰富,共有102科、215种,其中动物药材22科、39种,植物药材80科、176种,总产量达12.5万吨,开发潜力巨大。主要品种刺五加、五味子、满山红、黄芪、桔梗蕴藏量分别达6.9万吨、7 960吨、5 268吨、240吨、400吨,采集量分别达2 000吨、50吨、40吨、10吨、8吨。大宗药材有赤芍、升麻、桔梗、满山红、防风等76种;名贵药材有山参、田鸡、麝香、熊胆、鹿茸、豹骨等9种。同时,海林市种植中药材已有40多年的历史,已经形成横道镇二十二村、三十五林场平贝种植基地,山市镇黄芪、五味子种植基地。建立了北药开发研究所,海林市已被黑龙江省列为刺五加生产基地。全市适宜发展种植药材的土地面积达45万亩。

海林市中药材种植品种有平贝、沙参、白芍药、山芝麻、黄芪、人参、西洋参、五味子、灵芝、防风等,总种植面积15 192亩,主要分布在林区,青岭子、二十二、火龙沟林场、海林林场居多,药材销售主要靠吉林、辽宁药贩子过来收购。规模种植有白芍500亩、山芝麻400亩、平贝7 000亩等,种植示范基地10个。

4.寒地浆果:全市有树莓、黑加仑、草莓等寒地浆果种植面积8 100亩,主要分布在海林镇、横道镇、柴河镇、山市镇4个镇。红树莓:总种植面积3 290亩,主要品种为哈瑞太兹、富尔都德、秋福、美国红,其中山市镇375亩、横道镇620亩、海林镇2 280亩、长汀镇15亩。黑加仑:种植面积3 150亩,主要品种为丹枫、不老德、黑丰,其中横道镇2 930亩、柴河镇100亩、山市镇105亩、海林镇15亩。蓝靛果:种植面积1 150亩,主要品种为"新培育的品种未定名",其中山市镇1 000亩、海林镇150亩。草莓:种植面积120亩,主要品种为四季果,其中横道镇110亩、柴河镇10亩。蓝莓:种植面积90亩,主要品种为北露、美登,其中海林镇90亩。花楸:种植面积300

亩,现育有花楸种苗100万株,可种植面积1 876亩。

5. 山产品:总蕴藏量4 100吨,年采集量1 600吨。有松子、榛子、山核桃等,形成了以北味、森宝源、圣宝佳源等一批山产品加工企业群体,有效带动了坚果产业发展和农民增收,其中北味为国家级农业龙头企业。海林市境内可食用的天然野生山野菜品种达50余种,年总储量在5万吨左右,年采集量约在1万吨左右,是东北山野菜绿色食品基地。品种以蕨菜、刺嫩芽、猴腿菜、黄瓜香、山芹菜等为主。松子、榛子、核桃等坚果类山产品总蕴藏量在正常年份分别达2 000吨、1 600吨、500吨,年采集量约1 600吨,重点采集区分布在二道镇、三道镇、柴河镇、长汀镇、横道镇及三大森工局区域内。海林市是黑龙江省重点松子产区,境内建有万亩人工红松果林基地。海林市浆果属寒带特有的浆果,品质优于外地,山葡萄、紫梅、草莓、树莓年产量分别达2.5万吨、1.62万吨、5 200吨、4 010吨。人工种植黑豆基地6 000亩,年产量近千吨。

6. 白瓜子:2017年全市种植面积20 596亩,其中三道镇6 465亩、山市镇4 874亩、柴河镇3 659亩、二道镇2 990亩、横道镇1 230亩、海林镇910亩、长汀镇318亩、新安镇150亩。全市种植面积最大村为山市镇胜利村,种植面积3 200亩。

白瓜子适宜坡岗地的砂性中壤土种植,怕涝,3至4年需要倒茬,要不容易得病害。白瓜子每亩(标准亩)产量约150斤,亩成本约250元,2017年市场均价每斤6元,每亩效益约750元。2014年以来,市场收购价呈下降趋势,2014年收购均价每斤8元,2015年收购均价每斤6元,2016年市场均价每斤6元。受市场价格影响,海林市近几年白瓜子种植面积呈下降趋势。

(二)农业产业化

2016年、2017年海林市荣获"全国一二三产业融合发展示范县""全国休闲农业和乡村旅游示范县""黑龙江省标准化绿色蔬菜示范县""省级现代农业产业园"等称号。

产业化龙头企业情况:现有牡市级以上龙头企业47家;其中国家级有北味菌业1家;省级有金色庄园米业、森宝源菌业、富源菌业、国栋精制米、宇翔食品、圣宝佳源、莲花渔业7家,牡丹江市级有39家。20余家农产品企业有网上销售,从事网上销售人员58人,主要销售产品有食用菌、坚果、杂粮、休闲食品等。北味公司建立了北味食品旗舰店销售网站,其他企业都是在淘宝、天猫、阿里巴巴、京东、1号店等知名销售网站开销售店。

农业品牌认证情况:全市共有"三品一标"(有机、绿色、无公害食品、地理标志)产品认证总量达到130个,其中,有机食品8个、绿色食品66个、无公害食品54个,地理标志产品2个(海林猴头菇、海林黑木耳)。全市有机食品、绿色食品、无公害食品认证基地面积达93万亩,其中,绿色水稻20万亩、绿色玉米30万亩、绿色大豆30万亩,绿色黑木耳13万亩,认证率达到66.9%。

二、工业

工业是海林国民经济的主体和财政税收的主要来源。全部工业增加值占GDP的37.6%。2017年末海林市在工商登记注册的各类工业企业531户,规模以上工业企业(年产值超过2 000万元,不含烟厂)36户,主要是以林木加工、食品医药、机械制造、建材加工四大产业体系支撑着海林市的工业经济。2017年规模以上工业增加值同比增长6.2%,在牡丹江各县(市)排名第二。全口径工业增加值完成836 620万元,增长6.1%,占GDP比重达37.6%。工业投资实现1 405 846万元,增长12.7%,工业投资占固定资产投资的比重达到53.9%。工业税收对财政贡献率达到67%。工业项目完成341个,增长10.7%(其中新开工工业项目269个,同比增长26.9%)。

从全市已注册的 427 户工业企业的行业分布看:林木加工产业有企业 104 户(其中规上企业 7 户),主要以地板、多层板、餐勺、实木门、家具、百叶窗、木制半成品等产品为主;食品医药加工产业有企业 140 户(其中规上企业 11 户),主要有白酒、啤酒、补酒、果酒等酒类产品和饮料。以食用菌、山野菜为主的山产品系列食品加工和粮食加工等;机械制造业产业有企业 30 户(其中规上企业 4 户),主要以石油机械、农用机械、矿产机械、汽车配件、建筑机械加工等为主;建材加工产业有企业 33 户(其中规上企业 5 户),主要生产塑料型材、商品水泥、新型建材等;其他工业产业有企业 120 户(其中规上企业 9 户),主要包括轻纺加工业、能源制造业、采矿业等。

地域分布看:工业多分布在海林市内和海林镇,占所有工业企业为 67%,其中市内 191 户,海林镇 95 户,长汀镇 32 户,山市镇 16 户,新安镇 6 户,柴河镇 63 户,横道河子镇 24 户。工业企业分布呈现出一区加两翼的格局,以海林为中心,东侧柴河镇,西侧长汀镇。

主导产业:现已形成林木加工、食品医药、机械加工、建材加工等重点行业,天合石油、华安塑材、北味菌业等重点企业,螺杆钻具、铝塑门窗、食用菌系列食品等主导产品为支撑的工业体系。

1. 林木加工产业。现有企业 104 户,其中规上企业 7 户。自 2015 年全面禁止采伐后,东三省的木材加工企业原材料几乎全部依靠进口,进口渠道主要依赖俄罗斯。今年木材原料购进价格总体有上涨趋势,目前来看快速消费木制品企业订单保持良好,如雪糕柄、食品签、部分家具配件、地板材料等生产企业订单良好。

2. 食品加工产业。现有企业 120 户,其中规上企业 11 户。2018 年山产品原料价格略有上涨,产品出厂价格随市场调整,总体看市场价格调整不大。北味菌业、森宝源分别获得驰名商标和著名商标,绿色食品产业链已初步形成,2018 年一季度春节期间销售情况好于去年同期;二季度山产品市场进入淡季;三季度山产品市场进旺季,特别是北味天然食品、森宝源等食用菌加企业,生产形式较好。

3. 机械加工产业。现有企业30户,其中规上企业4户。机械加工原料钢材、型材、板材等春节后稍有下降,下降的幅度不大,但比较去年还是有所提高,但产品出厂价格与上年基本持平,企业经营利润不变。汇丰石油因为去年开始启动破产重整程序,产量大幅下降。银锚建机在保持原建筑机械市场的同时,正在向新型农用机械转型,谋求多渠道发展。

4. 建材加工产业。现有企业33户,其中规上企业5户。建材龙头企业华安新材,塑型材原材料价格上涨,主要考虑市场需求萎缩等因素,产品价格有所下调。目前华安塑材只有一个成型车间开工,其他车间处于季节性停产状态。其他企业多数处于季节性停产状态。

5. 其他加工行业。现有企业120户,其中规上企业9户。其他行业同样受经济环境影响产销数据较上年普遍下滑,但重点企业林海纸业由于受到"互联网+"所带动的物流行业快速发展的影响,下游包装行业需求量快速增长。特殊行业产销情况比较看好,如大发氧气制造,区域内仅此一家,除医用氧气外,启动新上工业氧,市场前景较好。电力、供热企业较为平稳,均与上年持平。三家矿业全部停产。

6. 酒类产业。现有企业20户,其中规上企业2户,分别是海林市雪原酒业有限公司、黑龙江省哈尔迪啤酒有限公司。拥有白酒生产许可证的企业六家:海林市雪原酒业有限公司、黑龙江省横道河子酿酒总厂、黑龙江省雪乡益康酒业有限公司、黑龙江省林海酒业有限公司、黑龙江辰龙酒业有限公司和海林市威虎山食品有限公司白酒厂。拥有配制酒生产许可证的企业四家:黑龙江省横道河子酿酒总厂、黑龙江龙溪酿酒有限公司、海林市林海鹿业有限公司黄氏补酒厂、黑龙江辰龙酒业有限公司。拥有葡萄酒生产许可证的企业一家：黑龙江省横道河子酿酒总厂。拥有啤酒生产许可证的企业一家：黑龙江省哈尔迪啤酒有限公司。

　　海林市雪原酒业有限公司主要生产的雪原牌系列白酒、响水米酒等产品，年生产白酒3 000吨，部分出口韩国、日本和越南；黑龙江省横道河子酿酒总厂现有思马劳吉系列养生果酒、黑加仑果酒、刺五加保健酒、龙丹牌系列功能酒、白酒，威虎山牌果汁饮料五大系列共计60多个品种，产品主要销往大连，通过大连辐射全国。该企业果酒酿造技艺于2017年5月23日被牡丹江人民政府列为牡丹江市非物质文化遗产，费义常被授予果酒酿造技艺传承人；黑龙江省雪乡益康酒业有限公司以订单制作特供酒为主，生产中国雪乡贵宾尊享酒(53°、38°)，主要供应大庆和海林，年生产能力10吨；黑龙江省林海酒业有限公司主要生产威虎泉白酒及散装白酒，主要供应海林市场，年生产能力20吨；黑龙江省海林市威虎山食品有限公司是具有中华人民共和国进出口检验检疫局颁发的卫生注册证书的生产企业，具有白酒进出口权。公司生产的亚欧熊牌黑加仑伏特加果味酒系列、蝴蝶迷牌营养酒系列、三足乌牌纯粮白酒系列、洞藏酒系列产品远销到俄罗斯、肯尼亚、韩国、朝鲜等国家和地区。

　　黑龙江省哈尔迪啤酒有限公司年生产能力3万吨。拥有"威虎山""天湖""施泰克"等品牌，主要产品威虎山10度、11度啤酒，年销售收入2 500万元，利税600万元，为海林财政收入做出重要贡献。目前企业处在停产状态，准备搬迁，新厂建成后，使用德国先进设备和工艺生产精酿啤酒，设计生产能力可达5万吨，预计销售收入可实现3亿元。

　　海林市林海鹿业公司黄氏补酒厂主要生产恒显耀牌系列补酒共有3个品种，分别是鹿筋壮骨酒、鹿茸枸杞酒、鹿宝酒，年生产能力200吨。主要销往深圳、广州等南方地区，企业正处在发展期。

三、经贸

2017年，全市对外贸易进出口总额6.44亿元，同比增长21.5%，其中：出口总额49 391万元，同比增长4.3%；进口总额15 049万元，同比增长164.9%。

外贸企业：全市有进出口经营业绩的外贸企业35户，其中进出口总值超千万美元的企业3户、超百万美元的12户。

进出口总额超千万美元企业名：海林欣成木业有限责任公司；海林市林江木业有限公司；海林市锦丰木业有限公司。

内贸工：全市社会消费品零售总额61.1亿元，同比增长9.0%。按消费形态分，商品零售51亿元，同比增长8.2%；餐饮收入9.4亿元，同比增长13.4%。按销售单位所在地分，城镇实现53.5亿元，同比增长9.5%；乡村实现7.66亿元，同比增长5.6%。建成农产品溯源网站，有6户企业54种海林特色产品实现溯源，发放3批201.2万枚溯源码贴。海林市商贸企业信用体系建设初见成效，17户企业通过信用认证，4户企业通过信用评级。已完成《海林市电子商务发展规划》的编制，正在征集意见。

电子商务：海林市为第二批国家级电子商务进农村综合示范县，已通过国家商务部中期验收，全省排名第二。现已建成6 000平方米市级电子商务园区1处，8 000平方米的市级物流配送中心1处，村级服务网点98个，完成电子商务培训6 530人次。2017年孵化电商企业40家，全年电子商务交易金额5.8亿元，上行电商交易额完成3.48亿元，下行电商购物额完成2.32亿元。其中掌合天下1.4亿元、北味集团1.2亿元、北珍7 500万元、广源粮贸5 000万元、森宝源2 000万元。

四、旅游

海林市生态优良、文化厚重,是中国优秀旅游城市,形成了"雪、虎、山、水、情"五大旅游特色,生态观光游、休闲养生游、历史文化游潜力巨大。2017年实现旅游接待903万人次,收入21.39亿元,收入增长31%。

基础设施:拥有A级以上景区10个,其中AAAA级景区7个,AAA级景区3个,S级滑雪场1个。星级宾馆3家,其中三星级2家(东锐商务酒店、蓝景宾馆)、准四星级1家(俪涞酒店),星级宾馆床位322个。旅行社4家,其中国内组团社4家。旅游车船公司5家,旅游车(船)保有量25辆(艘)。

特色旅游(雪虎山水情):

雪。全年降雪期184天,降雪量145毫米,拥有我国降雪量最大、积雪期最长、雪质最佳的赏雪胜地——中国雪乡,国家滑雪训练基地——八一滑雪场,中国雪乡年接待50多万人次,近年来建成的威虎山雪村。2016—2017年度冬季旅游人数、收入分别达到90万人次、4.5亿元。

虎。位于横道河子的东北虎林园,拥有世界最大的东北虎繁育基地,已繁育成活东北虎1 300余只,获得"中国虎乡"称号。近年来,每年接待游客10多万人次。

山。依托威虎山的知名度,建设了威虎山影视城、威虎山主峰景区、威虎山九寨。主打威虎山生态和红色旅游线路。威虎山影视城成为拍摄东北背景的影视剧题材的剧组的首选地,近年来先后拍摄了《闯关东》、《亮剑》、3D版《智取威虎山》等知名影视剧50多部。威虎山九寨景区,近年来以其完善的基础设施、游乐设施和得天独厚的森林生态环境,赢得广大游客青睐。2017年接待游客60多万人次。

水。海林水资源丰富,海浪河是海林的母亲河,是满族的发祥地之一。百里莲花湖,风光旖旎,碧波荡漾。依托海浪河,建设了全省最大的水上乐园——亿龙风情园,年均接待游客50多万人次,成为牡丹江夏季旅游接待人次最多的景区;莲花湖景区重点开发了月亮湾景区、鹰嘴峰景区,建设了二道林场码头、铁道山庄等接待设施,年均接待游客20多万人次。

情。海林历史文化底蕴丰厚,民族风情浓郁。依此建设了横道河子俄罗斯风情小镇,建有中东铁路博物馆、王洛宾纪念馆、国际油画村。每年吸引了大量的中东铁路文化学者、美术爱好者、摄影家及大专院校的学生前来写生、考察。每年接待游客5万多人。位于横道河子的七里地村,是海林地区第一个党支部旧址所在地,建成了集革命传统教育、廉政文化教育及生态旅游为一体的国家农业旅游示范点和省级农业旅游示范村。位于海林市内的杨子荣纪念馆为全国著名的爱国主义教育基地,展现东北剿匪的历史画卷,吸引来自全国各地的游人观光、拜谒。毗邻杨子荣纪念馆的报恩寺,为东北地区较大的佛教寺院,每年吸引大量信徒和游客前来参与佛事活动和参观。

第七章　远景展望

2016—2020年是我国实施第十三个五年计划时期。"十三五"时期是全面建成小康社会的决胜阶段,更是海林市全面振兴崛起的关键期。市委在2016年1月召开了五届十次全委(扩大)会议,审议并通过了《中共海林市委关于制定海林市国民经济和社会发展的第十三个五年规划的建议》。海林市政府依据市委"十三五"规划建议,对今后五年奋斗目标做了进一步贯彻落实。在"十三五"规划的开局起步之年,海林市委、市政府向全市44万人民展示了一份决战决胜"十三五"、全面实现小康社会的宏伟蓝图。

第一节　全面建成小康社会的指导思想

高举中国特色社会主义伟大旗帜,全面贯彻党的十八大和十八届三中全会、四中全会、五中全会精神,以马列主义、毛泽东思想、邓小平理论、"三个代表"重要思想、科学发展观为指导,深入贯彻习近平总书记系列讲话精神,按照中央、省委和牡丹江市委的决策部署,以"五位一体"和"四个全面"为布局,以"五大理念"为引领,以提高发展质量和效益为中心,以改革创新为动力,以转方式、调结构为重点,以改善民生为根本,以党的建设为保障,全面聚焦"五大规划"和"龙江丝路带"建设,率先全面建成小康社会。

第二节 全面建成小康社会新的目标

一、经济综合实力保持全省排头兵

地区生产总值比 2010 年提前一年翻一番,城乡居民收入提前两年翻一番,脱贫任务提前三年完成,"十强县"力争进入全省前三名。

二、园区和项目走在全省前列

以"循环化改造示范试点"为依托,推进生产清洁化、项目循环化、产业集群化、市场网络化,实现"经济总量、项目规模、竞争实力、环境提升、商业氛围"五个突破,企业数量、经济总量、财政收入、基础设施累计总投入、固定资产总值翻一番,建成新型工业区。

三、境外园区建设走在全省前列

以境外园区、友好城市为依托,以项目合作、文化交流为重点,加快融入"一带一路"和"龙江丝路带"建设,外贸进出口总额稳步增长,实际利用外资水平不断提高;以铁路、公路、航空大通道建设为契机,推进物流、仓储、旅游等现代服务业发展,建设进出口商品集散地;承接发达地区产业转移取得实效。

四、"双建"工作走在全省前列

巩固扩大国家园林城、中国优秀旅游城、国家卫生城、全国平安市建设成果,三年建成全国文明城,实现"五城同创"大满贯。社会主义核心价值观深入人心,遵纪守法意识不断增强。将"海林好人"评选、建设"书香海林"、"社区邻居节"、"林海义工和志愿者服务"打造成省级宣传文化品牌。依托良好的生态环境、景区景点和产业基地,建成一批景区型、生态型、休闲型、民俗型、田园型"美丽乡村"。

五、人民生活水平走在全省前列

就业、教育、文化、社保、医疗、住房等公共服务体系更加健全,基本公共服务均等化水平稳步提高。城乡居民人均收入年均增长7%左右,城镇登记失业率控制在4.3%以内,城镇常住人口基本养老保险参保率达到98%,基本医疗保险参保率实现全覆盖,新型农村社会养老保险覆盖率达到99%,新型农村合作医疗保险参合率保持100%,大病保险制度开展率达到100%。

六、生态文明建设走在全省前列

生态文明制度体系进一步健全,水能、风能等生态产业快速发展,可持续发展能力不断增强。GDP综合能耗、主要污染物排放总量不断下降,森林覆盖率不断提高,绿色发展成为全市人民生活质量的增长点。

七、基层党建和法治海林建设走在全省前列

深化对发展规律的认识,提高领导发展能力和水平,完善党委领导、政府主导、社会协调、公众参与、法制保障的精细化社会治理体制,法治政府基本建成,司法公信力明显提高。开放型经济新体制基本形成。党的建设制度化水平显著提高,切实维护意识形态安全。

第三节　坚持创新发展，切实提高发展质量和效益

一、培育发展新动力

把创新摆在全市发展的核心位置。①增强工业发展新动力。巩固存量与扩大增量并举、传统产业与战略新兴产业并重，规上企业数量居全省前列。完成老企业升级改造，停产半停产企业复产达产。重点打造机械装备、食品医药两大百亿级产业集群，推进新材料、新能源、新装备等战略产业快速发展。②增强现代农业新动力。推进农业化、工业化、城镇化深度融合，加快基础设施、农业机械、服务体系建设，建立土地、财产、集体产权收入机制，精品高效农业、观光园农业、农产品深加工、新型城镇化率同步提高，推进"一带五区三百园"向高端迈进。构建农村基础设施财政投入、社会资本参与、村民自建自管机制，农村自来水入户率、污水垃圾处理率、农业机械化率明显提高。探索土地承包经营权有偿退出、宅基地自愿有偿退出、集体经营性建设用地增值和分配机制。③增强现代服务业发展新动力。开展"互联网＋"行动，创新销售、产业、融资"三个业态"。建设"农村电子商务试点市"，创办农村电商网点，配套建设仓储物流快递平台，打造电子商务产业园。做大"农品天下网"和"黑木耳联盟"，加大食品产业联合力度，构建"基地＋工厂＋客户"、线下体验＋线上交易垂直供应体系。推广华安塑材、汇丰石油成功经验，推进北味集团上市融资。

二、拓展区域发展空间

①拓展产业发展空间。园区面积增加到 15 平方公里，项目摆

放得到充分保障，柴河工业园、森林食品园错位发展。加速"牡海宁一体化"进程，推进产城融合。启动"一河居中、两岸繁荣"战略，打造海浪河以南现代农业经济带、海浪河以北仓储物流集聚区，把"两岸繁荣"落实到农业产业繁荣、现代服务业繁荣。②拓展城市发展空间。启动"城市扩容工程"，以园区扩能、斗银水库建设、红甸子河堤防建设、海长路建设为牵动，将8个周边村和5个城中村，纳入城区总体规划、建设和管理，拓展城市发展空间。③拓展基础设施空间。重点抓好高铁站前广场、牡丹江新机场迁建、斗银水库和斗银河景观带、城区南北出口棚户区改造、林海路打通、城市外环路、根治斗银河、城市和园区"三供两治"等重大项目，以大投资带动大发展。

三、加快体制机制创新

推进行政体制、财税体制、市场体制、非公经济四项改革。明确权力清单、责任清单，优化行政流程。规范事业单位服务事项。强化非税收入管理，规范预决算公开制度。建立债务风险预警及应急处置机制。清除市场壁垒，建立公开透明的市场准入标准和中小企业信用担保体系，允许各类市场主体依法平等进入清单以外领域。打破户籍壁垒。

第四节 坚持协调发展，构建平衡发展新格局

一、推动区域协调发展

坚持"区域联合、利益共享"，与"三局两场"深度融合。①推进林中经济深度融合。充分利用地方与森工土地和生态资源，以林

菌、林果、林药、林业养殖为重点,联手发展林中经济,实现森林资源效益最大化。扩大无害化绿色北药种植,加快药材开发和精深加工,打造全国绿色北药种植和开发基地。②推进"一区多园"深度融合。以食用菌产业园、森林食品园、柴河工业园为依托,加大食用菌、松仁露、猴头菇饮品等产品的联合力度,在品牌、销售、市场等方面,实现深度融合。③推进社会事业深度融合。加大改革创新力度,打破制度体制壁垒,在教育、医疗、文化、广播电视等社会事业上,探索资源整合、政策共享、合作发展机制,实现资源共享。

二、推动城乡协调发展

以"城镇功能因地制宜、产业发展集约高效、生活空间优美宜居、生态环境山清水秀"为方向,努力提高城镇化水平。①优化城镇化布局。以301国道、海长路、柴莲路为重点,以中心镇和沿线村为突破口,宜农则农,宜工则工,宜商则商,明确乡镇发展定位,打造农业大镇、工业强镇、商贸重镇、旅游名镇、文化古镇和民俗乡镇。加快"美丽乡村"建设,重点推进"三条线"两侧及可视范围的村屯。建立惩戒、奖励、评优机制,增强"三年行动计划"的约束力。②优化公共设施布局。建立和完善财政资金向农村公共设施投入机制,增强农村配套和服务功能;加快"三河一湖"乡镇、村屯污水处理厂和垃圾处理场的建设力度,保证饮水安全和沿河景区排放达标。③优化农村转移人口市民化布局。深化户籍改革,促进有稳定就业的农业人口进城落户,并与城镇居民享有同等权利和义务。落实居住证制度,常住人口基本实现公共服务全覆盖。健全农村转移劳动力就业保障机制,加强养老和医疗保险等社会保障制度衔接,逐步将进城落户农民纳入城镇住房保障体系。

三、推动精神文明与物质文明协调发展

①培育"海林精神"。坚持历史文化与时代精神、社会主义核心价值观与思想道德建设相结合,深入挖掘和弘扬"子荣精神""海林好人""林海义工"等品牌效应,引领崇尚文明的社会风尚。②壮大文学艺术队伍。构建以专业文化带业余文化、以城市文化带乡村文化的格局。引导和扶持各类艺术协会,促进各门类艺术繁荣发展。实施"文化人才培训计划",解决专业人才匮乏、队伍老化等问题。③完善文化投入稳定增长机制。保障文化建设投入,确保财政对文化建设投入不低于财政经常性收入的增长幅度,建立文化发展基金,重点扶持城区公共文化场所达标和农村文化阵地建设。对省级以上非物质文化遗产传承人和文艺家协会会员给予适当补助。④实施重大文化工程。重点建设影剧院、会展中心、青少年和老年文化活动中心、历史博物馆、机车博物馆等项目。建立非公益性文化场所有偿服务机制,推进"以文补文,以馆养馆"。

第五节 坚持绿色发展,切实改善生态环境和资源环境

一、严格落实主体功能区规划

高质量实施《国家主体功能区保护规划》《长白山保护规划》,严格落实生态保护、农业生产、城市发展三个空间,守住重点镇边界线、永久性基本农田、生态保护区三个红线。推进"多规合一",明确各乡镇主体功能区定位,严格实行重点生态区产业准入负面清单。健全自然资源资产产权制度和用途管制制度,对水流、森林、山

岭、草原、荒地、滩涂等自然生态空间进行统一确权登记,形成归属清晰、权责明确、监管有效的自然资源资产产权制度。建立由空间规划、用途管制、领导干部自然资源离任审计和差异化绩效考核。

二、加快发展绿色生态产业

推动生态优势转化为经济优势。①建设绿色有机食品生产基地。把握吃得安全、吃得健康、吃得时尚"三大趋势",以北味集团、农产品大市场、互联网+农业为依托,以绿色米、有机稻、森林食品为重点,构建绿色有机食品种植养殖、精深加工、储藏运输、市场营销全产业链。②建设北方生态旅游目的地。重点抓好以"中国雪乡""林海雪原国际旅游度假区"、雪村为主的白金旅游线;以"北方小九寨""鹰嘴峰度假村""亿龙风情园""欢乐谷""韩国风情园"为主的绿色旅游线;以"杨子荣烈士陵园""威虎山影视城""机车博物馆""俄式建筑群"为主的历史文化旅游线;以"佛手山公园""七里地汤泉谷"为主的生态养生旅游线;以红海林农场、山市马场、正和采摘园为主的观光采摘垂钓旅游线。③建设北方夏季健康养老基地。依托生态、医疗和绿色食品等,探索建立多元投入机制,发挥政府引导、社会主办作用,推动健康养老和旅游产业融合,加快开发"候鸟式"养老旅游、医疗旅游,促进健康养老产业发展。④建设清洁能源产业基地。做强水能产业,以荒沟电站带动9个梯级电站开发,构建水力发电、节水灌溉、冷水养殖三位一体的综合利用格局。做大风能产业,提升海浪、红旗、小锅盔风电场运营能力,推进虎峰岭、万米沟等风电场建设。加快生物质能、太阳能开发利用,打造清洁能源升级版。

三、强化资源节约利用

树立节约和循环利用的资源观。①实行最严格的水资源管理制度。强化约束性指标管理,实行能源和水资源消耗、建设用地等总量和强度双控行动,合理制定水价,推动水资源循环利用,开展地下水超采综合治理,建设节水型社会。②实行最严格的节约用地制度。调整建设用地结构,加强土地节约集约利用,推进城镇低效用地再开发和废弃地复垦,严格控制农村集体建设用地规模,耕地面积保持在139万亩。③实行最严格的环境保护制度。扩大污染物总量控制范围,实施大气、水域、土壤污染防治行动计划,推进多污染物综合防治和环境治理。健全用能权、用水权、排污权,创新有偿使用机制。在生产、流通等环节形成勤俭节约的社会风尚。

四、打造高效循环经济产业园

以"国家级循环化改造示范试点园区"为牵动,打造上下吃配、循环利用产业链。①推进循环经济产业升级。重点抓好龙江环保家电拆解、浦康机械多功能机械制造、华安新材木塑产品和海通管业再生塑料管材板材等新型建材产业,构建"城市矿山"和"现代化环保产业基地"。②推进循环产业循环高效利用。以热电联产、三艺新型建材吃配项目为主线,加快推进粉煤灰综合利用项目;加大园区林木加工企业联合力度,认真研究园区现有产业废弃物产量和特点,构建以行业间废弃物交换利用为核心的循环产业链。③推进低碳环保企业聚集发展。加快推进三友加气、天地能源醇类汽油等低碳产业项目开工建设,推进机动车污染减排。实施工业污染源全面达标排放计划和近零碳排放区示范工程,强化重点污染源和减排项目监管,提高工业污染物排放达标率。④推进大气污染源治理。完成开发区"三供两治",整合和改造城区供热站,推进秸秆综合利用,控制秸秆焚烧,减少大气污染和雾霾天气。

五、提升生态园林城质量

①构筑生态屏障。以山水林田湖为重点,实施"保护与修复工程"和"千万亩造林绿化工程",构建"斗银河城市海绵""环城山生态屏障""海浪河大堤绿道""七里地森林氧吧""莲花湖生态走廊"等生物多样性保护网络。②强化生态环境保护性措施。在全面停止天然林商业性采伐基础上,推进防护林建设、退耕还林还草、水土流失生物治理、小流域旅游开发等措施,保护性修复森林生态系统,构筑绿色生态屏障。③提升城区生态质量。巩固扩大"五城同创"效果,完成地下管网改造升级,严格落实垃圾分类和无害化处理,切实解决废弃菌包、菌厂对河流土壤的污染,保护好"母亲河"和赖以生存的黑土地。提高公园广场、街角庭院的绿化率,营造蓝天、碧水、阳光、绿树的"生态园林城市",促进人与自然和谐共生。

第六节　坚持开放发展,全面提升对外开放层次和水平

一、构建面向俄罗斯和东北亚的对外开放平台

抓住"龙江丝路带"建设、俄罗斯远东开发规划、中韩签订自贸协议等重大机遇,依托哈牡绥东节点城市、海林经济技术开发区和俄罗斯龙跃境外园区是国家级园区、赴韩务工人员众多等优势,加快对外政策沟通,争取国家和省市给予相应的优惠政策支持。重点建设对俄出口商品物流区、对韩进口商品周转地,提升海林市对外开放的枢纽功能。

二、提升以跨境旅游和文化交流为重点的开放功能

依托哈牡高铁、牡丹江对韩航空线、哈牡俄班列等大通道优势,以"中国雪乡""林海雪原国际旅游度假区""韩国风情园""俄式建筑群""东正圣母进堂教堂""中俄画家文化交流活动"为重点,建立多元化的对外开放统筹协调机制,通过城市间的互访以及举办论坛、博览会、洽谈会,促进彼此发展战略的互动融合,进而形成推动开放型经济发展的政策优势。

三、拓展俄日韩和欧美经贸空间

聚焦"龙江丝路带"建设,做大龙跃、春天两个俄罗斯境外园区,扩大汇丰石油钻具、科立达木业强化复合地板、银锚建筑工程机械、蔬菜园区农产品等对俄市场份额;支持欣成木业、锦丰木业打造沙特门窗驰名品牌,建设欧美市场出口生产基地,扩大林江木业复合地板对北美出口;扶持相龙收割机、顺锦食品对韩出口农机具和韩式泡菜。

第七节 坚持共享发展,稳步提升群众的幸福感和获得感

一、实施脱贫攻坚工程

以农村3 669名贫困人口为重点,实施精准扶贫、精准脱贫、精准施策、精准推进、精准落地,对有劳动能力的支持发展特色产业和转移就业,对丧失劳动能力的实施兜底性保障政策,对因病致贫的提供医疗救助保障,将符合政策的贫困人口纳入低保范围。实行脱

贫工作责任制,强化责任考核,健全定点扶贫机制,力争提前实现脱贫攻坚目标。

二、建设优质公平的教育发展体系

着力推进"互联网+教育"信息化建设,全面提升教育现代化水平。逐步调整全市学校网点布局,优化镇村学校教育资源,缩小城乡及校际间办学差距,加强教师队伍建设,推进城乡教师交流,促进教育公平。加快普及学前教育,均衡发展义务教育,全面优化高中教育,大力支持特殊教育,逐步整合民族教育,着力振兴职业教育,支持和规范民办教育,形成优质公平的教育发展格局。

三、完善就业和社会保障机制

坚持就业优先战略,鼓励以创业带动就业。统筹推进重点群体就业,加强对灵活就业、新就业形态的支持,强化毕业生就业保障机制,鼓励毕业生到基层工作,引导农村劳动力转移就业,拓宽退役军人就业渠道。持续增加城乡居民收入。建立更加公平可持续的社会保障制度,实施全民参保计划,落实渐进式延迟退休年龄政策。健全基础养老金标准调整机制和多缴多得激励机制。建立统一的城乡居民医疗保险制度,完善医疗保险稳定可持续筹资和报销比例调整机制,落实城乡居民大病保险制度。合并实施生育保险和基本医疗保险,完善失业保险和工伤保险制度。完善社会救助制度体系,不断提高低保户、重度残疾人等困难群体基本生活保障救助标准。强化社会福利事业。

四、实施保障性安居工程

以中低收入群体、新就业职工和城镇稳定就业的外来务工人员为重点,坚持政府主导与市场化运作相结合,实施城市棚户区、农村泥草房改造工程,推进廉租住房和公租住房并轨,多方筹集房源,加快保障性住房建设。

五、推进"健康海林"建设

深化医药卫生体制改革,实行医疗、医保、医药联动,推进医药分开,实行分级诊疗,建立覆盖城乡的基本医疗卫生制度和现代医院管理制度。全面推进公立医院综合改革,坚持公益属性,完善基本药物制度,理顺药品价格。构建全面均衡的医疗服务保障体系,促进医疗资源向基层、农村流动。鼓励社会力量兴办健康服务业。实施食品安全战略。大力发展体育事业,逐步壮大体育产业,提高全民健身活动的覆盖率和品质。

六、促进人口均衡发展

坚持计划生育基本国策,全面实施一对夫妇可生育两个孩子政策,改革完善计划生育服务管理。开展应对人口老龄化行动。保障妇女儿童和未成年人权益。支持残疾人事业发展。

大事记

1926 年

4月,中共北满地方委员会成立后,在中东铁路沿线,牡丹江站、海林、横道河子等地就开始有党的活动。

10月26日,中共北满地委在横道河子秘密发展了8名产业工人加入中国共产党,正式成立了海林地区第一个党支部。

1927 年

1月9日,中共北满地执委杜省物来宁安、海林,横道河子等地巡视工作,并在伐木工人、铁路工人中进行了党的宣传教育。

1月10日,中共北满地执委军事运动委员会负责人胡步三来宁安包括海林地区视察工作,在党内传达了"八七会议"精神和省临时委会议精神,明确了当前斗争任务。

1928 年

5月,日本帝国主义为了推行"大陆政策"逼迫张作霖签订"满蒙五路"密约,其中包括修建延(吉)海(林)铁路,以其扩张侵略。宁安、海林的党、团组织和进步学生、群众,在中共满洲省委的领导下,上街演讲,散发传单,示威游行,反对修建铁路,使日本帝国主义强行筑路只好暂停。

1929 年

4月15日,中共满洲省委第一次执委会议,在总结满洲党的工作时指出:满洲省委已在24个地方,建立了32个党支部,共有党员254人。其中哈尔滨县委所属有地包、印刷厂、油坊、鞋业、船坊等

11 个党支部。此外,长春、宁安、牡丹江、海林、横道河子、阿城、穆棱、博克图等地也都有党的活动。

11 月 8 日,海林、山市、横道河子站发现署名"中东路工人"致《路警兄弟们》的传单。揭露路局两三个月来苛待工人及路警的种种罪行,号召路警"联合起来,大家一齐保护中东路路警和工人的利益"。

1930 年

1 月 3 日,中共宁安特支在海林新安镇秘密发展了 23 名党员(多数是朝鲜族),并成立了中共新安镇支部委员会。

4 月,在中共宁安特支领导下,横道河子、海林两地,先后成立了反帝大同盟,共有会员 30 余人。同盟会的活动方式也由半公开转向完全公开。

5 月 20 日,中共宁安特支按着满洲省委的指示,以青年同盟会和农民协会为主体,在新安镇、山市、西崴子、腰屯等地,积极开展了革命宣传活动,组织发动了 300 多名群众前往旧街示威游行。

1931 年

9 月,海林、横道河子反帝大同盟,会员已发展到 40 名。

"九一八"事变后,海林地区独占山头,自立队号的群众自发抗日武装"八大队"(又称"老八队",敌伪档案中记载为"西山八大队"),先后成立,各自队号为"岐山队""双山队""占林队""飞人龙队""西胜队""长江龙队""四季好队""金龙队"。

12 月,共产党员李延平在横道河子、亚布力区域,率领铁路工人缴获了护路警的武装,组织了一支有 80 多人的铁路工人游击队。

1932 年

3 月 5 日,日本侵略军天野部队侵占海林站。

3 月 10 日,中东路东线海林、铁岭河驻军纷纷哗变,开展游击活动,打击日本侵略者。

3 月 19 日,抗日救国军参谋长中共党员李延禄率领补充团,负责阻击东侧上田支队主力。于镜泊湖西南墙缝小龙湾与敌人接触开火,一举歼灭敌军七八十人,补充团朴根重连长、左征连长和陈文起等6名指战员牺牲。

3月20日,李延禄率领他联合起来的各路抗日联合部队开赴海林,准备堵截从宁安向哈尔滨败逃的天野残部,其指挥部先后设在海林车站和照福山(今帐篷山)。

3月21日,李延禄率领抗日联合军队伍,根据情报,在海林车站堵截日本驻哈尔滨特务机关派往海林的两名经过高级训练的特务孙麒瑞、孙彦卿(绰号孙小辫,经营宁安南火磨的资本家),列车进站后,巡逻人员在厕所里逮捕并就地处决了孙麒瑞。孙小辫藏在车站近处一个垃圾箱里,躲到下半夜逃出海林。

3月23日,天野部队"墙缝"一战后,又从松乙沟败退下来,剩下的400余人窜到宁安城北没敢久留,准备奔向海林站,乘火车逃向哈尔滨。抗日联合军部队在宁安至海林途中的关家小铺布下了埋伏,但因日军获知联合军这一军事行动,天野将残部伪装成靖安军(红袖头)包围了关家小铺联合军伏击阵地,经过一场顽强的血战后,消灭敌人100多,抗日联合军以张宪廷为首的99名战士和抗日救国军援兵8名战士,共计107人全部壮烈牺牲。敌人被重创后仓皇向海林站逃去。

3月24日至25日,李延禄率领抗日联合军队伍,在海林附近照福山和山市站,连续打了两次阻击战,阻击向哈尔滨溃逃的侵占海林的天野部队。

3月27日,共产党员李延平率领铁路工人游击队在高岭子地区伏击天野残部,及其官兵200余人,逃走了三四十人。天野部队侵入海林仅22天就全军覆灭了。

4月10日,海林、横道河子伪军驻地发现中共满洲省委发表的传单。内容《告日本帝国主义新乙县独立政府下的士兵书》,号召伪军调转枪口,驱逐日寇,打倒伪政府。

4月20日,中共特派员、满洲省委军委书记周保中在中共宁安县委派苏北虹陪同下到海林地区秘密视察工作。

4月26日，海林地区独占山头，自立队号的群众自发的抗日武装岐山队、双山队、占林队、飞人龙队、西胜队、四季好队、长江龙队、金龙队，在中国共产党和东北抗日联军的影响下，通过飞人龙队头领鲁玉中和岐山队头领张岐山等人的串联，在山市洋草沟屯联合起来，组建了一支400多人的抗日武装——八大队。

4月30日，日军伊田四郎少将率领第一军第38混成旅团第二次侵占海林。

5月3日，吉林自卫军左路马宪章部攻克亚布力、横道河子、包围了一面坡之敌。

9月，横道河子检车段临时工人——共青团员张林，在地下共产党员程师傅（程芳）的带动下，积极组织工人，在青岭子（又名长岭子）车站捣毁一列日寇军物货车。

1933年

5月，中共吉东局在横道河子设立了反满抗日交通站。

吉东局和宁安县委派人到横道河子、新安镇等地开展抗日工作，重建了中共横道河子支部委员会，潘庆来为书记；中共新安镇支部委员会，李元荣（朝鲜族，宁安县宣传部长）兼书记。

根据吉东局的指示，李光林和宁安县委研究决定，派苏北虹、张麻子（张拐子）和团员小王等三人组成党团特别小组到海林地区开展抗日活动。

6月，中共满洲省委吉东局巡视员，团委书记李光林第一次来海林巡视工作，听取了苏北虹党团特别小组的汇报，并提出工作意见。

海林八大队中的飞人龙队27人在山市至海林途中与日军遭遇，牺牲19人，打死日军20多人。

7月，李光林第二次来海林巡视工作，在苏北虹家召开了党团特别小组会议，传达了党对东北的抗日方针、政策，和吉东局提出向牡丹江开展工作的时间问题，并帮助特别小组研究和安排了进一步开展抗日救国斗争工作。

8月,由海林"飞人龙队"头领鲁玉忠为首,联合珠河县的"新顺队""五省队""五江队""五虎队"和"老二哥队",共有3 000余人,攻打驻守在宁安县沙兰站的日伪军东西大营。双方激战一天一夜,日军用两架战斗机在上空轰炸;联合队攻势很猛,仗打得三出三进,难解难分。联合队用两门土炮,摧毁了日伪军的碉堡、炮楼,日伪军被打得仓皇逃跑。这次战斗日伪军伤亡200余人,联合军也牺牲100余人。

9月,党团特别小组在海林街内和海林小学校教员中,发展了3名团员,进一步壮大了以团员为骨干的读书会,抗日救国会等抗日组织。

10月13日,周保中调动抗日救国军部队,联合海林"八大队",一共2 000余人,先后两次攻打宁安县城,消灭了小部分日军,炸毁火药库,缴获一批军火和物资。

11月,吉东局在山顶站(今大观岭)召开第二次工作会议。周保中根据这次会议的决定,率边区军主力部队到宁安、海林、二道、三道等地组建反日同盟军。

12月,周保中在牡丹江下游(今海林)二、三道河子一带,分别建立了两个抗日密营,两营相距20余里,一处住编写人员(五军秘书处),一处住伤病员。

1934年

2月16日,周保中主持在宁安县东南乡平日坡召开了包括海林"八大队"在内的各部队代表会议,确定了一致的抗日纲领。会议还决定联合宁安全境所有抗日武装力量,扩大抗日统一战线,并将各抗日武装划分为包括海林在内的五大游击区。

2月,宁安、海林一带的抗日形势发生了变化,抗日斗争进入了更加艰苦阶段,吉东局派李光林到抗日部队去做改编工作。李光林在临行前,把海林地下党团特别小组的关系,移交给牡丹江大同医院了。要求海林党团特别小组千万不要和上级的党组织失掉联系,一定要把抗日救国斗争进行到底!这是李光林第三次来海林。

3月1日,"反日同盟军办事处"改称为"绥宁反日同盟军联合办事处",主任周保中。同时,成立同盟军军委员会。

3月,中共满洲省委派钟子云同志到牡丹江、宁安、海林、二道河子、三道河子等地抗日密营,传达省委第12次扩大会议精神和决议。

"八大队"之一的"西胜队"张永山带领80多人,去宁安东炉(长岭子),埋伏了四道卡子,截击了日军给养大车20多辆,打死30多名装押车的日军,缴获步枪30多支、轻机枪2挺、子弹七八箱。西胜队牺牲1人。

4月,海林党团特别小组去二道河子沟里,在采伐工人中培养了9名抗日反满积极分子,发展了一名党员和一名团员,并组织起工人夜校,学习俄语。

吉东局被破坏后,海林党团特别小组中断了与上级党组织联系,但苏北虹他们的抗日活动没有中断,继续以他们三人组成党团特别小组为核心,在牡丹江、海林、拉古、二道河子一带继续开展抗日斗争。

5月6日,中共满洲省委巡视员报告:上级党组织和海林党团特别小组在海林地区发展党员12人、团员8名。

7月,海林"八大队"中的长江龙队、岐山队、占林队联合延寿县的金标队在高岭子截击伪军军车,两连伪军当即溃散,缴获步枪200多支、子弹3万多发、面粉100多袋。

9月,吴平(杨松)受中共住共产国际代表团的派遣到东北,以满洲省委巡视员的名义巡视吉东的密山、穆棱、勃利、林口、海林、宁安等地党的工作,并筹建中共吉东特委。

中共宁安县委成员进行了调整,县委书记李范五。仅两个月就发展党员92人(包括海林地区的横道河子、新安镇、五河林发展的党员在内)。

1935年

2月1日,中共满洲省委发出关于满洲人民革命政府纲领《给各级党部之秘密指示信》。

2月10日,中共宁安县委和东北反日联合军第五军共同在绥宁各地公开发表反日同盟军改编为东北反日联合军宣言。同时,组成了军部和党委会。

3月16日,东北反日联合军第五军一团在一师师长李荆璞的率领下,在宁安县(今海林县)二道河子石门子伏击伪靖安军及日军200余人,击毙日军上士田中以下日伪军3人,击伤宫滕中尉以下7人,俘虏5人,缴步枪5支、轻机枪2挺、子弹2 000余发。

3月,东北反日联合军第五军在周保中的领导和指挥下,从中东铁路南侧挺进到铁路北侧的海林地区进行游击战争。在此期间,周保中亲自率部队先后两次攻打宁安县城,一次攻打海林和牡丹江,胜利地粉碎了日伪军长达五个月之久的两次"大讨伐"。

5月,东北反日联合军第五军由宁安一带转移到海林二、三道河子和林口县大、小杨木背、龙爪一带,开展抗日游击活动。

11月28日,中华苏维埃共和国中央政府和中国工农红军革命军事委员会发布《抗日救国宣言》。《宣言》重申中国共产党和红军愿与一切抗日反蒋的政治派别、武装队伍订立抗日反蒋作战协定,组织抗日联军和国防政府。《宣言》还提出了国防政府实施的十大纲领。

1936年

5月,东北抗日联军第五军副军长柴世荣率军部教导队穿过海林地区原始森林,进行长途奔袭,缴了三道河子一个连的伪军械,缴获枪100余支、轻机枪2挺、子弹4万余发。

6月13日,日寇在吉东地区对爱国知识分子进行大逮捕。牡丹江、宁安、穆棱、绥芬河、海林、横道河子等地学校中的党团组织遭严重破坏,有145人被捕。

6月,东北抗日联军第五军第一师在柴河沟里的三道河子缴了伪军一个连的械,得枪100余支、轻机枪2挺、子弹万余发。

7月,海林"八大队"中的双山队80多人,在宁安县前羊村东山截击新安镇保安队,救出了占中原队头领宋三云,并将伪保安队长吴永兴就地处决。

日本政府在伪满洲国推行"集团部落"政策,分别强行迁入我县(海林)(今一、二、三部落)新安镇和山市屯(今山市镇新兴村)等地的日本"开拓团"的农业移民128户、490人、100多匹马、80多支枪。

8月,中共宁安县委派人到横道河子开展抗日活动,秘密发展了4名中共党员,恢复组建了中共横道河子支部,王锡云为书记。他带领党员,积极发动劳苦群众向日伪统治者展开了殊死的斗争。

1937年

4月15日,由于叛徒的出卖,横道河子党支部再次遭到破坏,支部书记王锡云在七里地被捕。6月7日,在哈尔滨郊区陆军射击场被杀害。

5月22日,第二路军新编独立旅南返途中与张中华所部会师,共同打退来自海林方面的百余敌人的追击。

5月,抗联五军一师二团活动在五河林、柴河等地。一次在半拉砬子设埋伏,打死日伪军21人、打伤8人;三团在海林附近将伪军张营第三连全部缴械,并当场击毙10余人,得步枪72支、子弹万余发、军大衣100余件。

7月12日,在全国抗战形势影响下,经我党地下工作人员冯叔艳和她爱人王亚东多次工作,伪宁安县三道河子森林警察大队长李文彬率200多名官兵及其家属哗变。击毙日本指导官津村昌、日本教官加滕直秋等以下8人,携4挺机枪、146支步枪、10支匣枪、3万余发子弹,在五军军长周保中和张镇华带兵接应下,胜利地进入了抗联五军阵地。

7月15日,起义官兵在林口县三道通举行誓师大会,发布《三道河子森林警察大队反正抗日救国告各地民众及满军满警书》,号召伪军警"哗变出来,反正救国"。起义部队被编为东北抗日联军第五军警卫旅,下编两个团,共200余人,李文彬任旅长,张镇华任政治部主任,王亚东为五军副官,冯淑艳参加五军妇女团。

7月,东北抗日联军第五军警卫旅在周保中率领下离开牡丹江下游海林县二、三道河子一带,向依兰东部地区转移。在依兰东十六户与日军发生激战,打死敌军官兵20余人,获战马6匹。

海林八大队中的西胜队60多人在关家小铺截获伪军运输大车,击毙伪军12人,俘虏2人,缴获面粉数百袋。

10月4日,土城子、三道通和海林二道河子800多名日军向四道河子围攻。五军在周保中的指挥下,倚险抵抗,战斗一直打到傍晚,给敌很大杀伤。

1938年

8月,地下共产党员王新文以铁路工人为掩护,组织海林至敖头站区的铁路工人,捣毁了从绥芬河车站开往大连车站的11节日寇军列。

陈翰章、侯国中率抗联二军五师在东京城截击了进攻横道河子的600多名日伪军,歼灭了大批敌人,缴获了大量枪支、弹药和军用物资。

1939年

9月,抗日联军第五军三师师长李文彬在宝清县与日伪军战斗中牺牲。

抗日英雄陈翰章、侯国忠率领抗联二军五师袭击了日本侵略军在海林北山修建的飞机场地,打死打伤日伪军数人,遣散男女劳工200余人,烧毁敌寇哨所、工棚十几座。

1940年

3月,陈翰章、侯国忠率领抗日联军二军五师,攻打了横道河子警察署,击毙伪警察1人,缴获一批枪支、弹药和物资。

12月2日,日本侵略军七三一细菌部队第六四三支队建立(也称海林支队、牡丹江支队和牡丹江支部),六四三支队坐落在海林城东北四华里处的福利村。

12月,中共宁安县委书记王日新(原名丁宝殿,曾用名丁文礼、丁秀岩)为躲避敌人追捕离开宁安,宁安、海林党组织遭破坏,县委工作中断,其中有几名党员隐蔽下来。

1941年

9月,海林八大队400多人被特务骗到吉林省蛟河,被日军缴械,其中100余人誓不投降,当场惨遭杀害。八大队至此溃散。

1943年

11月28日,横道河子铁路机务段工人罢工,以示反对日伪统治者的压迫。

11月,日本侵略军曾在原宁安县(今海林县)新安镇(今新安朝鲜民族镇)地区撒了伤寒细菌,仅和平村一冬就死了30人。160户的西安村死了36人。

1944年

7月13日,抗联一小分队夜袭海林日本宪兵队,打死日本宪兵3人,打伤4人,缴获大枪4支、短枪2支,抗联小分队无一伤亡。

9月25日,海林、山市、拉古、石河等地,都发现"驱出日本侵略者"、"推翻满洲国"等内容的革命标语。

1945年

8月11日,日本关东军第一○○细菌部队拉古支队所有人员全部撤退。

8月13日,上午,从苏联空降回国的抗联小分队队长李明顺和队员姜德、赵奎武三人,在沙虎南沟屯,同当地群众一起,设宴请敌寇,智歼日本兵一小队20余人。

8月13日,侵华日军烧毁海林北山飞机场和七三一细菌部队第六四三支队厂房后逃走。

8月17日,海林县人民积极配合东北抗日联军,在苏联红军的帮助下,解放了海林。

8月18日,苏联红军第二十六军军长施克沃尔佐夫中将到横道河子,接受日军第五军投降。

9月10日,中共宁安县委派苏北虹到海林街,重新组建了民主大同盟。

10月16日,由共产党员金钟太、杨基钟等人与中共牡丹江地区委员会书记金光侠联系,经中共牡丹江地区委员会批准,在新安区除三家子村外其他各村都成立了党支部,海南成立了三个党支部,海林平和村也成立了党支部。

1946年

2月1日(腊月三十),田松、李伟领导的二支队来到牡丹江,驻防海林。

2月9日,牡丹江军区第一届战斗模范大会在海林召开,参加大会的战斗模范147人。

2月10日,海林自治区改称为宁安县第五自治区。

2月15日,二支队二团二营留守海林街的部队。

2月22日,牡丹江军区在海林举行二支队烈士追悼大会。

3月26日,牡丹江军区二团三营进剿杏树村,土匪顽抗,拒不投降。为了减轻我军和群众的伤亡,一排一班长杨子荣只身深入虎穴敦促高永安匪部三营八连连长王洪波、连副许大虎和九连连长郭万春、连副康祥彬放下武器投降。经过数小时宣传教育工作,400余名土匪缴械投降。并缴获轻重机枪10挺、大炮3门、掷弹筒8具、长短枪300余支及大批弹药。

4月15日,海林街各界人士在火车站广场举行集会,热烈欢送苏联红军胜利回国。

5月4日,中共绥宁省委、省政府派刘克文、李欣(女)到海林地区开展工作。同时,筹建新海县。

东北一纵队二师武装"土改"工作团进驻新安区。经过半个月的工作,5月17日进行基点(试点)工作小结:开展了十几个村的工作,其中有3个基点村。

6月,陈云来海林地区横道河子视察工作。

8月15日,新海县人民政府正式成立,县政府机关设在海林正阳街(今海林镇医院住址),刘克文任县长、李欣(女)任副县长(并主持中共新海县委工作）。下辖：由宁安县划归新海县的海林、山市、文明（后改石河）、新安、海浪等5个区。隶属绥宁省人民政府领导。

9月15日，新海县境内下冰雪约半个小时，地面冰雹积有五寸厚，有两个区遭受雹灾，特别是海南、德家、奉天、新兴、密南、三家子、三南、三北、荒地等村的大秋作物，打得颗粒无存，只剩光杆。

9月，新海县成立后，县公安局长张月亭，积极组织地方民兵自卫队，公安部队进行搜山清剿土匪活动。"东北保安军松江省第八支队28团"匪连长杨殿元参加牡丹江"5·15"暴乱失败后，逃至三道关一带隐藏，在我军反复搜山进剿下，被迫带十几名残匪向新海县公安局缴械投降。

10月15日，新海县公安局与"土改"工作团配合，开展起枪运动。海林街群众在35天中起出坏人暗藏的步枪35支（这项运动持续到1947年底，全县共起（献）出各种枪支10 100支）。

11月30日，中共牡丹江地委从宁安县派出工作团，进驻新海县海林、山市、文明、新安、海浪等五个区，进行减租减息，反奸清算。

1947年

1月7日，新海县石河区石河村民兵队长白玉海带领民兵起出匪首孙志尧逃跑时隐藏起来的步枪23支。9日晚，他又带领民兵在柏山（今敖头）小屯抓获土匪1名，缴获"九九"式步枪1支、子弹30发。

1月8日，新海县各区掀起新年劳军热潮，共筹集现金92 078元、肥猪8口、狍子3个、羊1只、野鸡9对、白酒10斤、粉条160斤、蔬菜6袋、毛巾108条、慰问信50封等。同时，还有用彩线绣着"我军必胜""军民团结"字样的慰问袋9个。这些钱款与物品分别送往当地驻军和前方战士。

1月11日，新海县海林区共和村群众主动捐献，把价值26万元的物品送交区政府，慰劳前方部队。

2月2日，中共牡丹江地委派孙以瑾（何伟爱人）到海林，任中共新海县委书记。

2月7日,牡丹江军分区二团侦察英雄杨子荣等6位同志,化装深入匪巢,活捉了"国民党东北先遣军第二纵队第二支队"司令张乐山("坐山雕")为首的25名土匪,创造了以少胜多的战斗范例。

2月8日,中共新海县委书记孙以瑾亲自带队深入新安区古城、卜家、前杨、南沟等村屯,进行"土改"试点工作。

2月9日,新海县修复了境内林业铁路——海林站至火龙沟站,全长40余公里。

2月11日,新海县召开公审匪首"坐山雕"(张乐山)大会。

2月23日,牡丹江军区二团侦察英雄杨子荣(原名杨宗贵)在新海县(今海林县)北部梨树沟山里闹枝子沟追剿李德林残匪的战斗中壮烈牺牲,时年31岁。

2月25日,特级侦察英雄杨子荣安葬大会在新海县朝鲜族小学校操场举行。参加追悼大会的党、政、军机关和各村代表1万多人,中共新海县委书记孙以瑾致悼词;军区司令员田松宣读命令:1.东北民主联军司令部授予杨子荣为"特级侦察英雄"的光荣称号;2.杨子荣生前所领导的侦察排为"杨子荣排"。随后,排以上干部抬灵,沿途一路鸣枪,一直把杨子荣烈士灵柩护送到墓地,安放在海林东山脚下。

2月,新海县全面展开了土地改革运动。县委在土改运动中开始了秘密建党工作。在秘密建党时期:全县共发展党员115人,组建了34个党支部。正式建立了海林、石河、新安、山市、海浪5个区委。

3月中旬,李富春、蔡畅来新海县视察"土改"工作。蔡畅在孙以瑾陪同下,亲自到河夹、沙虎、德家等村屯,帮助纠正了在"土改"中出现的"扫堂子"(刮大风)极"左"的错误做法。

3月下旬,新海县掀起翻身工农群众参军参战,支援解放战争的热潮。县委、县政府积极动员民夫,组织了以张明为指导员、秦强为队长,带领全县 50 辆马车、90 副担架的战勤队,奔赴解放四平战场。

3 月,新海县人民在民主政府领导下,以农业大生产运动的形势,展开了多种地、多打粮、改善生活、保证翻身的热潮;各机关、团体、部队、学校积极带头增产节约,减轻人民负担,支援前线的热潮。

6 月 20 日,新海县政府根据上级指示,动员民夫参加支前战勤队。各区、村接到动员通知后,仅一天的时间就组织了 930 名青壮年,抽出了 180 匹马,套了 60 辆大车的战勤队。

8 月 27 日,新海县翻身农民在区、村干部的带动下,全县已有 850 名青壮年参军,奔赴前线。

1948 年

8 月 27 日,新海县石河区石河村公开建党试点工作结束。

9 月 20 日,新海、五林两县合并为海林县。县委、县政府机关设在牡丹江市东一条路西北角(今百花园饭店一带)。王希克任县委书记,陈英任县委副书记,刘克文任县长。

11 月 15 日,海林县土地改革基本结束;建党工作由秘密转为公开,到年底全县已建立 98 个党支部,共有党员 1 005 人(其中女党员 205 人)。

12 月 11 日,海林县海林区各村自 9 月到 12 月间,共捐款 3 269 720 元,献军鞋 419 双,送干菜 468 斤。同时,还有把家藏的金银首饰、粮食、毛毯等实物送交政府,支援解放战争。

1949 年

10 月 2 日至 3 日,海林县全县上下举行各种会议,党政机关、人民团体、学校和各界人士及广大人民群众兴高采烈,热烈欢庆中华人民共和国中央人民政府成立。

11 月 30 日,中国共产党海林县委员会召开第一次党员代表大会。

12 月 21 日,松江省人民政府报请东北人民政府批准,将牡丹江市管辖的兴隆区划归海林县,为海林县第十区。

1950 年

1月27日至30日,海林县召开第一届第一次人民代表会议。会议任务:部署春耕和副业生产,决定各村建立人民代表大会。

5月初,中共海林县委根据中共中央《关于整党的指示》,开展了整风运动。

7月22日至23日,海林县人民先后掀起了两次保卫世界和平签名运动。全县近12万人口,第一次有71 874人签名;第二次有32 790人签名,声援朝鲜人民,反对美帝国主义侵略行径。

10月12日,中共海林县委、县政府根据省政府"修建伤病员医院"的指示精神,决定在海林区所在地修建"伤病员医院"。该院从10月15日正式开工到11月15日竣工,只用了一个月的时间就完成了。

10月13日,中共海林县委、县政府根据东北人民政府第〔356〕号命令,为肃清帝国主义及反动统治者百余年遗留下的烟毒危害,保护人民的身体健康,颁布了禁烟禁毒命令。同时公布了"禁烟禁毒实施办法"。

10月22日,中共海林县委成立了以县委书记为首,吸收公安、法院和其他有关部门的主要负责人参加的"镇反领导小组"。县直各单位、各区党委也设立了相应的领导机构,实行全党动员、群众动员,公安干警全力以赴,在全县城乡揭开了镇反运动的帷幕。

11月2日至5日,海林县召开第一届第三次人民代表会议,选举产生了全县各界人民代表常务委员会,委员23人。

11月20日,海林县已顺利地完成了组建第一批抗美援朝普通担架队。全队360名队员中,有党员28名、团员8名,于12月21日出发,奔赴朝鲜战场。

12月19日,海林县有450名爱国青年被光荣批准参加了中国人民志愿军,于即日赴朝参战。

12月,据统计:从10月开始征购抗美援朝公粮,经全县各级党政干部的努力,积极发动群众普遍精选,不到三个月,完成3 600万斤,占总任务的90%;加工大米250万斤,占总任务的95%。

12月,完成加工志愿军军装450套,背包、子弹、手榴弹袋各450件,收干菜11万斤,集中运往前线。

1951年

3月22日至24日,海林县召开第二届第一次人民代表会议。这次会议,报告目前时事,提出开展爱国主义丰产运动和保护森林与解决民需用材,加强农村治安工作,保证春耕生产。

6月2日凌晨2时,海林县公安局集中30名公安干警和公安部队三个班兵力,按照全省统一行动时间,一举逮捕反革命分子13人。

6月5日至7日,海林县召开第二届第二次人民代表会议。这次会议主要是开展镇压反革命宣传教育工作。县公安局副局长阎广森作了题为《关于镇压反革命问题》的发言。

7月24日至26日,海林县召开第二届第三次人民代表会议。这次会议部署了挂锄后工作,抓好麦收,积肥沤粪,秋季防火工作。要求搞好互助组的评比,修订爱国公约。

8月13日,中共海林县为加强对清理"中层"和"内层"工作的领导,成立了"清查委员会"。同时,还研究制定出本县《清理"中层"和"内层"计划》。

11月9日,海林县召开了第二次全县干部大会,进一步动员深入开展"三反"运动。

12月25日,据统计,全县开展"三反"运动以来,共揭露出来贪污违法干部有206人,其中科级干部25人,贪污总金额为13 356 660元(东北流通券,下同),浪费总金额达104 412 600元。

1952年

2月11日,从即日起,历经一个月的时间,中共海林县委遵照中共中央《关于在城市中限期开展大规模的坚决彻底的"五反"斗争的指示》,在全县工商业中开展"反行贿、反偷税漏税、反盗窃国家资财、反偷工减料、反盗窃国家经济情报"的"五反"运动。

9月7日,海林县在五林、朱家、海林三个区所在地,分别召开有各村群众代表参加的禁烟禁毒的宣判大会。在会上,对毒犯李怀仲、慕吉昌、杨相普分别判处有期徒刑5年、8年和4年;对周思敬等3名毒犯分别交群众管制当场释放。被宽大释放的毒犯感谢政府,表示痛改前非、重新做人。

10月30日,据统计,海林县"三反"运动中,全县共揭露出来有贪污行为人员274人,处理结果是:行政警告8人、行政记过6人、行政降职(级)5人、撤职2人、刑事处分1人、免予处罚252人。

1953年

3月21日至23日,海林县召开第三届第三次人民代表会议。县长沈良吉作《关于开展贯彻婚姻法运动的报告》。

9月20日,中共海林县委召开扩大会议。县委书记于鲜鳞传达了松江省委及东北局关于开展增产节约竞赛的指示。

1954年

8月1日,国务院"关于撤销六区一级行政机构和合并若干省市建制的决定"松江省建制撤销与黑龙江省合并为黑龙江省。海林县隶属黑龙江省领导。

11月25日,全县建成295个农业生产合作社,实现了农业生产合作化。

1955年

3月10日,海林县人民政府制定《第一个五年计划纲要(草案)》。

12月1日至2日,中共海林县委召开全县私营工商业社会主义改造会议。会上,传达了省委领导的讲话,并结合海林县私营工商业具体情况,提出了县私营工商业社会主义改造规划方案。

1956年

3月13日,国务院决定,黑龙江省人民委员会通知,撤销海林县建制。

3月22日,海林县召开第一届人民代表大会第四次会议,在会上正式宣布：从即日起停止海林县人民委员会对外办公。

1962 年

10 月 20 日，国务院第 117 次全体会议通过了"关于恢复海林、铁力、集贤三个县和撤销友谊县的决定"。

10 月 30 日，黑龙江省人民委员会黑办秘李字 27、28 号文件通知恢复海林县，将合并于宁安县的原海林县的海林、横道河子、长汀、海南、石河、新安、旧街等 7 个公社和合并于林口县的柴河、二道河子、三道河子三个公社划归海林县行政区域。县人民委员会设在海林镇，隶属牡丹江专员公署领导。

1963 年

4 月 29 日，恢复新安、海南朝鲜族乡。

7 月 16 日，山洪冲毁了二道河子森林小火车桥梁，涌现出温庆海、贾树文、邹祥廷三位少年英勇救火车的事迹。新华社发表了通讯，团中央给三少年发来了表扬信和奖品，在全国掀起了学习三少年的热潮。

9 月 19 日，《林海雪原》作者曲波来海林给县直机关干部，中、小学师生作了解放战争初期剿匪斗争的报告。

1964 年

1 月 10 日，海林镇开始向部分城区居民供应自来水。

5 月 28 日至 31 日，中共海林县第一届代表大会召开。

1965 年

9 月 10 日，海林县人民医院新建 1 836 平方米二层楼房的门诊部及住院部竣工开诊。

12 月 22 日，召开县第六届人民代表大会第一次会议。

1966 年

5 月 16 日，中央发出"5·16"通知，标志着"文化大革命"全面开始。

9 月 13 日至 17 日，召开全县万人参加的学习毛主席著作先进集体、积极分子代表大会。

10月1日,县人民电影院竣工。

1967年

1月24日,中国人民解放军海林县人民武装部开始"支左",介入"文化大革命"。

7月4日,召开第一届职工代表大会。

1968年

1月29日,海林县实现两派革命大联合。

10月,海林中学2 000多名初中一年级至高中三年级学生全部上山下乡,接受贫下中农再教育。

1969年

4月27日,海林钢铁厂仅用2个月时间建成投产,炼出第一炉铁水,标志海林进入了"五小工业"快速发展的新时期。

5月1日,海林县水泥厂正式投入生产,生产出第一批水泥,起名"林海"牌,标号190号,结束了海林县没有自产水泥的历史。

10月25日,海浪河大桥通车(原称林海大桥)。

1970年

4月,建海林卷烟厂,产品有"威虎山""珍宝岛"等牌号。

9月26日至28日,召开中共海林县第二次代表大会。

10月20日,石河电站动工修建。

1971年

3月5日,重建革命烈士纪念碑。

4月5日,海林东山革命烈士纪念碑竣工。

10月10日,海林镇斗银桥竣工。

4月10日,敖头一电站破土动工。

1972年

9月15日,海林县第二中学开学。

1975年

8月,县广播站设电视差转台,有1台50瓦黑白差转机。

1976 年

7月10日，阳光电站破土动工。

7月18日，党政军各界35 000多人在一中操场追悼毛泽东主席逝世。

10月6日，党中央一举粉碎了"四人帮"反革命集团，标志十年动乱的"文化大革命"正式结束。

10月10日，县召开三级干部会议，学习毛泽东思想，继承毛主席遗志，认清形势，加强战备，发展大好形势。

1977 年

10月16日，海林至三道河子公路（海三线）通车剪彩。

1978 年

4月7日，《黑龙江日报》报道海林县推广水稻无土育秧新技术。

8月30日，《黑龙江日报》报道海南公社红星大队坚持26年办幼儿园的经验。

11月21日，县委、县革委另设办公室，县委增设纪律检查委员会、工交政治部（县革委工交办公室改为经济委员会，与之合署）、农村工作部（与县革委农林办公室合署）、财贸政治部（与县革委财贸办公室合署）。

1979 年

9月1日，海林县第一条柏油路——林海路建成。

11月20日，海林县中医院建成开诊。

1980 年

春，山市公社奇峰大队在全县第一个发起承包到户。

7月10日，海林县朝鲜族小学足球队荣获全国市、县小学基层代表队小足球比赛第一名。

6月19日，县政府决定将清初宁古塔将军旧址等8处遗址列为县级重点文物保护单位。

9月27日，改海南、新安、三道河子、二道河子、山市、石河等6

个公社中学为农业中学。

12月31日,国家民政部确认海林为三类革命老区县。

1981年

4月5日,杨子荣烈士纪念馆建成。

4月13日,县卫生学校附属医院改为海林县肛肠医院,正式开诊。

4月16日,中国人民政治协商会议海林县委员会成立。

1982年

2月,县政府办公楼建成。

11月25日,子荣桥竣工。

1983年

2月,啤酒厂会计陈吉祥承包啤酒厂,拉开了包字造厂、两权分离的序幕。

5月,县集资1.4万元在海林镇东山设立彩色电视差转台一座。

9月10日,山嘴子海浪河大桥竣工。

10月1日,海林卷烟厂由海浪路迁至海烟路现址并进行扩能改造,从此逐步发展成为海林的立市企业。

1984年

4月20日,全县各公社正式改建为乡、镇政府,全县辖6个镇、4个乡、2个朝鲜族乡。

8月17日,海林县被黑龙江省委、省政府确定为全省综合改革试点县。

9月1日,海林县高级中学落成开学。

10月1日,海林镇斗银桥复建竣工。

12月30日,海林百货商场竣工。

1985年

2月10日,县委、县政府作出《大规模开发海林的若干决定》。

12月31日,海林县被评为全国食品工业百强县。

1986 年

1月6日,横道河子猫科动物饲养繁育中心建立,现已发展成为世界最大的猫科动物繁育基地,海林被誉为"中国虎乡"。

12月,海林县微波站建成。

1987 年

1月6日,海林县新亚宾馆建成,剪彩营业。

7月15日,县委、县政府投资20万元建成860平方米三层海林县卫生学校教学楼。

10月30日,海林县由于实行三级办学,被省命名为"全省改善办学条件先进县"。

1988 年

2月,海林电视转播台正式建成。

3月21日,经国家广播电视部批准,海林县人民广播电台正式开播。

11月4日,海林新火车站建成,海林站拥有铁路候车室(1 916平方米)和站前广场(2万平方米)。

12月5日,海林县少年足球队进入全国少年足球十二强行列。

12月31日,海林县成为东北地区首个财政收入和工商税收"双超亿元"的县份,进入全国财政"百强县"行列。

1989 年

4月5日,海林县气象局新建的气象信息服务电台正式开播

是年,在转播台安装5m卫星接收天线,分别转发中央1套、2套节目。

1990 年

1月1日,海林县酿酒总厂生产的响水米酒和雪原贵酒(39度)在首届北京国际博览会上获得金牌和银牌。

7月1日,海林县长途电话进入全国自动网工程。

1991 年

10月12日,海林县特殊教育学校正式开学。

10月18日,海林县第一栋"解困楼"竣工交付使用。

1992年

7月28日,民政部印发《民政部〈关于黑龙江省民政厅撤销海林县设立海林市的请示〉批复》(民行批〔1992〕90号文件)。

8月20日,莲花湖库区首期移民搬迁工作全面启动。

10月18日,海林市举行盛大的庆祝大会,庆祝撤县设市。

11月13日,国家重点工程莲花电站主体工程正式开工建设。

1993年

5月,莲花电站淹没区的沿江居民开始大迁移。

7月28日,中国银行海林市支行开业。

7月28日,海林市5 000万门程控电话正式开通使用。

8月8日,海林卷烟厂连续两年(1992年、1993年)被评为省50家经济效益工业企业第二名税收大户,并被国家统计局评为中国100家最大烟草加工业。

10月16日,市一届人大常委会第九次会议决定,将每年10月18日确定为"市民节"。

1993年,海林市委决定发展有线电视。

1993年,海林威虎山10°、11°啤酒获省消协消费者最喜爱产品,双获省行业评比第一名。

1994年

5月27日,海林市机关幼儿园教学楼落成。

6月28日,海林市有线电视信号进入海林镇方兴小区,海林居民首次收看到17套电视节目。

9月19日,横道邮电支局程控电话开通,并与海林联网。

12月1日,海林市第一中学团校被团省委评为省级标准化团校。

1995年

10月18日,三道乡举行新乡址落成与"海三线"(沙石路)公路一期工程竣工剪彩仪式。

10月25日,国家"八五"重点项目、黑龙江省最大的水力发电站——莲花水电站成功截流,形成了东北地区最大的人工水体——莲花湖。

12月31日,海林市连续三年在黑龙江省"九小龙县"和"十强县"综合实力评比中名列前茅,赢得了"龙江第一县"的美誉。

1996年

4月1日,海林市举行武装部收归军队建制揭匾仪式。

7月6日,海林市成立"海林市革命老区建设促进委员会",简称"海林市老区建设促进会",隶属市委非常设机构。

8月20日,海林市移民经济开发公司投资40万元购置的市区环路客车投入运营。

9月30日,海林市二道镇政府新办公大楼落成。

10月1日,海林市被评为"九五"期间全国百家农村能源综合建设县(市)之一。

10月1日,国家体委召开会议命名海林市为全国体育先进县。

12月23日,牡丹江日报社驻海林记者站成立并举行挂牌仪式。

是年,全市已有9个乡镇实现收看海林传输的有线电视节目。

1997年

4月10日,海林市成立文明城市综合执法队。

6月19日,在甘肃省召开的全国文化先进县经验交流会上,海林市被国家文化部授予"全国文化先进县"光荣称号。

6月,黑龙江省文化厅授予新安镇为"文化先进镇"。

10月1日,重建海浪河大桥竣工通车。

12月16日,黑龙江省政府决定撤销三道河子乡,设置三道河子镇。

1998年

1月21日,海林市多路微波工程开通。

4月7日,省政府授予海林市公安局"禁毒专项斗争先进集体"

光荣称号。

4月14日,海林市成立朝鲜族老年协会。

4月16日,威虎山影视城一期工程启动。影视城占地30万平方米,投资3 000万元,位于横道河子镇301国道211公里处。城区内将建有林海镇、夹皮沟、河神庙、威虎厅等景点。

6月26日,我市首家个人投资、分散经营的旅游项目——亿龙水上风情园开园营业。

8月14日,海林预备役团1 200名官兵在嫩江流域抗洪斗争中,为保卫大庆牡哈依煤气工程、保卫哈尔滨做出了贡献。沈阳军区和省军区给予海林预备役正、副团长和三连记功表彰。

1999年

4月20日,成立市委新闻中心,并举行揭牌仪式。中心设在市委宣传部。

4月27日,我市莲花湖风景名胜区管理局、莲花湖省级自然保护区管理局同时揭牌。

12月8日,威虎山影视城在海林横道河子镇建成,进一步提升了"威虎山""林海雪原""中国雪乡"在全国的知名度和美誉度。

12月25日,首届海林市"中国雪乡旅游节开幕式"在横道河子镇俄罗斯风情园举行。

2000年

4月27日,由市委宣传部招商引资的朝鲜民族文化中心举行开工奠基仪式。

6月26日,海林市被省能源办授予"九五"期间能源"样板工程"先进单位称号,这是全省地市县唯一获此项特殊荣誉的县市。

12月,重建海林市人民医院落成。

是年,海林市共辖8镇4乡,其中8镇为海林、柴河、长汀、横道河子、山市、二道河、三道河、新安朝鲜族镇。4乡为新合、石河、旧街、海南朝鲜族乡。全市12个乡镇共辖191个行政村。

2001年

3月,海林市区划调整,将原4乡8镇调整为1乡8镇。

5月30日,在第五次全国法制宣传教育工作会议上,海林市被授予"全国先进县"光荣称号。

5月31日,海林市食品药品监督管理局成立。

6月,中共黑龙江省委授予海林镇蔬菜村"五个好建设先进村党总支"。

10月28日,海林市民族文化中心举行落成典礼。

11月8日,海林市人民银行综合楼举行落成庆典。

11月20日,海林市移动通讯公司举行综合楼落成庆典。

12月18日,海林市移动公司五期扩容工程全部竣工,移动通信基站由18个增至38个。

2002年

4月19日,黑龙江省政府批准设立"黑龙江海林生态农业开发区(省级)"。

6月28日,海林市生态农业开发区核心区开园动工,开发区面积约20平方公里。

11月20日,横道河子滑雪场对外开放。

2003年

2月20日,市政府成立海林市便民服务中心。

2月21日,海林市劳动力市场举行开业典礼,正式向社会开放。市场内设10个服务窗口,开展一站式免费服务。

4月3日,海林市被批准为"国家可持续发展实验区"。

6月,中共黑龙江省委授予海林镇蔬菜村"五个好建设先进村党组织"。

8月31日,海林市市区25个社区全部整合组建完毕。

9月1日,海林市横道威虎山风景区的东北虎林园,通过了省旅游局AAA级别评定验收。

10月18日,海林第一座跨线立交桥建成投入使用。

11月,海林市标志性建筑之一——广电大厦竣工并投入使用。

2004年

1月,海林镇蔬菜村被黑龙江省社会治安综合治理委员会授予"省级安全村"。

5月31日,海林市举办首届"林海之夏"广场文化节。

6月18日,海林市劳动力转移网开通。

7月8日,海林市成立残疾人劳动就业服务所。

7月8日,海林市成立慈善协会。

9月1日,中国老龄工作委员会办公室授予黑龙江省海林市老龄工作全国先进市荣誉称号。

10月16日,海林市城区"林海广场"竣工剪彩。广场占地面积5.11万平方米,总投资3 200万元。

11月26日,实验小学通过省级评审,成为我市第一家省级示范小学。

12月,共青团中央、国家民委、全国青联授予新安镇"第四届全国各族青年团结进步先进集体"。

2005年

1月,黑龙江省人民政府公布黑龙江省第五批文物保护单位,其中有海林市境内的"九公里山城""宁古台"列为省级文物保护单位,以及"横道河子俄式建筑群"(包括"横道河子机车库""铁路大白楼""铁路治安所驻地""俄式木屋""圣母进堂教堂")。

3月14日,海林市被联合国人居署列为全球"可持续发展城市"。

4月1日,海林市被列为联合国人居署全球可持续城市计划推广项目试点市。

6月,海林镇被中国社会工作协会乡镇工作委员会授予"全国小康建设明星乡镇"。

7月1日,海林市委、市政府搬迁至原北山部队旧址办公。

7月14日,海林市政府公布第五批市级文物保护单位,列为第五批市级文物保护单位的是：横道河子镇清代俄式民居、火车站、车务段旧址、机务公寓、俄式7号木屋、横道河子镇七里地村海林地区第一个党支部旧址（近代）。

8月1日，举行杨子荣烈士纪念馆新馆落成典礼。

8月27日，莲花湖被确定为国家水上运动训练基地。在此训练的中国赛艇队在北京奥运会上实现了金牌"零的突破"，海林市被国家授予"奥运会集体突出贡献奖"。

9月18日，海林市蔬菜交易市场举行剪彩仪式。

9月，海林各乡镇彻底结束了看不到海林电视节目的历史。

10月19日，海林市被国家确定为东北林区景区建筑生态规划与绿色节能技术研究示范项目试点市。

11月7日，海林市莲花湖花岗岩地貌地质公园正式挂牌。

11月，黑龙江省人民政府授予新安镇"全省民族团结进步模范集体"。

12月1日，海林市新型农村合作医疗证发放仪式在9个乡镇同时举行。

12月23日，黑龙江省发展和改革委员会，黑发改外资〔2005〕1232号文件《关于转发国家发改委［第一批通过审核公告的省级开发区名单（公告第74号）］的通知》，原黑龙江海林生态农业开发区更名为黑龙江海林经济开发区。

12月26日，全国文物工作总结会上，海林市被授予"全国文物工作先进县"荣誉称号，成为全国31家，全省唯一一家获此殊荣的县级市。

12月30日，经过5年的建设，海林市全面完成水电农村电气化县工程建设任务，被列为"十五"期间全国水电农村电气化县，成为全国400个、全省5个电气化县之一。

12月31日，海林电视台数字自动化硬盘播出系统开始启动。

2006年

1月1日，海林市正式实行新型农村合作医疗。

1月18日，海林市申报的"黑龙江海林莲花湖地质公园"项目，获省国土资源厅已批准建设。

2月，黑龙江省人民政府授予新安镇"2003—2005年农村公路建设先进单位"。

6月，中共黑龙江省委授予海林镇蔬菜村"五个好先进党组织"。

7月11日，海林市被评为全省平安建设先进县(市)。

7月，海林镇被中国社会工作协会乡镇工作委员会授予"全国村务公开民主管理先进乡镇"。

12月16日，海林木业城物流铁路专用线举行通车庆典。

12月，海林镇蔬菜村被中国科协、财政部授予"全国科普惠民兴村先进单位"荣誉。

2007年

1月10日，海林市公安局110指挥中心实现了"110、122、119"三台合一。市公安局将110(匪警电话)、122(交通事故)、119(火警电话)三个报警电话集中到指挥中心一个指挥平台后，接处警工作效率得到大幅提高，基本实现了集中接警、信息共享、统一指挥、快速反应的总体目标。

1月15日，海林镇蔬菜村被评为全国科普惠农兴村先进单位。该村的蔬菜棚室基地是黑龙江唯一被国家评为2006年度的全国蔬菜先进科普基地。

1月31日，团市委荣获"全国团建先进市"荣誉称号。

3月15日，海林市消费维权网站正式开通，为我市消费维权提供了快捷高效的平台。

5月15日，海林电视转播台成功从东山转播台搬迁到广电大厦，实现了电视信号数字化，编、采、播、转、护一体化，标志着海林广电事业的发展已迈上一个新的台阶。

5月，中国老区建设促进会授予黑龙江省海林市老区建设促进会：在2007年度《中国老区建设》宣传工作中荣获三等奖。

黑龙江省老区建设促进会授予海林市老区建设促进会"先进集体标兵"。

中华人民共和国建设部、国家文物局授予横道河镇"中国历史文化名镇"。

6月8日,海林市被中国食用菌协会授予"中国猴头菇之乡"称号。

6月,海林镇被中国食用菌协会授予"中国猴头菇特产乡"称号。

7月24日,全国十二条红色经典旅游线路中百个景点景区之一的威虎山主峰景区举行开园仪式。

8月27日,海林亿龙水上风情园被省旅游景区质量等级评定委员会评为国家AA级旅游景区。

由海林市旅游局与央视联合摄制的28集电视连续剧《拯救》,在央视八套黄金时段开始热播。

10月18日,新建成的海烟路全长1.5公里,宽度达到72米,配套设施完备,为牡丹江地区之首。

11月18日,海林卷烟厂归属哈尔滨卷烟总厂,更名为哈尔滨卷烟总厂海林分厂。

12月,中共黑龙江省委员会、黑龙江省人民政府授予海林市"2004—2006年度全省县域经济社会发展十强县"。

2008年

4月11日,海林市被授予"省级卫生先进城市"荣誉称号。全省仅有两个城市获此殊荣。

4月18日,海林市海林镇密南村被国家司法部、民政部授予第三批"全国民主法治示范村"荣誉称号。这是牡丹江地区唯一获此殊荣的行政村。

5月31日,海林市被世界著名品牌大会入选为"2008中国特色魅力城市"。

6月28日,海林市养老服务中心,剪彩运营。内设床位200

余张。

7月1日,浙江体育职业技术学院莲花湖水上训练基地落成。这是第二个落户莲花湖的水上训练基地。

9月6日,海林市雪原公园举行竣工庆典仪式。

9月22日,海林市被命名为"中国优秀旅游城"。

10月,2008北京奥运会表彰大会上,海林市三道河子镇莲花湖国家水上项目训练基地被国家体育总局、中国奥林匹克委员会授予"2008年北京奥运会突出贡献集体"荣誉称号。

11月13日,海林国税局办税服务厅被国家税务总局、共青团中央命名为"全国青年文明号"。

2009年

1月,海林镇新合村被中央精神文明建设指导小组授予"全国创建文明村镇工作先进村镇"荣誉。

3月27日,海林市村务公开民主管理工作获全国示范单位称号,成为黑龙江省获此殊荣的6县(市)之一。

4月,海林镇新合村被中共黑龙江省委、黑龙江省人民政府授予"2006—2008年度全省新农村建设先进单位"。

5月21日,杨子荣烈士陵园被中宣部确定为全国爱国主义教育示范基地。同年,杨子荣被评为"100位为新中国成立作出突出贡献的英雄模范人物"之一。

9月29日,海林市被授予"全国民族团结进步模范集体"光荣称号。

10月12日,海林市被省委、省政府命名为"省级文明城市"。

10月18日,海林市人民广场竣工剪彩。

10月18日,海林市子荣小学、幼教中心举行剪彩典礼。

12月31日,海林市全口径财政收入完成100 117万元,首次突破10亿元大关,在全省排名第二位。

2010年

4月29日,海南朝鲜族乡划归牡丹江市西安区,海林市现为8

镇建制。

同日,海林市作为全国唯一的党政机关试点单位,在"中澳合作平衡计分卡'中国化'模式完善与推广经验交流研讨会暨结业仪式"介绍了开展平衡计分卡项目的经验。

6月26日,国务院批准海林开发区为国家级经济技术开发区。

7月18日,海林市首个五星级酒店俪涞戴斯国际酒店正式营业。

7月,中华全国妇女联合会授予海林镇蔬菜村"全国妇联基层组织建设示范村"。

9月29日,海林市被省林业厅授予"全省林业产业先进单位"荣誉称号。同时,黑龙江耐力木业有限公司还荣获"全省林业产业先进企业"称号。

10月,中国生态文化协会授予新安镇新安村"全国生态文化村"。

11月10日,海林市首个综合应急救援队正式成立。

11月26日,经国家标准化管理委员会审核,海林市棚室蔬菜晋升国家标准化示范区。

12月,黑龙江省生态建设领导小组办公室、黑龙江省环境保护厅授予横道镇、新安镇为"省级生态乡镇"。

黑龙江省生态建设领导小组办公室、黑龙江省环境保护厅授予新安镇西安村"省级生态村"。

黑龙江省妇女联合会授予海林镇密南村"巾帼示范村"。

2011年

1月14日,在人民网·中国共产党新闻网2010年度"基层党建宣传示范单位"评选活动中,市委组织部荣获"基层党建宣传示范单位"称号。

1月31日,海林市荣获"2007—2009年全省县域经济社会发展十强县"和"全省新农村建设工作先进单位"两项殊荣,受到省委省政府表彰奖励。

3月,黑龙江省爱国卫生运动委员会授予新安镇"省级卫生先进单位"。

4月11日,海林市被黑龙江省委、省政府授予全省"平安县"荣誉称号。

6月,海林镇蔬菜村被中共黑龙江省委授予"先进基层党组织"。

7月9日,国家能源局、财政部、农业部在北京联合召开全国农村能源工作会议。会议还向首批108个绿色能源示范县进行了授牌。海林市成为牡丹江地区唯一获此殊荣的县市,与依兰县和桦南县共同成为黑龙江省首批获得该项荣誉称号的三个县市。

7月13日,二道河子镇被中国食用菌协会授予了"中国黑木耳之乡"荣誉称号。

7月24日,由海林市冠名的"林海雪原"杯第十三届全国机器人大赛暨2011年FIRA世界杯机器人大赛中国队选拔赛在海林市体育馆隆重开幕。

7月,中华人民共和国住房和城乡建设部、国家旅游局授予横道河子镇为"国家特色景观旅游名镇"。

9月,市政府投资200多万元,购买12辆新型公交车,开通4线公交线路,方便居民出行。

10月18日,海林市第一条地下商业街金街购物广场建成并投入使用。

10月,牡丹江大学海林校区一期工程建设全面完工,正式投入使用,牡丹江大学机械、化工、土木3个学院3 000名学生入住校区。

11月,投资470万元新建2 800平方米特教学校教学楼竣工投入使用。该教学楼内设心理康复沙盘游戏治疗室、宣泄治疗室,智能2代反馈型音乐放松治疗系统、数码听觉统合训练治疗仪、听觉语言训练系统等新设备。

12月16日,海林市被全国绿化委员会、人力资源和社会保障部、国家林业局评为"全国绿化先进集体",成为全省唯一一个获奖的县级市。

12月,海林镇密南村被中央精神文明建设指导委员会授予"全国文明村镇"。

黑龙江省老区建设促进会、黑龙江地区开发咨询研究委员会授予"海林市老区建设促进会、全省革命老区发展建设工作进行集体"。

是年,县域经济综合实力由全省"十强县"第9位跃升至第4位,创造了令人瞩目的"海林速度"。

是年,"海林市横道河子镇总体规划(2010—2030)年"——获2011年度全国优秀城乡规划设计(村镇规划类)一等奖。

是年,长汀镇富园甜叶菊农民专业合作社被黑龙江省农村合作经济管理总站授予"全省财务管理规范化农民专业合作社"荣誉称号。

2012年

1月,海林镇密南村被黑龙江省人民政府扶贫开发领导小组授予"全省扶贫开发先进村"。

4月,横道河子镇荣获黑龙江省新农村建设办公室"黑龙江省新农村建设示范镇"。

6月19日,横道河镇荣获第二批"全国特色景观旅游名镇"称号。此次全省共有9个乡镇获得此项殊荣。

8月,中共黑龙江省办公厅、黑龙江省人民政府办公厅授予海林镇蔬菜村"全省民兵工作先进单位"。

9月3日,"首届中国·海林威虎山生态旅游文化节"开幕仪式在林海广场举行。

9月14日,海林市的黑木耳和猴头菇获得农业部颁发的农产品地理标志登记证书,并被列入全国农产品地理标志保护行列。

9月24日,海林市在2012年中国食用菌产业发展大会暨首届全国食用菌专业合作社会议上被授予"全国食用菌产业化建设示范县"称号。同时，威虎山猴头菇农民专业合作社还被授予"全国十佳食用菌专业合作社"。

12月11日，海林市荣获"黑龙江省首批餐饮服务食品安全示范县"称号，成为全省首批牡丹江地区唯一的餐饮服务食品安全示范县。

12月27日，中共海林市五届四次全委（扩大）会议召开，全会确定了实施"十大工程"，加快建设"幸福海林"的主基调，提出深入实施工业立市、金融强市、旅游兴市"三大战略"，坚持工业化、信息化、城镇化、农业现代化"四化并举"的具体举措。海林步入了科学发展、全面建设"幸福海林"的新阶段。

2013年

1月8日，市总工会举行"温暖进万家、帮扶送真情"暖冬行动启动，全面拉开全市工会系统开展春节"送温暖"活动的帷幕。

4月1日，我市司法局法律援助中心被司法部授予全国法律援助"便民服务示范窗口"荣誉称号。

5月18日，在国家园林城市授牌仪式上，国家住房和城乡建设部向海林颁发了"国家园林城市"奖牌。

8月5日，新安镇革命烈士陵园、海林地区第一个党支部旧址被牡丹江市委宣传部命名为牡丹江市爱国主义教育基地。

10月16日，柴河镇关工委在争创"五好"活动中成绩突出，荣获全国"五好"基层关工委先进集体的荣誉称号。

10月25日，市首批5家政府蔬菜直销店试营业。政府蔬菜直销店主要经营群众基本生活必需的蔬菜、水果、米、面、粮、油、肉、蛋、禽等200多个品种，销售价格低于市场同类品种价格的15%。

12月11日，市投资近340万元，新建了首批120个公交站亭，成为城市一道亮丽的风景线。

12月，中共黑龙江省委宣传部、中共黑龙江省委统战部、黑龙江省民族事务委员会授予新安镇"黑龙江省民族团结进步创建活动示范单位"。

是年,"黑龙江省海林市横道河子镇历史文化名镇保护规划"——获2013年度全国优秀城乡规划设计(城市规划类)三等奖。

是年,长汀镇被评为全省百强乡镇。

2014 年

1月10日,海林镇、长汀镇、柴河镇三个乡镇入选全省百强乡镇。

1月28日,由农业部、住建部、国家旅游局主办的2013"中国最美乡村"评选揭晓。"中国雪乡"以自然生态之美荣获"中国十大最美乡村"荣誉称号。

2月10日,长汀镇河北大桥顺利合龙。河北大桥连接山市、新安、长汀三个乡镇,同时连接长汀镇河北、复兴等十多个村屯及山市奶牛场、火龙沟林场等地,受益人口达5万人之多。

3月7日,《牡丹江日报》今日海林报道:由中央电视台联合中国旅游经济研究院,共同推出的《寻找中国冬季最美旅游地》网络评选活动揭晓,"海林雪乡"入选为最美冬季旅游目的地,并在众多旅游地中排名第二。

3月27日,市电视新闻报道:在全省"双百"评选活动中,海林市两名农民被授予黑龙江省"百名农民创业之星"称号。市劳转办为获奖农民颁发了"百名农民创业之星"荣誉证书,并为黑龙江省"农民创业示范(实习)基地"揭牌。

5月16日,海林市海浪社区的中韩友谊公园正式对外开放。中韩友谊公园于2005年10月竣工,由文化中心和综合楼两部分构成,总占地面积16 800平方米。

5月21日,海林市朝鲜族小学足球队参加全国青少年校园足球冠军杯赛,荣获三等奖。

6月5日,首届中俄国际油画创作大赛暨第二届林海雪原旅游文化节在横道河子镇七号木屋广场举行。百余名中俄画家和历史文化学者参加了活动。

6月12日,市电视新闻报道:海林市开展2014年城区巷道义务共建行动,重点选择100条巷道进行集中整治,总长25 045米,面积124 695平方米。

6月19日,横道河子镇荣获第二批"全国特色景区旅游名镇"称号。

6月30日,36辆崭新的公交车正式上路,主要用于海林市1路、2路和3路公交车的更新。

7月2日,海林经济技术开发区被国家发展改革委环资司、财政部经建司批准为"2014年循环化改造示范试点园区"。

8月4日,国内首部3D战争动作巨制《智取威虎山3D》在北京举行发布会,宣布定档12月24日在海林市首家4K多厅数字影城DDH大都会国际影城上映。同时面向全球公映。

8月21日,海林市长汀镇、横道镇和柴河镇入选全国重点名镇。

9月11日至13日,全国爱卫会决定,授予黑河市、海林市等73个城市(区)为"国家卫生城市(区)"荣誉称号。

10月19日,横道河镇中东铁路建筑群抢救保护工程全部竣工,历经6个月,分别对圣母进堂教堂和机车库进行全面复原修缮。包括机车库的墙体砖、门窗、顶棚的专业性复原、修复,以及对圣母进堂教堂实施整体结构加固、室内原貌恢复、外部粉饰等工程修复。专家组对横道河镇中东铁路建筑群抢救保护工程取得的成果给予了高度评价。

10月23日,在国家住房和城乡建设部、国家发改委、财政部、国土资源部、农业部、民政部、科学技术部等7部委共同评审公布的全国重点镇名单中,海林市长汀镇、横道河子镇和柴河镇入选。

11月15日,从即日起海林市在城区多条公交线路附近,陆续设置新型移动公厕,告别无公厕服务历史。

11月21日,海林镇石河大桥全面竣工通车,标志着海林市2014年利民实事之一的农村危桥改造工程全面完成。

11月25日,海林市人民大街西河路至海烟路段正式开通。人民大街全长2 491米,道路宽度40米,双向四车道。

11月,新安镇山嘴子村荣获中国计划生育协会"人口和计划生育基层群众自治示范村居"。

12月1日,在黑龙江省A级景区评定中,海林市的威虎山影视城名列国家AAAA级景区行列。至此,海林市的AAAA级景区已增至6家,分别为中国雪乡、东北虎林园、亿龙风情园、海浪河欢乐谷、柴河九寨沟、威虎山影视城。

12月15日,海林市举行了首批省级非物质文化遗产传习所授牌仪式。首批获得授牌的项目分别为:乌拉制作工艺、满族传统婚俗和满族八大碗。

12月24日,海林市招商引资项目大都会国际影城向市民正式开放,填补了市里没有数字影院的空白,开启了海林市电影消费市场的新时代。

12月,新安镇共济村、再兴村荣获黑龙江省生态建设领导小组办公室"省级生态村"荣誉。

2015年

2月9日,市人民医院搬迁至新址(旧址移交海林市中医院)。

2月13至15日,海林市朝鲜族小学在镜泊湖全国冬季足球比赛荣获第三名。

5月20日,在中央文明委第四届表彰全国文明城市大会上,海林地方税务局荣获全国文明单位称号,成为海林市首个进入国家级行列的文明单位。

6月4日,在中央文明委召开全国精神文明建设工作表彰暨学习雷锋志愿服务大会上,海林市文明办荣获第三届"全国未成年人思想道德建设工作先进单位"称号。

9月1日,海林市举行第二中学和人民医院项目落成揭牌仪式。

9月3日,海林市海长公路改扩建工程建设全面交工正式通车。省道海林至长汀段改扩建工程项目总投资83 340万元,路线全长55.072公里,起点于海林市斗银大桥。

11月13日,由国家文物局指导,中国古迹遗址保护协会等主办的"第二届(2014年度)全国十佳文物保护工程"评选在北京揭晓。海林市中东铁路建筑群横道河子机车库及东正教圣母进堂教堂抢救保护工程以科学严谨的修复,成功获评十佳文物保护工程。

11月14日,大海林林业局中国雪乡国家森林公园正式开门迎客。开园当天,全省77家户外俱乐部,以徒步登山的方式庆祝雪乡开园。

11月21日,牡海城际公路正式通车。

2016年

1月30日,海林党史纪念馆正式免费对外开放。

3月22日,"海林市国家级猴头菇示范区""中国雪乡""横道河子俄式风情小镇"入选中国品牌值榜。

3月23日,牡丹江市文物管理站的工作人员来海林市,为海林市第一批入选牡丹江市级文物保护单位的老二团驻地旧址进行挂牌。

4月5日,海林市被中国食用菌协会授予"2016年度中国食用菌行业最具投资产地品牌"荣誉称号。

4月,海林市山市镇粮食专业合作社被中华人民共和国农业部办公厅授予"2015年全国农民合作社加工示范单位"。

在中央文明办主办、中国文明网承办的"我推荐、我评议身边好人"活动中,经广大网友踊跃推荐,省、市文明办逐级筛选,海林市民吴文淑荣登"中国好人榜",10人入选"龙江好人榜",评选"最美海林人"20人。

7月12日,全国"中华魂"主题教育表彰大会在人民大会堂举行。海林市关工委荣获"中华魂"主题教育活动"先进集体奖"。

8月18日,海林市不动产登记中心正式挂牌成立。

9月13日,住建部等7部委联合发布了《关于开展全国重点镇增补调整工作的通知》,公布了包括3 675个镇在内的最新一批全国重点镇名单。海林市长汀镇、横道镇、柴河镇3个镇榜上有名。

10月16日,海林市斗银水库工程成功实现截流,这一工程建设顺利完成。

10月20日,在省委宣传传部、省农委联合举办的2016年"龙江最美创业人(农民篇)"发布仪式上,海林市山市镇胜利村农民丁立勇荣获"龙江最美创业农民"称号。

10月24日,海林市出租车协会正式成立。

12月19日,国家发改委、国家旅游局、中央党史研究室等单位发布《全国红色旅游经典景区名录》,海林市杨子荣烈士墓及剿匪遗址入选。

12月29日,市妇幼保健院喜迁新址(海烟路新育才北侧)。

是年,横道河子机车库修缮项目获"全国十佳文保工程",在黑龙江省省尚属首例。

2017年

4月,海林镇蔬菜村荣获中华全国妇女联合会"巾帼文明岗"荣誉。

6月,横道河子镇获黑龙江省住建厅"省级特色小镇"荣誉。

8月22日至23日,根据全国爱卫办的安排,国家卫生城市暗访组依据《国家卫生城市标准》对海林市国家卫生城市工作进行了暗访、复审后获得772.8分的好成绩,顺利通过了国家卫生城市复审。

10月22日,山市镇"惠民桥"建成通车。

12月,横道河子镇获黑龙江省委、省政府"文明乡镇标兵"荣誉。

是年,"中东铁路建筑群(黑龙江段)总体保护规划"——获2017年度全国优秀城乡规划设计(城市规划类)三等奖。

2018年

1月,海林镇模范村被中华人民共和国农业部授予"全国一村一品示范村镇"。

2月14日,2018—2020年全国文明城市提名城市已公布,海林市作为牡丹江地区唯一县级城市入围提名城市榜单。

4月,获得"全球不动产联盟"颁发的古建筑保护金奖,是我国大陆地区唯一获得金奖的项目。

全国重点文物保护单位——"横道河子镇机车库抢救性保护设计工程"在阿联酋的迪拜市获得了"2018世界不动产联盟国际卓越建设奖(FIABCI World Prix d'Excellence Awards)"的文化遗产类金奖,是该奖项自2009年开设文化遗产类别项目评选以来,首个获得该类别金奖的中国大陆地区参赛作品。

海林市首家电子商务职业培训学校揭牌仪式及海林市电商一条街启动仪式在海林市电商创业园举行。

6月,海林市柴河首个镇级垃圾中转站投入使用。

8月,于马来西亚的槟城,在经过严格的评审程序,由国际文化遗产专家团公平、公正的审议,在亚太地区提交并入围的41个项目中,最终遴选出10个获奖项目,分别来自中国、日本、澳大利亚、印度和泰国。中国获奖的两个项目为:黑龙江省"横道河子镇"获得荣誉奖,福建省"爱荆庄"获得优秀奖。

9月16日,海林市人民大桥立面改造完成,正式竣工通车。

9月27日,海林市老促会会长南明哲,荣获"黑龙江省老区工作先进个人"。同月,荣获中国老区建设促进会"革命老区建设特别贡献奖"。

11月9日,横道河子镇获2018年联合国教科文组织亚太地区文化遗产保护之荣誉奖。

11月12日,海林市猴头菇走进国宴。在外交部举办的黑龙江全球推介晚宴上,以猴头菇为主料的捞汁菜品作为头道菜端上晚宴餐桌,而这些猴头菇都来自"中国猴头菇之乡"——海林市。

12月10日,横道河子镇顺桥村被入选住房和城乡建设部认定的"中国传统村落"。

12月15日,海林北站站房建设完成,总投资1 600余万元,是海林市委、市政府重点推进的民生项目。海林北站站房是线侧平式站房,规划站房首层建筑面积1 999.32平方米,第二层为961.53平方米,可同时容纳800人候车。

12月25日,哈牡高铁客运专线正式通车。

12月30日,海林市在全省率先完成贫困人口饮水安全提升工程。

后 记

《海林市革命老区发展史》一书,是根据中国老区建设促进会的统一安排和部署进行编纂的。本书时间上限是1926年10月,海林第一个党支部——横道河子党支部建立到2018年,海林革命老区92年的奋斗史和发展史。

中国老区建设促进会对此项工作十分重视,做出了部署,提出了具体工作的要求和安排意见,并形成了编纂提纲,为全国老区县编纂工作提供遵循。海林市(县级市)是全国1 599个老区县之一,中国老促会要求在2019年9月底前全部完成。编写内容要求高、难度大、时间紧、困难多,是一项紧迫而又意义重大的政治任务。

海林市委高度重视这项工作,市委组织部把编纂《海林革命老区发展史》纳入了工作议程。市老促会认真贯彻落实上级老促会的会议精神,制订了工作计划,提出了编审委员会组织架构,提出了编纂提纲,与市委组织部积极沟通、协调,这项工作于2018年6月份启动,到2019年3月完成初稿。

由于编纂这本书时间跨度大,史料多,各有关部门克服困难,积极作为,形成了整体合力。编辑部同志在文章的素材选择、主题提炼中,广征博引,精准把握,力求反映时代特征、海林特点。在建立党组织初期,主要写了反帝、反封建、反军阀的斗争,反映了海林党组织坚贞不屈,顽强斗争,不怕牺牲的革命精神;在抗日战争和解放战争、抗美援朝战争中，突出了海林老区对中国革命的贡献和牺牲精神；在社会主义建设时期，突出了老区人民的大局意识、奉献精神。这些宝贵的精神和海林人民在党的领导下，几十年的艰苦奋斗历程，使海林革命老区的形象更加生动、充实。市委组织部和市老促会牵头抓总，各部门发挥职能作用，保证了编写工作的顺利进行。《海林市革命老区发展史》是在市委的领导下，各部门紧密配合的结果。

这本书在编纂过程中，得到了牡丹江市委党史研究室、老促会的热情指导。海林市市委办、林业局、移民办、民政局、档案局、统计局、党史研究室等部门提供了大量资料，为该书撰写做了大量工作。编辑人员不辞辛苦，攻坚破难，求真务实，保证了该书的质量。《海林市革命老区发展史》的成书对弘扬老区人民的革命精神，发扬革命老区的光荣传统，激励海林革命老区人民建成小康社会，实现中国梦，必将起到巨大的推动作用。

由于时间紧迫，任务繁重，内容取舍难度大，编者水平有限，缺点和不足肯定存在，恳请读者阅后给予指正。

编者

2019 年 4 月